우리는 어떤 민주주의를 추구하는가

우리는 어떤 민주주의를 추구하는가

초판 1쇄 발행 2025년 6월 30일

엮은이 조원빈

펴낸이 김선기
펴낸곳 (주)푸른길
출판등록 1996년 4월 12일 제16-1292호
주소 (08377) 서울시 구로구 디지털로 33길 48 대륭포스트타워 7차 1008호
전화 02-523-2907, 6942-9570-2
팩스 02-523-2951
이메일 purungilbook@naver.com
홈페이지 www.purungil.com

ISBN 979-11-7267-051-1 93340

이 저서는 2020년 대한민국 교육부와 한국연구재단의 지원을 받아 수행된
연구입니다(NRF-2020S1A3A2A02092791).

좋은민주주의연구센터 학술 총서

우리는 어떤 민주주의를 추구하는가

한국의 정치 현실과 유권자 태도의 다면적 분석

조원빈 엮음

한국 민주주의의 위기와 가능성을 다층적으로 분석하며,
더 건강한 민주주의로 나아 갈 방법을 탐구한다.

푸른길

머리말

한국의 민주주의는 다시 회복될 수 있을까? 2025년 대통령 선거에서 이재명 후보가 제21대 대통령으로 당선됐다. 2024년 12월 3일 초유의 비상계엄 사태와 윤석열 전 대통령 파면 속에 치러진 조기 대선에서 대한민국 유권자는 정권 교체를 선택한 것이다. 전국 최종 투표율은 79.4%를 기록, 총 3524만416명이 투표에 참여했다. 지난 20대 대선보다 2.3%포인트 높으며, 28년만 최고 투표율이다. 중앙선거관리위원회에 따르면 더불어민주당 이재명 후보가 49.42%를 득표해 국민의힘 김문수 후보(41.15%)를 8.27%포인트 차이로 앞서며 대선에 승리를 거두었다. 12.3 윤석열 전 대통령이 내린 비상계엄으로 시작된 한국의 민주주의 위기 첫 장이 마무리된 것이다.

한국의 민주주의가 위기 상황에서 어떻게 대처했을까? 계엄 이후의 상황을 간략히 살펴보자. 우선, 12월 4일 새벽 국회는 헌법이 정한 순서에 맞춰 재적의원 과반수인 190명의 찬성으로 위헌적으로 시행된 계엄의 해제를 요구했다. 헌법 제77조에 따르면 대통령은 국회의 계엄 해제 요구를 수용해 해제하여야 한다. 비상계엄이 해제된 이후, 수많은 국민들은 군대를 동원해 대한민국 민주주의 위기를 초래한 윤석열 대통령에 대한 탄핵을 요구했다. 물론, 탄핵을 반대하는 세력도 존재했다. 12월 14일 국회는 총 300명의 의원 중 204표의 찬성으로 윤석열 대통령에 대한 탄핵소추안을 가결했다. 국회 가결 과정이 순탄하지는 않았다. 당시 여당이면서 108석을 차지한 국민의힘이 투표 자체를 거부함으로써 소추 표결 자체가 성립하지 못하기도 했다. 2025년 4월 4일, 헌법재판소는 8인 만장일치로 국회의 탄핵소추를 인용하여 윤석열을 대통령에서 파면했다. 이로 인해 2027년 3월에 시행되었어야 할 대통령 선거가 헌법에 따라 대통령 파면 60일 이내에 시행되어야 했다. 정부는 2025년 6월 3일에 제21대 대통령 선거를 시행할 것이라고 발표했다.

한 국가의 민주주의가 심화되기 위해서는 유권자 대부분이 민주주의를 유일하고 정당한 체제로 받아들이고 그 이외의 정치체체 도입을 거부해야 한다. 한국의 민주주의가 위기를 맞은 상황에서도 적지 않은 유권자들이 12.3 비상계엄 선포를 잘못한 것이라고 생각하지만, 윤석열 대통령의 탄핵은 받아들일 수 없다고 주장했다. 성균관대학교 좋은민주주의연구센터가 조사한 여론조사에서는 응답자의 약 30%가 헌법재판소가 탄핵소추안을 기각해야 한다고 대답했다. 2025년 대선에서 투표자의 41.15%는 국민의힘 후보에게 투표했다. 대선 기간 김문수 후보는 비상계엄을 선포해 헌법을 위반함으로써 탄핵 당한 윤석열 전 대통령에 대한 비판에 공개적으로 동의하는 모습을 보여주지 않았다. 대선의 후보임에도 불구하고 김문수는 헌법에 따라 정당하게 이루어진 국회의 탄핵소추 의결과 헌법재판소의 만장일치 결정을 인정하지 않는 모습을 보인 것이다. 이처럼 민주주의하에서 민주적으로 이루어진 결과물을 받아들이지 못하는 대통령 후보에 지지를 표한 유권자 중 다수도 현재의 민주주의를 정당한 것으로 받아들이지 않을 수 있다.

  본서는 현재 정치 상황을 마주한 유권자들이 어떻게 민주주의를 이해하고 있는지 여론조사 데이터를 이용해 분석한다. 특히, 한국 유권자들이 민주주의를 이해하는 데 중요한 영향을 미치는 요인으로 정서적 양극화와 포퓰리즘 성향에 초점을 맞추고 있다. 본서의 연구는 한국연구재단의 사회과학연구지원(SSK)사업 지원으로 이루어졌다. 본서에 포함된 각 장은 한국사회과학연구(SSK) '뉴노멀 시대, 뉴데모크라시' 연구단 공동연구원들이 학술회의에서 발표했거나 학술지에 게재한 연구업적을 수정 보완한 결과물이다. 연구단이 훌륭한 연구결과물을 생산할 수 있도록 도와준 성균관대학교 좋은민주주의연구센터 고혜영, 김나래, 디요라, 박규희, 백승지, 백주현, 손화영, 오재익, 오준걸, 이가림, 이성원, 이수민, 최이슬, 최종학 조교에게 감사한다. 마지막으로, 본서의 출간을 도와준 전임연구원 성예진 박사의 노고에도 감사한다.

엮은이 조원빈

차례

제1장

서론: 한국인의 민주주의에 대한 인식과 민주주의 위기

조원빈(성균관대학교)

I. 12.3 비상계엄과 한국의 민주주의 위기

한국의 민주주의는 어디를 향하고 있을까? 2025년 4월 4일 헌법재판소는 윤석열 대통령 탄핵소추안을 재판관 8인 만장일치로 인용했다. 헌재 재판관 8인 전원은 국회의 탄핵소추 대상자인 윤석열의 위헌·위법 행위를 나열한 뒤 "용납될 수 없다"로 평가했다. 대한민국의 헌법 수호를 위해 윤석열 대통령을 파면해서 얻는 이익이 "압도적으로 크다"라고 탄핵을 인용한 것이다. 국가의 원수이자 정부 수장인 대통령을 입법부인 국회가 탄핵소추를 의결하고 사법부인 헌법재판소가 그것을 인용함으로써 대한민국의 민주주의 체제가 헌법이 정한 바에 따라 더디지만 제대로 작동한 것이다.

한국의 민주주의 위기는 2024년 12월 3일 윤석열 전 대통령이 비상계엄을 선포함으로써 최고조에 이르렀다. 1987년 민주화 이후 우리사회의 어느 누구도 과거 권위주의 시대에서 벌어졌던 비상계엄이라는 상황이 다시 발생하리라 상상하진 못했다. 12.3 비상계엄으로 국민들은 군인들이 헬기 등을 이용해 국회 경내로 진입해, 일부는 유리창을 깨고 본관 내부로 진출하는 모습을 TV 등으로 생생하게 목격할 수 있었다. 이에 대응해 국회는 12월 4일 오전 1시에 계엄 해제 결의안을 재석 190명 전원 찬성으로 가결했다.

위헌·위법한 비상계엄을 선포한, 내란 혐의가 의심되는 윤석열이 여전히 보유하고 있던 군통수권을 회수하려면 그가 스스로 즉각 하야하거나 국회가 탄핵소추안을 가결하는 수밖에 없었다. 대통령 탄핵을 요구하는 국민들의 시위는 국회 앞과 전국 곳곳의 광장으로 확산되었다. 물론, 탄핵을 반대하는 윤석열 지지자들의 집회도 동시에 다른 장소에서 개최되었다. 대통령의 탄핵을 촉구하는 국민들의 요구를 반영하여 국회는 12월 14일 찬성 204표, 반대 85표, 기권 3표, 무효 8표로 윤석열 대통령 탄핵소추안을 가결했다. 이후, 비상계엄이 선포된 지 123일 만에 헌법재판소는 피청구인 윤석열을 파면했다. 12.3 비상계엄으로 초래된 한국의 민주주의 위기를 국민들이 저항으로 막아낸 것이다.

우리 국민들은 한국의 민주주의 상황을 어떻게 바라보고 있을까? 이 질문에 답을 찾기 위해 성균관대 좋은민주주의연구센터는 고려대 평화와민주주의연구소와 공동으로 설문조사를 실시했다. 설문조사는 여론조사 전문 기관인 한국리서치에 의뢰하여 2월 25일부터 28일까지 4일간 총 1,636명을 대상으로 웹조사 방식으로 이루어졌다. 아래의 그림들은 설문조사 결과의 일부를 소개한 것이다. 간략히 요약하면, 한국인들의 민주주의에 대한 지지는 공고하며, 자신들이 지켜내고 있는 민주주의에 대한 만족도도 높은 것으로 나타났다. 다만, 지지 정당에 따라 민주주의에 대한 지지나 만족도에 의미 있는 차이가 존재한다는 것도 알 수 있었다.

〈그림 1〉은 지난 3년 동안 한국인이 느꼈던 민주주의 만족 수준이 어떻

게 변했는지 보여 준다. 좋은민주주의연구센터는 매년 한 차례씩 민주주의와 관련된 설문조사를 수행해 왔다. 2023년 3월과 2024년 6월, 그리고 2025년 2월 조사 결과다. 첫 번째 조사는 윤석열 정부가 들어선 지 1년 만에 수행했으며, 두 번째 조사는 제22대 국회의원 선거 2개월 후에 이루어진 것이다. 이 세 차례의 여론조사는 패널 조사가 아니라 각각 독립적으로 이루어졌다. 민주주의 만족 수준 조사는 응답자에게 "귀하께서는 현재 한국의 민주주의에 대해서 얼마나 만족하십니까?"라는 질문을 제시하고, 응답자는 그 대답으로 0점(전혀 만족하지 않는다)에서 5점(보통이다), 10점(전적으로 만족한다)까지 11점 중 하나를 선택하도록 한다. 〈그림 1〉에서 만족하지 않는다는 0점에서 4점까지 응답자를 합한 것이며, 보통은 5점을 선택한 응답자, 만족한다는 6점에서 10점까지 응답자를 합한 것이다. 3년 동안 "만족하지 않는다"고 대답한 응답자의 비율은 서서히 감소한 반면, "만족한다"라고 대답한 응답자의 비율은 증가했다. 이런 결과는 최근 민주주의와 연관된 각종 지수(Index)를 측정하는 해외 연구기관들이 발표한 한국의 민주주의 후퇴를 우려한 보고서 내용과는 상반된 것이다. 예를 들어, 지난 3월 스웨덴 예테보리 대학 민주주의 다양성 연구소(V-dem)가 발표한 '민주주의 리포트 2025'에서는 한국은 '권위주의화(autocratization)'가 진행 중인 45개 국가 중 하나로 분류되어 있다. 이 보고서는 2021년에 비해 2024년 한국 민주주의가 상당히 퇴행했다고 지적한다.

민주주의 전문가들은 한국 민주주의가 퇴행하고 있다고 경고하고 있는데, 왜 일반 한국인들이 느끼는 민주주의 만족수준은 점차 상승하는 것일까? 이 질문에 대한 하나의 가설은 우리 국민들의 정치 효능감 상승이 민주주의 만족수준 상승으로 이어질 수 있다는 것이다. 정치 효능감은 둘로 나뉜다. 첫째는 정치적 행동으로 사회를 바꿀 수 있다는 신념(내적 효능감)이

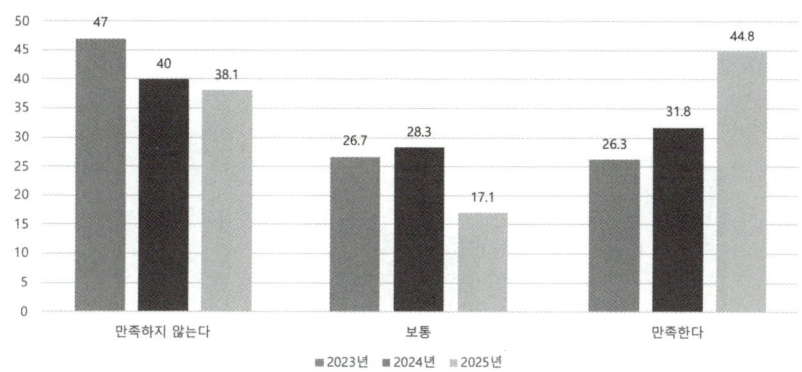

〈그림 1〉 민주주의에 대한 만족도, 2023, 2024, 2025년(%)

다. 둘째는 시민들의 요구에 정치인이나 관료와 같은 정치 주체가 반응할 것이라는 신념(외적 효능감)이다. 한국인들 중에는 우리가 비상계엄을 막고 윤석열 전 대통령에 대한 탄핵소추를 이끌었다는 정치 효능감을 느끼는 이들이 많다는 것이다.

〈그림 2〉는 민주주의 만족도를 지지하는 정당 별로 구분한 결과이다. 이번 조사에서 더불어민주당을 지지한다는 응답자는 34.5%, 국민의힘을 지지한다는 응답자는 31.5%로 통계적으로 의미 있는 차이는 없었다. 지지하는 정당이 없다고 대답한 응답자(무당파)도 19.2%였다. 〈그림 2〉가 보여주듯이, 제1야당인 더불어민주당을 지지하는 이들의 민주주의 만족수준(55.4%)이 가장 높았고, 여당인 국민의힘을 지지하는 이들은 39.1%, 무당파는 33.6%였다. 일반적으로 여당을 지지하는 응답자들이 야당을 지지하는 이들에 비해 민주주의 만족수준이 높은 것으로 나타난다. 제1야당인 더불어민주당을 지지하는 이들이 여당을 지지하는 이들보다 한국의 민주주의 수준에 대하여 더 긍정적으로 평가하는 것은 눈여겨볼 만한 결과이다. 여당을 지지하는 이들 중에는 지난 대선을 통해 자신이 지지하는 정당이 정

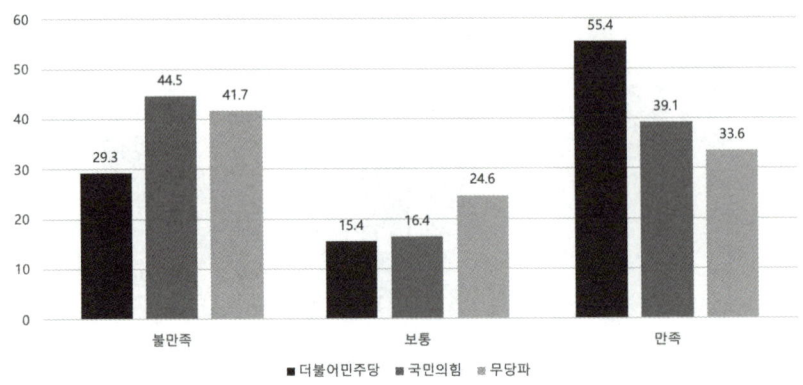
〈그림 2〉 정당 지지와 민주주의 만족도, 2025년(%)

■더불어민주당　■국민의힘　▦무당파

권을 획득했음에도 불구하고, 현재 자신들이 지지했던 대통령이 야당이 다
수의석을 차지한 국회로부터 탄핵 소추 당한 결과가 만족스럽지 못했기 때
문에 민주주의 수준에 대한 평가를 낮게 평가한 것이다.

〈그림 3〉은 민주주의 체제가 우리 사회에 제대로 자리잡고 있는지를 보
여 준다. 응답자들은 "민주주의가 다른 어떤 제도보다 항상 낫다", "상황에
따라서 독재가 민주주의보다 낫다", "민주주의나 독재나 상관없다" 중 자신
의 생각에 가장 가까운 문장을 선택할 수 있다. 이 중 민주주의가 다른 어떤
제도보다 항상 낫다고 생각하는 응답자들이 많을수록 그 나라의 민주주의
체제가 안정적으로 자리잡고 있다고 평가받는다. 지난 3년 조사에서 커다
란 변화는 없었다. 2025년 조사에서 민주주의가 항상 낫다고 응답한 비율
이 2024년에 비해 조금 상승했다. 다만, 올해 조사에서 독재가 민주주의보
다 나을 수 있다고 대답한 응답자 비율(16.4%)이 이전 조사에 비해 크게 낮
아졌다. 12.3 비상계엄을 직접 경험했기 때문에 독재체제에 대한 국민들의
우려가 더 증가한 것이다.

〈그림 4〉는 동일한 문항 결과를 지지정당 별로 나누어 보여 준다. 국민의

힘을 지지하는 응답자 중 30.4%가 독재가 민주주의보다 나을 수 있다고 대답했다. 여당을 지지하는 이들이 민주화 이후 30여 년 동안 유지해 온 민주주의 체제보다 과거 경험했던 독재체제가 더 나을 수 있다고 생각한다는 게 매우 놀랍고 우려되는 결과다. 국민의힘은 최근 대통령 선거에서 승리한 여당일뿐 아니라 2024년 총선에서도 108석을 차지한 국회 내 제2 당이다. 국민의힘이 민주주의 체제 내에서 민주적 정당성을 획득했음에도 불구

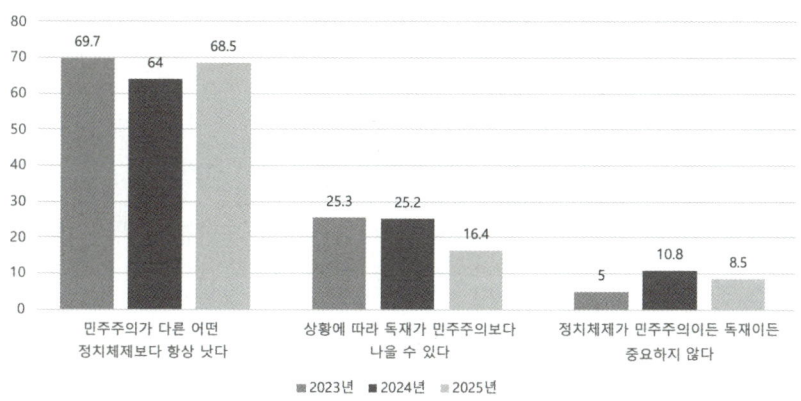

〈그림 3〉 민주주의 대 독재, 2023, 2024, 2025년(%)

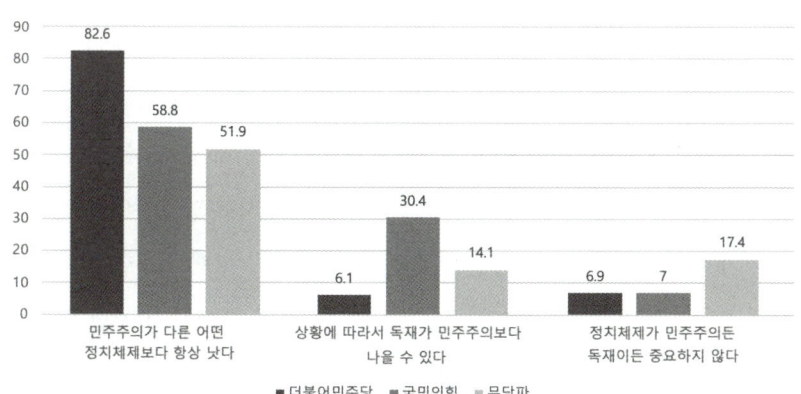

〈그림 4〉 정당지지 별 민주주의 대 독재, 2025년(%)

하고, 이 정당에 대한 지지자 중 상당수가 민주주의보다 독재 체제가 나을 수 있다고 생각한다는 것은 한국의 민주주의 심화가 여전히 쉽지 않다는 것을 보여 준다.

II. 전 세계와 한국의 민주주의 수준 평가

1. V-Dem 민주주의 보고서

최근 전 세계의 민주주의 수준이 하향하고 있다는 조사결과들이 발표되고 있다. 2025년에 발표된 스웨덴의 민주주의 다양성 연구소(V-Dem) 민주주의 보고서(V-Dem Institute 2025)에 따르면, 지난 25년간 권위주의화 물결이 심화되어 왔다. V-Dem 민주주의 보고서는 폐쇄형 권위주의 체제(closed autocracy)에서 자유 민주주의 체제(liberal democracy) 방향으로 정치체제가 변화하는 것을 민주화(democratization)라고 정의하고, 반대로 자유 민주주의 체제에서 폐쇄적 권위주의 체제로 변화하는 것을 권위주의화(autocratization)라고 정의한다. V-Dem 연구소는 정치체제를 폐쇄적 권위주의와 선거 권위주의, 선거 민주주의, 자유 민주주의 등 네 가지로 구분한다. 이 중 폐쇄적 권위주의와 선거 권위주의(electoral autocracy)를 권위주의 체제로 묶고, 선거 민주주의(electoral democracy)와 자유 민주주의를 민주주의 체제로 묶는다. 2024년 기준으로 전 세계 시민이 실제로 경험하는 민주주의 수준은 1985년 수준으로 후퇴했으며, 국가별 평균은 1996년 수준으로 후퇴되었다고 평가했다. 2024년 민주주의 체제로 평가 받는 국가는 88개인 것에 비해, 권위주의 체제로 평가 받은 국가수는 91개였다. 민주주의 후퇴가 두드러진 지역으로는 동유럽과 남아시아, 중앙아시아 지역으로 나타났다. 2024년 기준으로 전 세계 인구의 4분의 3이 권위주의 체제하에서 살고 있다.

2024년은 선거의 해로 불리울 정도로 여러 국가에서 다양한 수준의 선거가 있었다. 총 61개 국가에서 선거가 있었으나, 선거가 개별 국가의 민주주의 수준에 영향을 미친 경우는 많지 않았다. V-Dem 민주주의 보고서에 따르면, 11개 국가에서 선거가 민주주의 수준에 영향을 미친 것으로 나타났다. 이 중 7개 국가에서는 선거가 민주주의 수준을 악화시켰으며, 나머지 4개 국가에서는 민주주의 수준 상승에 기여한 것으로 평가 받았다. 선거 과정에서 정치 폭력이 증가했으며, 언론 검열 및 정보 통제, 사회 분열 현상들이 어렵지 않게 관찰되었다. 특히, 권위주의 국가에서 치러진 선거에서는 정부 여당의 영향력이 막강하고 야당은 분열되고 그 세력이 취약하여 실질적인 경쟁이 이루어지 못한 경우가 대부분이었다.

V-Dem 민주주의 보고서는 2024년의 한국을 선거 민주주의로 분류했다. 한국은 1993년부터 자유 민주주의 국가로 평가되어 오다가 32년 만에 처음으로 선거 민주주의 국가로 한 단계 하락했다. 한국은 여전히 민주주의 체제를 유지하고 있지만, 점진적으로 민주주의 수준 후퇴가 관찰되고 있다고 평가했다. 한국은 권위주의화를 경험하는 국가 중 상대적으로 민주주의 수준이 높은 국가다. 그럼에도 불구하고, 한국은 자유 민주주의 국가로 평가 받았던 국가 중 유일하게 권위주의화를 경험하는 국가이기도 하다. 보고서에는 2024년 12월 한국에서 벌어지는 대규모 시위를 주요 사건을 소개한다. 서울 여의도에 수만 명의 시민들과 대학생들이 모여 윤석열 대통령 탄핵 및 사퇴를 요구하는 모습을 비교적 상세히 다루고 있다. 윤 대통령의 비상계엄 선포와 국회의 비상계엄 해제로 이어지는 일련의 사건들

이 한국 사회에서 대통령의 권위주의적 통치 시도에 대하여 민주주의를 수호하려는 시민들의 강력한 반발을 보여 주는 중요한 사례라고 평가했다.

2. IDEA 민주주의 보고서

북유럽 스웨덴에 위치한 International IDEA(Institute for Democracy and Electoral Assistance)는 매년 전 세계 민주주의 상황 지수(Global State of Democracy Indices, GSDI)를 발표한다(International IDEA, 2025). GSDI는 대표성(representation), 권리(rights), 법치주의(rule of law), 참여(participation) 등 네 가지 지표를 통해 각 국가의 민주주의 수준을 평가해 왔다. 2024년은 단일 연도 기준으로 역사상 가장 많은 유권자가 투표에 참여한 해였다. 이를 "선거 슈퍼 사이클"로 명명할 만큼 민주주의의 양적 팽창을 보여 주기도 한다. 이러한 양적 팽창에도 불구하고 다수의 국가에서 관찰된 선거는 그 질이 기대에 미치지 못하는 수준인 것으로 평가되었다. 보고서에 따르면, 2023년 기준 173개국 중 39개국(약 22%)에서 선거 신뢰도가 2018년에 비해 낮아졌으며, 투표율도 하락한 것으로 나타났다. 또한, 선거를 둘러싼 항의나 폭력 사태는 점차 증가하는 것으로 나타났다.

보고서는 전 세계가 현재 다중적 위기가 중첩된 '급격한 불확실성(radical uncertainty)' 시대에 진입했다고 진단한다. 선거 결과에 대한 논란은 일상화되고 있으며, 정치 지도자들이 결과를 부정하거나 법적 소송을 제기하는 사례가 증가하고 있다. 이러한 사례들은 유권자들이 혼란에 빠질 수 있게 하여 선거에 대한 불신으로 이어지고 있는 것이다. 이 중 일부는 정당한 문제 제기로 평가되지만, 적지 않은 사례가 정치 조작(political manipulation) 혹은 정적 견제를 위한 전략으로 간주되고 있다. 2020년부터 2024년까지 실시된 세계 각국 선거 중 약 20%에서 법적 소송이 발생했다. 이들 법적 소송의 주요 쟁점은 투표 및 개표 과정에 대한 문제제기였다. 동 기간 선거에 패배한 후보나 정당이 선거 결과에 공개적으로 불복한 사례도 약 20%에 달했으며, 야당의 선거 보이콧 사례도 10% 수준인 것으로 나타났다. 이러한 사례들은 선거에 대한 유권자의 신뢰에 부정적인 영향을 미쳐, 궁극적으로 민주주의 체제 전반의 정당성을 훼손하게 된다. 그럼에도 불구하고 다당제 선거는 여전히 유권자가 정치적 의사결정 과정에 영향을 미칠 수 있는 대의민주주의의 핵심 제도로 작동하고 있다. 2023년과 2024년 주요 선거에서 유권자들은 집권당에 대한 불만족을 투표를 통해 제시함으로써 정권 교체를 이룬 사례들도 적지 않게 발생했다.

IDEA는 한국의 민주주의 상황에 대한 평가도 보고서에 포함했다. 네 가지 지표 중 권리 지표가 상대적으로 우위에 있음에 비해 참여 지표는 상대적으로 낮게 평가되었다. 한국이 도입한 사전투표제도에 대하여 긍정적인 평가가 제기되었다. 이 제도의 도입으로 한국의 유권자들은 별도의 사유 제시 없이도 자신의 선거구 안팎을 포함한 모든 투표소에서 자유롭게 투표할 수 있게 되었다. 사전투표제 도입은 투표율 상승에 크게 기여했다고 평가 받았다. 이에 비해, 한국 사회 내 사법 접근성에 대한 전문가의 평가와 일반인의 평가가 확연히 다르다는 것이 보고서에 포함되었다. 한국의 전문가들은 자국의 사법 접근성에 대하여 매우 긍정적으로 평가했지만, 일반인들의 사법부에 대한 접근성 평가는 매우 낮게 나타났다. 이러한 이유로 한국 유권자들의 사법부에 대한 신뢰도도 낮은 것으로 나타났다.

3. EIU의 민주주의 지수 보고서

The Economist Intelligence Unit(EIU)는 매년 167개국을 대상으로 민주주의 지수를 발표한다. EIU의 민주주의 지수는 다섯 개의 하부 영역(선거과정과 다원주의, 정부의 기능, 정치 참여, 정치 문화, 시민 자유)으로 구성되어 있으며 각 영역을 0점에서 10점 사이의 점수로 평가된다. 이들 다섯 가지 영역에 대한 종합 점수를 근거로 개별 국가를 '완전한 민주주의'와 '결함 있는 민주주의', '혼합 체제', '권위주의' 등 네 가지 유형으로 분류한다. EIU의 2024년 보고서는 민주주의에 대한 세계 시민들의 실망과 회의감을 진단하고 그 원인을 분석했다(EIU 2025). 보고서는 민주주의 위기의 원인을 포퓰리즘에서 찾는 기존 연구를 비판한다. EIU는 포퓰리즘이 근본 원인이 아니라 결과라고 주장한다. 민주주의가 위기에 처한 이유를 찾기 위해서는 포퓰리즘을 초래한 대의민주주의 제도의 근본적인 결함에 더 주목할 필요가 있다고 주장한다.

EIU 민주주의 지수 보고서에 따르면, 2024년 기준으로 민주주의로 분류되는 국가는 71개국으로, 2023년에 비해 3개국이 감소했다. 세계 민주주의 지수 평균값 역시 2023년 5.23점에서 2024년 5.17점으로 하락했다. 전 세계 인구 중 완전한 민주주의 국가에 거주하는 사람은 단지 6.6%에 불과하다고 보고한다. 이처럼 전 세계 민주주의 지수가 하락한 것은 권위주의 체제로 분류된 국가들의 평균 점수가 낮아진 결과다. 지난 몇 년 동안 권위주의 체제가 더욱 억압적이고 폐쇄적인 방향으로 강화되고 있기 때문이다. 또한, 민주주의에 대한 유권자의 불만 수준이 전 세계적으로 증가하고 있다. 다수의 유권자들이 민주주의에 대한 이상과 현실의 괴리를 경험하고 있으며, 민주주의 체제의 실제 작동 방식에 대하여 점점 더 큰 실망감으로

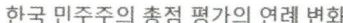

한국 민주주의 총점 평가의 연례 변화

〈그림 5〉 EIU 민주주의 지수 변화, 2006~20224년
출처: Democracy Index 2024(EIU 2025).

느끼고 있기 때문이다.

　EIU 보고서에 따르면, 한국은 2023년 까지는 완전한 민주주의 국가로 분류되었으나, 2024년에는 결함 있는 민주주의로 한 단계 낮아졌다. 한국의 민주주의 지수가 2023년 9.09점에서 2024년 7.75점으로 낮아졌으며, 순위 또한 22위에서 32위까지 크게 하락했다. 〈그림 5〉는 EIU 민주주의 지수의 총점 변화를 보여 준다. EIU 민주주의 지수가 처음 발표된 2006년 점수보다 2024년 점수가 더 낮게 나타났다. 2024년 한국의 민주주의 지수가 하락한 원인은 2024년 12월에 발표된 윤석열 대통령의 비상계엄 때문이다. 보고서는 비상계엄이 국회에 의해 비교적 신속하게 해제되었지만, 계엄 사태가 발생한 것이 한국 정치체제에 남아 있는 구조적 취약성을 보여 준다고 평가했다. 구체적으로 헌법에 비상사태 상황에 대하여 대통령이 계엄 선포 권한이 명시되어 있다는 점과 정당 간 뿌리 깊은 갈등과 타협 문화 부족, 극단적인 정치 양극화 현상 등이 한국 민주주의의 불안정성을 높이고 정치 폭력으로 이어질 가능성을 내재하고 있다는 것이다.

4. 프리덤하우스 보고서

프리덤하우스(Freedom House)는 비정부 기관으로 매년 국가별 자유 수준을 평가해 발표한다. 2025년에 발표한 보고서(Freedom House, 2025)에 따르면, 2024년 전 세계 자유는 19년 연속 후퇴했다. 정치 권리(political rights)와 시민 자유(civil liberty) 부문에서 60개 국가들이 하락을 경험했음에 비해 34개 국가들 만이 개선을 경험한 것으로 평가되었다. 2025년은 다양한 무장 분쟁으로 인한 안보 불안정, 권위주의 확산, 국제 분쟁 심화, 제도적인 권력 견제를 무효화시키려는 정치 지도자들의 등장 등으로 인해 전 세계 자유가 중대한 도전에 직면한 해였다. 특히, 2024년은 전례 없이 많은 선거가 치러진 한 해였으나, 다수의 국가에서 선거 기간 동안 정치 폭력이 발생하고 권위주의적 선거 개입 등으로 그 의미가 퇴색되었다. 2024년 선거가 있던 국가 중 약 40%의 국가에서 선거 전후 다양한 유형의 정치 폭력이 발생했을 뿐 아니라, 정부의 선거 개입이나 강력한 야당 후보자의 출마 제한 등 공정하고 자유로운 선거가 이루어지지 어려운 상황이 다수 관찰되었다.

프리덤하우스 보고서는 선출된 지도자가 민주주의 제도를 위협하는 사례로 한국의 윤석열 대통령을 소개한다. 2024년 말, 윤석열 대통령은 야당이 다수 의석을 장악한 국회를 우회하고 자신의 아내와 내각에 대한 특별검사제 도입을 막기 위해 비상계엄령을 선포함으로써 한국의 헌정 질서를 심각한 위기에 처하게 만들었다고 평가한다. 윤 대통령의 계엄령 선포는 국회에 의해 즉각 무효화되었다. 이러한 비상계엄 해제는 입법부인 국회가 시행했지만, 시민사회와 일반 유권자들이 자유와 민주주의를 수호하려는 의지와 노력이 없었다면 불가능했을 것이라고 평가했다.

프리덤하우스 보고서는 자유국가나 부분적 자유국가에서 언론의 독립성이 점점 더 위협에 직면하고 있다고 평가했다. 한국도 예외는 아니었다. 비상계엄을 통한 권력 장악 시도 이전에도, 윤석열 대통령과 정부 기관은 대통령과 정부를 비판하는 언론인과 언론사를 지속적으로 표적삼아 민·형사상 명예훼손 수사 및 경찰 압수수색을 벌여 왔다고 지적한다. 과거 독재체제나 권위주의 체제 내에서 언론인을 수감하거나 살해했던 것과 달리, 최근 민주주의 국가에서 선출된 정치 지도자들은 언론인의 활동을 어렵게 하기 위해 위협이나 비방 캠페인, 법적 괴롭힘 등 다양한 유형의 통제와 협박 수단을 활용하고 있다는 것이다.

III. 사법의 정치화와 민주주의

우리는 사법부의 독립성을 어떻게 평가하고 있을까? 우리 사법부는 신뢰할 만한가? 2021년에 이루어진 조사에 따르면, '법원과 사법시스템'을 신뢰한다는 한국인은 49.1%로 OECD 평균 56.9%보다 7.8% 포인트 낮았다. 조사대상 20개국에서 한국은 15위에 그쳤다. 사법부에 대한 낮은 신뢰도는 민주주의 체제에 대한 신뢰도 하락으로 이어지고 최근 전 세계적으로 논의되고 있는 '민주주의 퇴행(democracy backsliding)'을 가속화할 수 있다.

요즘처럼 다수 언론과 많은 국민이 법원의 판결에 귀 기울일 때도 그리 흔치 않다. 지난 11월 15일 더불어민주당 이재명 대표가 공직선거법 위반 사건 1심에서 징역 1년에 집행유예 2년을 선고받았다. 재판부는 "선거 과정에서 유권자가 올바른 선택을 하지 못하도록 하여 민의를 왜곡했다"라고 밝혔다. 이 판결이 대법원에서 확정되면 이 대표는 의원직을 잃고, 대선 출마도 불가능해진다. 1심 판결이 유죄로 나자, 국민의힘은 사법부의 결정을 존중하고 경의를 표한다고 밝혔고, 이 대표는 "기본적 사실 인정부터 도저히 수긍하기 어려운 결론이다"라고 비판했다.

반면, 11월 25일 이 대표는 위증교사 사건 1심 재판에서 무죄를 선고받으면서 정치 인생 위기에서 한숨을 돌리게 됐다. 이날 재판부는 "이재명에 대한 공소사실은 범죄 사실에 대한 증명이 없는 때에 해당하므로 형사소송법에 따라 무죄를 선고한다"라고 밝혔다. 이날 1심 무죄 판결에, 여야는 또 극명하게 엇갈린 반응을 내놨다. 민주당은 사법부의 판단을 존중한다고 밝혔고, 국민의힘은 아쉬운 결과라는 반응을 보였다. 이 대표는 대장동·백현동 개발 특혜 비리 및 성남FC 불법 후원금 의혹 사건, 쌍방울 불법 대북 송금, 그리고 경기도 법인카드 불법 유용 등의 재판을 앞두고 있다. 이 대표의 재판이 여럿 남아 있는 만큼 여야와 그 지지자들이 극단적으로 대치하는 대치 정국이 계속 될 것이며, 이는 사법의 정치화로 이어질 것이다.

사법의 정치화는 우리가 당면한 문제일 뿐 아니라, 다수의 민주주의 국가들이 직면한 문제이기도 하다. 민주주의 제도화에 어려움을 겪고 있는 다수의 신생민주주의 국가들은 그 원인 중 하나로 민주주의 이행기에 포괄적인 헌법 개정이라는 개혁을 완성하지 못했다는 데서 찾는다. 민주화 과정을 겪은 대다수 국가들은 헌법을 수정하거나 새로운 헌법을 도입하면서 민주주의의 필수 요소인 다당제 선거를 도입하고 표현의 자유와 결사의 자유도 보장했다. 그럼에도 불구하고, 한국을 포함한 대부분의 신생민주주의 국가들은 권위주의 체제에 내재했던 매우 강력한 행정부의 권한 문제를 중요하게 다루지 않았다. 그 결과, 민주화 이후에도 신생민주주의 국가의 대통령은 정부 조직에 대한 상당한 권한을 행사할 수 있었다. 이와 더불어, 이들 대통령은 입법부와 사법부를 압도할 수 있는 헌법적 권한을 이용해 자신의 권력을 위협할 수 있는 대상에 대하여 합법적 국가기관을 효율적으로 동원할 수 있었다.

그럼에도 불구하고, 민주화 이후 개정 헌법이 포함하는 사법부와 입법부의 대 행정부 견제 제도화는 시민사회와 정치인들이 행정부 수장인 대통령의 권력 남용에 대항하기 위하여 법에 의지할 수 있는 기회도 제공했다. 예를 들어, 정당이나 시민단체가 법원을 통해 정부의 정책 수행이 합법적인지 혹은 헌법에 일치하는지 물을 수 있었다. 심지어, 부정 선거 인지 여부를 법원이 판결하고 재선거를 결정하는 사례도 종종 관찰된다. 이처럼 민주주의에서 사법부가 행정부나 입법부로부터 독립성을 유지하고, 이해관계가 첨예한 문제에 대하여 정당한 판결을 내림으로써 사법부는 국민들로부터 지지를 획득하고 민주주의 공고화에 기여할 수 있다.

브라질의 '세차작전'과 현 루이스 이나시우 룰라 다 시우바(통칭 '룰라') 대통령의 2022년 재선은 공정과 법치를 내세운 검찰 수사와 법원의 판결이 어떻게 정치적으로 악용될 수 있고, 독립적인 사법부의 판결이 정치적 반전을 가져다줄 수 있는지 보여 주는 대표적 사례다. 브라질의 세차작전은 세차장이나 주유소 등을 활용한 암환전상 수사에서 명명됐다. 이 작전은 국영회사들이 대규모 비자금을 조성해 정치인과 관료들에게 뇌물을 건넨 부패 스캔들에 대한 수사로 확대됐다. 브라질 정치권의 부패 관행은 잘 알려진 사실이다. 그런데, 세차작전이 진행됨에 따라 진보적 성향의 집권 여당으로만 향하고, 부패가 훨씬 심한 것으로 알려진 기존 야당의 보수 정치인들은 그 대상에서 제외되는 '선택적' 수사로 변질됐다. 그 결과, 여당인 노동자당의 호세프 대통령은 탄핵을 당했고, 룰라는 9년 6개월 형을 선고받았다. 더불어 2018년 대선에서 극우 후보인 보우소나루가 대통령으로 당선되었다. 세차작전 담당 연방판사 세르지우 모루는 보우소나루 정부의 법무장관으로 임명되기도 했다.

2019년 8월 반전이 이루어졌다. 세차작전 때 연방판사 모루와 검사들이 증거 등을 놓고 재판 결과를 모의한 통화 내역이 폭로됐다. 연방판사 모루가 2018년 브라질 대선에서 "노동자당 후보의 승리를 막기 위해 검사들에게 조언과 수사 단서, 내부 정보를 흘렸다"라고 언론에 보도됐다. 이에 법원은 세차작전 검찰이 "사법제도를 더럽혔다"라고 지적하고 룰라의 석방을 결정했다. 석방된 룰라는 2022년 대선에 출마해 당선됐다. 브라질 대법원은 룰라의 체포를 "브라질 사법사상 가장 중대한 실수 중 하나"라며 세차작전 관련 증거를 모두 무효화했다. 이처럼 법치를 내세운 검찰의 수사뿐 아니라, 법원의 판결도 단기적으로 선거의 결과에 영향을 미치며 장기적으로 민주주의 체제에도 영향을 미친다.

올해 스웨덴의 민주주의다양성 연구소에서 발간한 연례보고서에 따르면, 한국의 민주주의 지표가 크게 하락세로 전환했다. 그 하락세 수준이 너무 뚜렷해, 한국이 '권위주의화(Autocratization)' 국가 중 하나로 분류되기도 했다. 한국은 법치, 견제와 균형, 시민의 자유 등으로 구성된 '자유민주주의 지수'에서 0.60점을 받아 179개 국가 중 47위(2022년 0.73점, 28위)를 기록했다. 이 지수는 0에 가까울수록 '폐쇄적인 독재국가', 1에 가까울수록 '자유로운 민주주의 국가'로 분류된다. 이 보고서는 "윤석열 대통령이 전 정부 인사들을 처벌하기 위해 강압적인 조치를 취하고, 성평등을 공격함에 따라 한국의 자유민주주의 지수는 하락세로 돌아섰다"고 평가했다. 윤석열 정부가 전 정부 인사를 처벌하기 위해 경찰과 검찰, 감사원 등 국가 사정기관을 동원하고 있다는 게 그 근거였다.

입법을 통해서든 대통령의 행정명령을 이용해서든 여러 신생민주주의 국가의 행정부 수장인 대통령은 법을 '합법적인' 도구로 이용하여 민주적 제도들의 수평적 책무성과 수직적 책무성 기능을 약화시키려 해 왔다. 강력한 행정부의 교묘한 시도가 겉으로 보기에는 합법적이기 때문에, 시민사회나 야당 세력은 이러한 시도의 불법성을 밝혀내기 어렵다. 이처럼 강력한 행정부의 영향력을 견제할 수 있는 독립적인 사법부의 제도화 및 올바른 역할과 사법부에 대한 국민의 높은 신뢰가 민주주의의 퇴행을 막을 수 있는 핵심적인 길이다.

IV. 책의 구성

본서는 모두 10개의 장으로 구성되어 있다. 서론에 이어 제2장과 3장은 한국인의 포퓰리즘 성향에 초점을 맞춰 그 원인과 민주주의에 미치는 영향을 분석한다. 제4장과 5장은 최근 한국 사회에 확산되고 있는 정서적 양극화의 기원과 정서적 양극화가 선거에 미치는 영향을 분석한다. 제6장부터 9장까지는 우리 사회의 주요 이슈들이 민주주의에 미치는 영향을 살펴본다. 예를 들어, 환경문제와 에너지, 특히 원자력 에너지에 대한 우리 국민들의 태도와 국가 자부심, 사회적 협의 제도, 유권자의 투표 행태를 살펴본다. 마지막 10장은 한국인의 민주주의에 대한 태도를 정리하고 그 함의를 제시한다.

각 장의 내용을 요약하면 제2장은 한국 사회의 포퓰리즘은 민주주의에 대한 위협인지 질문하고 답을 구한다. 한국의 주요 정당 중에는 포퓰리즘 정당이 존재하지 않지만, 주요 정치인 중에는 포퓰리스트 경향이 강한 엘리트들이 등장한다. 포퓰리즘과 민주주의의 관계는 여전히 논쟁적이라 의견 일치에 이르지 못했다. 유럽의 극우 포퓰리즘 정당이나 남아메리카를 비롯한 각 지역의 포퓰리스트 정당의 부상이 민주주의를 위협한다고 평가

받고 있다. 반면, 포퓰리즘은 엘리트층에 의해 대표된다고 느끼지 못하는 유권자들의 목소리를 대변하기 때문에 민주적 교정책으로 작동한다는 주장도 제기된다. 여론조사 데이터 분석 결과, 한국 사회 내 포퓰리즘 성향이 강한 유권자일수록 민주주의 정치체제를 더 선호할 뿐 아니라, 투표와 집회에도 더 적극적으로 참여하는 것으로 나타났다. 이처럼 포퓰리스트 성향이 강한 한국인일수록 민주적 절차와 자유와 같은 민주주의 기본 원칙보다 정부의 적극적 역할과 공정함을 강조하는 정치인이나 정당에 대해 적극적인 지지를 표명할 가능성이 높다.

제3장은 한국 유권자의 포퓰리즘 태도 형성에 영향을 미치는 미시적 요인이 무엇인지 분석한다. 특히, 우리 사회 내 정치적 불만과 경제적 불만이 포퓰리즘 태도에 어떤 영향을 미치는지에 초점을 맞추고 있다. 포퓰리즘이 전 지구적 현상으로 대두되면서 이에 대한 우려가 증대하고 있다. 최근 민주주의 후퇴(democratic backsliding)는 과거 군사쿠데타 등으로 인한 민주주의 붕괴와 달리 민주적으로 선출된 엘리트가 합법적 수단을 활용해 자신에 대한 제도적 견제를 약화시키고 점진적으로 권력을 독점하는 과정의 형태로 나타나고 있다. 즉, 다수의 포퓰리스트 엘리트들이 기존 대의민주주의와 정치 시스템에 대한 시민들의 불만을 활용함으로써 대의민주주의 제도를 비판하고 자신에 대한 여러 제도적 견제 기능을 무력화 시키고 있다. 여론조사 데이터 분석 결과, 우리 사회 내에서 기성 정치에 대한 만족도가 낮거나 국회에 대한 신뢰가 낮은 유권자일수록 포퓰리즘 성향이 강한 것으로 나타났다. 반면, 경제적 불만은 포퓰리즘 성향에 부정적 영향을 미치는 것으로 나타났으나, 통계적으로 유의미하지는 않았다. 이러한 결과는 대의민주주의가 절차적 측면을 넘어서 결과적 측면에서도 만족스러운 성과를 만들어 낼 경우 포퓰리즘의 위협으로부터 안전할 가능성이 높다는 것을 의미

한다.

제4장은 우리 사회의 지역주의가 정치 양극화, 특히 정서적 양극화에 어떠한 영향을 미치는지 경험적으로 분석한다. 국제적 비교에서도 한국의 정서적 양극화 수준은 매우 높은 것으로 평가받고 있다. 정서적 양극화는 유권자가 자신이 지지하는 정당에 비해 지지하지 않는 정당을 부정적으로 평가하는 상대적 정도를 의미한다. 정서적 양극화를 분석하는 기존 연구들은 정체성과 이념을 대표적 요인이라고 주장한다. 한국정치에서 지역주의는 여전히 주요한 요인 중 하나이다. 사회 정체성의 하나인 지역 정체성은 영호남 사람들이 자신의 출신 지역(혹은 고향) 사람에 대한 호감도와 상대 지역 출신 사람에 대한 호감도 차이를 설명하는 요인이다. 여론조사 데이터를 분석한 결과, 한국 유권자의 이념적 양극화보다 지역감정 양극화가 정서적 양극화를 설명하는 데 더 설득력을 가지는 것으로 나타났다. 정서적 양극화를 분석한 기존 연구들이 이념적 양극화나 정책 내용에 기반한 양극화의 영향력을 강조하고 있지만, 우리 사회에서 관찰되는 정서적 양극화는 사회 정체성 중 하나인 지역 정체성의 양극화로 설명될 수 있다.

제5장은 한국에서 정서적 양극화가 선거에 어떠한 영향을 미치는지 분석한다. 정서적 양극화는 미국과 같은 양당제 국가에서뿐만 아니라 유럽의 다당제 민주주의 국가에서도 나타나고 있다. 대의민주주의에서 선거는 유권자가 정책에 기반하여 합리적으로 선택하는 과정이며, 이러한 선택은 정부의 책임성과 정책의 반응성을 보장하는 핵심적 제도이다. 그럼에도 불구하고, 최근 정서적 양극화로 인해 선거에서 유권자가 정책에 대한 평가보다 상대 정당에 대한 부정적 감정을 투표에 반영하는 경향이 점점 커지고 있다. 이처럼 선거 과정에서 정서적으로 양극화된 유권자가 다수를 차지하면 정당들이나 정치인들은 협상이나 합의를 추구할 동기를 상실하게 되고

정치적 교착 상태에 빠지게 된다. 민주주의 발전에도 커다란 걸림돌로 작용한다.

제6장은 한국인의 환경에 대한 인식이 원자력 에너지 정책에 대한 태도 형성에 어떻게 기여하는지 분석한다. 에너지 공급 정책은 한국의 경제 성장과 사회 안정 및 국민 복지 차원에서 중요한 이슈 중 하나이다. 한국 사회에서 원자력 에너지 정책이 에너지 안보 문제 해결에 매우 핵심적 이슈로 급부상하고 있다. 더욱이, 원자력 발전에 대하여 보수 정당은 상대적으로 긍정적인 태도를 보이고 진보 정당은 비교적 비판적인 태도를 유지하고 있다. 본 연구는 여론조사 데이터를 기반으로 한국인의 '환경 인식지표'를 구성했다. 통계분석 결과는 한국인이 보유한 환경에 대한 인식이 원자력에 대한 태도 형성에 중요한 영향을 미치는 것을 보여 준다. 환경 인식지표가 높을수록 원전 축소 정책을 지지했으며 원전의 안전성에 대한 우려도 커지는 경향이 있는 것으로 나타났다. 이와 더불어, 본 연구는 환경 인식이 원자력에 대한 태도에 미치는 영향이 명확한 지지 정당이 없는 무당파에게 더 뚜렷하게 나타난다는 것으로 보여 준다. 이러한 결과는 한국 사회에서 에너지 정책이 정쟁의 대상으로 남아 고착화될 가능성이 있음을 시사한다. 보수 및 진보 정당 지지자들에게 있어 환경 정책에 대한 비정치적 고려는 상대적으로 중요한 요인으로 받아들여지지 않을 가능성이 높다. 즉, 우리 사회에서 원자력 에너지 정책에 대한 정당 지지자들 간의 논쟁도 정치적 이해관계를 중심으로 형성될 가능성이 있다.

제7장은 한국인들이 보유한 국가 자부심이 그들의 세계시민주의에 미치는 영향을 분석한다. 세계시민주의는 민족과 국적을 뛰어넘는 환대 및 연대의 개념이다. 세계시민주의는 배타성보다는 포용성에 기반한 개념으로, 국경과 국적을 경계로 하는 국가 자부심과는 양립하기 어려운 개념이기도

하다. 세계화 시대에서 세계시민주의는 다원주의를 비롯한 민주주의의 필수 요건 중 하나로 받아들여지고 있다. 우리 사회는 무역의존도가 높고 시장 개방성 수준도 높기 때문에 경제적 세계화뿐 아니라 다양한 K-문화 열풍으로 인한 사회문화적 세계화의 중심에 위치한다. 본 연구는 여론조사 데이터를 이용해, 우리 사회에서 세계시민주의적 시각을 보유한 유권자들이 시장의 개방성이나 이민자 유입 등의 세계화 관련 정책에 대해 어떤 태도를 보이는지 분석한다. 분석 결과, 우리 사회에서 국가 자부심이 강한 사람일수록 상대적으로 강한 세계시민주의적 성향을 갖고 있는 것으로 나타났다. 이와 더불어, 세계시민주의적 성향이 강한 유권자일수록 세계화 정책에 대해서도 긍정적인 태도를 보여 주는 것으로 나타났다. 본 연구의 결과는 우리 사회에서 세계시민주의적 태도를 보유한 사람일수록 시장에 대한 세계화 뿐 아니라 이주민 유입 정책으로 대변되는 노동시장 및 문화적 세계화에 대해서도 긍정적이 태도를 보일 것이라는 것을 보여 준다.

　제8장은 한국의 사회적 협의 제도인 경제사회노동위원회의 활동과 성과를 정부별로 분석하고 그 결과를 바탕으로 우리 사회 환경에 맞는 사회적 협의의 제도화 가능성을 제시한다. 이를 위해 본 연구는 사회적 협의 기구가 형성된 김대중 정부 이후 각 정부의 정책결정과 수행에 영향을 미친 입법-행정 관계와 정당체계, 대통령의 의지 등에 초점을 맞춰 분석한다. 최근 우리 사회는 정서적 양극화 심화로 다양한 갈등이 확산되고 있다. 다양한 이해관계가 공존하는 우리 사회에서 갈등이 존재하는 것은 당연하다. 그럼에도 불구하고, 다양한 측면의 사회적 갈등을 사회 구성원들이 합의한 절차와 규칙을 통해 해결하거나 완화할 수 없다면 민주주의는 위기에 직면하게 된다. 본 연구 결과는 대통령제에서도 사회적 협의가 제도화될 수 있다는 것을 보여 준다. 사회적 협의가 제도화되기 위해서는 정당체계와 대

통령의 여당에 대한 영향력과 더불어 대통령의 의지가 매우 중요한 요소였다. 이에, 민주주의 체제의 하부 요소인 사회적 협의를 제도화하기 위해서는 권력분산적인 정치제도와 더불어 대통령을 비롯한 주요 행위자들의 사회적 협의에 대한 강한 의지도 필요하다.

제9장은 한국 사회에서 유권자들의 투표행태에 미치는 요인 중 대통령과 여당에 대한 차별적 인식에 초점을 맞춰 분석한다. 본 연구는 한국 유권자들이 대통령의 국정운영에 대한 평가와 집권여당에 대한 평가가 항상 일치하지 않을 수 있다는 것을 전제로 한다. 여론조사 데이터 분석 결과는 2024년 국회의원 선거에서 유권자들의 회고적 투표가 윤석열 대통령의 국정운영평가에 따라 단순하게 이루어지지 않았다는 것을 보여 준다. 감정지능이론의 예측대로, 대통령과 여당 중 어느 쪽을 더 긍정적으로 평가하는지에 따라 투표행태에 뚜렷한 차이를 보였다. 즉, 대통령에 대한 긍정 평가가 강한 유권자들은 회고적 투표행태인 국정운영평가를 핵심적인 투표 기준으로 삼았다. 반면, 대통령보다 여당에 대한 긍정 평가가 강한 유권자들은 대통령 국정운영에 대한 평가가 아니라 다른 판단 기준을 통해 투표하는 모습을 보였다. 본 연구는 한국 대통령제에서 여당에 대한 평가를 대통령에 대한 평가로부터 다소 독립적으로 받아들이는 유권자들이 존재할 가능성을 보여 준다. 본 연구는 한국 유권자의 회고적 투표 행태에 대한 이해 수준을 높이는 데 기여했다.

참고문헌

Freedom House. 2025. *Freedom in the World 2025: The Uphill Battle to Safeguard Rights*. Washington: Freedom House.

International IDEA. 2025. *The Global State of Democracy 2024: Strengthening the Le-*

gitimacy of Elections in a Time of Radical Uncertainty. Stockholm: International IDEA.

The Economist Intelligence Unit. 2025. *Democracy Index 2024: What's wrong with representative democracy?* London: Economist Group.

V-Dem Institute. 2025. *V-Dem Democracy Report 2025: 25 Years of Autocratization-Democracy Trumped?.* Gothenburg: V-Dem Institute.

제2장

한국인이 바라보는 포퓰리즘과 민주주의[1]

황인정(성균관대학교)
오준걸(Indiana University, Bloomington)
조원빈(성균관대학교)

I. 들어가며

한국을 비롯한 동아시아의 민주주의 국가에는 의미 있는 의석수를 점유한 포퓰리즘 정당이 존재하지 않는다. 그럼에도 불구하고 지난 22대 대선 때는 주요정당의 두 후보 모두 포퓰리스트이며, 따라서 한국정치의 위기와 나아가 한국 민주주의의 후퇴(backsliding)가 거론되기도 했다. 그러나 정당정치 차원에서 뚜렷한 포퓰리즘을 특정하기 어려운 상황에서 누가 포퓰리스트인가에 대한 논쟁보다는, 한국 대중이 갖는 포퓰리즘의 수요(demand)에서 발견되는 특징을 찾는 것이 한국 민주주의의 위기 여부를 판단하는 데에 도움이 될 것이다. 이와 같은 문제의식을 가지고 본고는 한국에서 포퓰리즘을 갖는 개인들이 민주주의에 대해 보이는 태도에 주목한다.

포퓰리즘과 민주주의의 관계는 매우 논쟁적인 주제임에도 불구하고 여

---

[1] 본고는 『평화학연구』 제23권 제2호(2022)에 게재된 논문을 수정한 것임.

전히 의견 일치에 이르지 못했다. 이 주제를 연구하는 학자들 중 몇몇은 포퓰리즘이 민주주의에 내재하는 위협이라고 주장한다. 유럽에서는 극우 포퓰리즘 정당들이 자유민주주의에 가하는 주된 위협의 대표적 유형이다. 이들은 엘리트층이 이민자들을 새로운 유권자로 받아들여 복지국가를 파괴하고 있다고 주장하며 '자국민'을 우선시하는 복지국가를 요구한다. 이 밖에도, 신생민주주의 국가의 포퓰리즘 세력은 헌법을 개정하여 충직한 지지자들을 헌법재판소나 사법부 같은 국가의 핵심 기관들에 진출하도록 유도했을 뿐만 아니라 자신의 정당에 유리한 선거구와 선거 규칙을 만들기까지 했다.

한편 포퓰리즘의 순기능에 대해 집중하는 학자들 중 일부는 포퓰리즘이 민주주의의 유일하고 참된 형태라고 주장하기까지 한다. 이들에 따르면 포퓰리즘은 엘리트층에 의해 대표된다고 느끼지 못하는 유권자들의 목소리를 대변함으로써 민주적 교정책으로 작용한다. 포퓰리즘은 사회에서 배제된 부문들을 동원해 정치체제에 좀 더 통합시킬 수 있으며, 그들이 선호하는 정책의 실행을 촉진함으로써 정치체제의 반응성을 높일 수 있다. 실제로 1990년대 유럽에 포퓰리즘 정당들이 없었다면 주류 정당들은 유럽연합의 민주주의 부족(democratic deficit)을 크게 중요한 문제로 여기지 않았을 것이다. 신생민주주의 국가에서 배제된 집단들을 경제적·정치적으로 통합시키는 문제도 기존 엘리트층은 논의하지 않았지만 침묵하는 다수가 중요하다고 생각하는 쟁점들이 포퓰리스트 정치인에 의해 정치화된 사례이다. 이상을 정리하면, 정치문화와 환경에 따라 포퓰리즘은 민주주의에 대한 위협도 교정책도 될 수 있다.

포퓰리즘과 민주주의의 관계를 평가하는 기존연구들은 대부분 포퓰리즘 정당이나 포퓰리스트 정치 엘리트의 역할로 대표되는 공급자 측면에 초점을 맞추고 있으며 그 연구 성과도 누적해 왔다. 그러나 그 관계를 종합적이고 실질적으로 규명하기 위해서는 공급자 측면뿐만 아니라 수요자인 일반 시민들이 포퓰리즘을 어떻게 이해하고 이에 반응하는지에 대한 이해도 필수적이다. 포퓰리즘 정당이나 포퓰리스트 정치 엘리트를 마주한 일반 시민들이 민주주의를 얼마나 지지하는지, 포퓰리즘 성향이 강한 유권자들이 과연 민주주의 작동 방식을 어떻게 평가하는지에 대한 체계적인 연구가 필요하다. 포퓰리즘과 민주주의에 대한 기존연구들은 이 두 개념에 대한 유권자의 태도를 간접적으로 언급하고 있다. 포퓰리즘은 자유민주주의의 기본 원칙인 다원주의를 거부한다고 주장한다(Müller 2017; Urbinati 2017). 포퓰리즘은 균질하고 진정한 단일 국민이 있다는 것을 전제하기 때문이다. 그러나 포퓰리즘 성향의 시민들이 민주주의를 어떻게 생각하는지 혹은 그들의 정치참여는 어떠한지에 대한 연구는 많지 않다. 특히 한국사회 내 포퓰리즘의 수요 측면에 관한 연구는 지난 2~3년간 활성화된 경향이 있지만, 충분히 축적되었다고 보기는 어렵다.

한국 사회에는 아직 유럽이나 남미에서 등장한 포퓰리즘 정당과 유사한 정당이 존재하지는 않는다. 서유럽의 주요 포퓰리즘 정당들이 '외집단'으로 규정하는 외국인 이민자나 난민 등과 같은 집단 혐오와 배제의 대상이 가시적인 사회균열구조로 자리 잡고 있지 않기 때문이다(하상응 2018). 그럼에도 불구하고, 정치엘리트나 정당이 특정 정책이나 이념을 중심으로 포퓰리스트적 행태를 보여 주곤 한다. 예를 들어 민주화 이전 권위주의 정부나 일본 식민통치 시기에 대한 평가, 북한 정권에 대한 입장, 젠더 갈등 이슈 등에 대하여 단순 이분화하고, 자신들이 찬성하는 것과 반대하는 것, 좋은 것과 나쁜 것, 옳은 것과 그른 것으로 대립시켜 모든 존재를 적과 동지로 구분하고 적대시하는 현상을 볼 수 있다.

이 논문은 과연 한국인 중 상대적으로 강한 포퓰리즘 성향을 보이는 이들이 민주주의를 더 지지하는지, 만약 그렇다면 그들은 민주주의를 어떻게 이해하고 있는지, 그들은 민주적 절차인 정치참여에 있어서 어떠한 행태를 보이는지 경험적으로 분석한다. 논문의 핵심적 질문은 한국인들의 포퓰리즘 성향과 민주주의, 정치참여 간의 관계는 무엇인가이다. 이 문제에 대한 답을 찾기 위해, 본문에서는 민주주의와 정치참여에 대한 다음 세 가지 측면을 다룬다. 첫째, 한국인의 포퓰리즘 성향과 민주주의에 대한 지지 간의 관계를 살펴본다. 둘째, 포퓰리즘 성향과 정치참여와의 관계를 검증한다. 이 연구는 과연 포퓰리즘 성향이 강한 유권자가 투표와 집회에 직접 참여해 자신의 목소리가 반영되도록 하는가에 초점을 맞추고 있다. 마지막으로, 포퓰리즘 성향이 강한 유권자가 민주주의의 의미를 자유-절차(proce-dure) 중심적으로 보는지, 아니면 성과-분배(performance) 중심적으로 보는지 분석한다.

이러한 문제들에 대한 답을 구하기 위해 본 연구는 2021년에 수집된 한국종합사회조사(KGSS) 여론조사 데이터를 기반으로 일련의 회귀분석을 수행했다. 그 결과, 본 연구는 포퓰리즘 성향이 반드시 반민주적인 것은 아니라는 것을 발견했다. 오히려 포퓰리즘 성향이 강한 한국인일수록 민주주의 정치체제를 선호하며, 정치참여에도 더 적극적인 것으로 나타났다. 특히, 이들은 민주주주의를 자유나 민주적 절차보다 사회적 평등이나 좋은 거버넌스와 같은 성과 중심으로 이해하고 있었다. 이러한 결과는 한국 사회도 포퓰리즘 등장으로부터 안전하지 않다는 것을 보여 준다. 즉, 한국의 포퓰리스트들이 절차와 자유와 같은 민주주의의 기본 원칙보다 정부의 역할과 공정함을 강조하는 정치인과 정당에 대해 적극적인 지지를 표명할 가능성이 있다는 함의를 갖는다.

II. 기존연구 검토

1. 포퓰리즘 개념과 민주주의

포퓰리즘이라는 용어는 그동안 다양한 시기에 걸쳐 다양한 지역에서 발생한 여러 정치 현상들을 지칭하는 데에 사용되어 왔기에, 그 모두를 관통하는 보편적 개념 정의가 쉽게 도출되지 못했다. 일찍이 북미, 남미, 러시아, 동유럽, 아프리카라는 상이한 지역들에서 발생한 일견 이질적인 정치적 현상들을 포퓰리즘이라는 공통의 개념으로 묶어 그 보편적 정의를 도출하고자 한 시도가 있었지만, 학자에 따라 제각각 이념, 증상(syndrome), 정치 운동으로 해석하는 등 하나의 명쾌한 합의에는 도달하지 못했다(Ionescu & Gellner 1969). '제3세계'에 한정된 현상으로 이해되던 포퓰리즘이 20세기 말부터 유럽, 특히 서유럽에서도 부상함에 따라 최근 포퓰리즘에 관한 연구는 그 어느 때보다도 활발해졌지만, 학계에서는 여전히 정치전략으로 보는 관점(Weyland 2001), 정치양식으로 보는 관점(Moffitt & Tormey 2014), 이념으로 보는 관점(Mudde 2004) 등이 혼재되어 있어 포퓰리즘은 지금도 "본질적으로 경합적인 개념"으로 남아 있다(Mudde & Kaltwasser 2017).

개념정의에 관한 보편적 합의가 이루어지지 않은 만큼, 포퓰리즘과 민주주의의 관계에 관한 시각 또한 혼재되어 있다. 연구 초기에는 포퓰리즘을 병리적 현상으로 간주하는 시각이 지배적이었으나, 점차 민주주의에 동반되는 현상으로 간주하는 시각이 우세한 것으로 보인다(서병훈 2001).

일각에서는 포퓰리즘을 민주주의, 특히 대의민주주의를 좀먹는 병리적 현상 또는 자유민주주의에 대한 위협으로 간주한다(Taggart 2002). 태거트(Taggart)는 포퓰리즘의 특징 중 하나로 그것이 대의민주주의에 대한 반동이라는 점을 지적한 바 있으며(Taggart 2004), 서병훈(2008)은 포퓰리즘을 "겉으로 표방하는 것과는 달리 비민주적이고 엘리트중심적"인, "민주주의로 포장한 대중 영합적 정치 운동"이라고 규정하였다(서병훈 2008, 235). 뮐러(Müller 2014)는 포퓰리즘이 확연히 비자유주의적이고, 궁극적으로는 비민주적인 대의민주주의에 대한 이해라고 주장하였으며, 최근에는 파파스(Papas 2009)가 포퓰리즘을 비자유주의적 민주주의와 동치인 개념으로 제시하였다. 이렇듯 포퓰리즘을 민주주의에 대한 일종의 위협으로 간주하는 시각은 꾸준히 명맥을 이어가고 있다.

반면, 포퓰리즘을 민주주의에 내포된 본질적인 일부분 또는 자연스러운 구조적 반응으로 보는 시각들도 존재한다. 캐노번(Canovan)은 '신념의 정치(politics of faith)'와 '회의의 정치(politics of scepticism)'를 구분한 오크숏(Oakeshott)의 사상에 기반하여 민주주의에는 정치를 통해 이상 또는 구원을 실현하고자 하는 구원적(redemptive) 측면과 갈등을 관리하고 질서를 유지하고자 하는 실용적(pragmatic) 측면이라는 양면이 공존하고 있으며, 포퓰리즘은 정치가 정형화되어 전자의 욕구를 제대로 충족시켜주지 못하면서 발생하는 현상으로써 언제나 민주주의에 동반하는 "그림자"라고 주장한 바 있다. 같은 맥락으로 아르디티(Arditi 2007)는 프로이트 이론을 차용하여 포퓰리즘을 '형식화된(formal)' 정치에서 적절한 것에 대한 의문을 제기하고 부적절한 것에 대해 조명을 비추는 일종의 부정성(negation)으로 볼 수 있다며, 거기에 내포된 민주적 대표성 증진의 가능성과 권위주의로의 퇴보 가능성을 함께 묶어 포퓰리즘을 "민주주의의 내적 주변부(inner periphery)"로 묘사한 바 있다. 나아가 라클라우(Laclau 2005)는 포퓰리즘을 다수의 요구가 통합되고 이에 따라 사회를 두 개의 진영으로 분할하는 내적 경계선을 구성하여 궁극적으로는 단순한 요구의 총합 이상의 민중적 정체성을 형성하는 기제로써, 정치의 보편적 조건이자 경우에 따라서는 아예 정치 그 자체와 동의어가 된다고 주장함으로써 포퓰리즘을 긍정적 원동력으로 삼는 급진 민주주의의 이론적 토대를 제공하였다.

2. 포퓰리즘 수요차원의 분석

그간의 포퓰리즘 연구는 상기와 같이 대체로 개념적 고찰 또는 구조적 관계에 초점을 맞추면서 자연스럽게 정치의 구조적 측면 내지는 정당, 정치인 등 공급자 측면에 비중을 두는 경향이 있었다. 이러한 경향은 국내 학계에도 반영되어, 이제껏 진행된 국내 연구는 대부분 포퓰리즘의 개념과 민주주의와의 관계에 대한 이론적, 역사적 고찰이 주를 이루었었다(주정립 2006; 진태원 2013; 김현준·서정민 2017; 정병기 2020). 그러나 포퓰리즘이 정말로 민주주의를 위협하는 병리적 현상인지, 아니면 보다 긍정적 기여를 할 여지가 있는 현상인지를 명확하게 규명하기 위해서는 이러한 개념적, 구조 중심적 연구만으로는 부족하다. 개념이나 구조가 아무리 정교하게 규명된다고 해도, 현상의 향방은 그 구조 내의 미시적 요소, 즉 포퓰리즘을 지지하는 개개인이 어떻게 반응하고 움직이는지에 달려 있기 때문이다. 결국 포퓰리즘의 영향을 보다 정확히 가늠하고 객관적으로 평가하기 위해서는 그러한 성향을 가진 사람들에 대한 분석, 즉 수요 측면에서의 경험적 연구가 선행되어야 할 것이다.

근래에는 유럽을 중심으로 이러한 포퓰리즘의 수요 측면에 관한 연구들 또한 다수 발표되었다. 호킨스(Hawkins) 등과 애커만(Akkerman) 등은 "사회를 궁극적으로 "순수한 국민" 대 "부패한 엘리트"라는 서로 적대적이고 동질적인 두 개의 진영으로 구분하고, 정치는 국민의 일반의지의 표현이어야 한다고 주장하는 얇은 이념(thin-centered ideology)"으로 간주하는 무데(Mudde)의 정의를 차용하였다(Hawkins et al. 2012; Akkerman et al. 2014). 이들은 이를 기반으로 포퓰리즘 성향에 관한 조작적 정의를 제시하고 일련의 설문들을 개발하여 각각 미국 유타주와 네덜란드에서 이를 측정하였다. 스프루이트(Spruyt) 등은 이를 토대로 플랑드르 지방 설문 조사를 중심으로 어떠한 사람들이 포퓰리즘을 지지하는지를 분석하여 재산이 적을수록, 교육 수준이 낮을수록, 그리고 다양한 형태의 소외감 내지는 취약감(feelings of vulnerability)이 높을수록 포퓰리즘 성향이 높음을 규명하였다(Spruyt et al. 2016). 나아가 자스러브(Zaslove) 등은 네덜란드 주민투표 관련 설문을 토대로 포퓰리즘 성향과 민주주의 및 정치참여 간의 관계를 분석, 포퓰리즘 성향이 강할수록 민주주의에 대한 지지가 강하고 주민투표 및 숙의 민주주의적 형태의 참여를 지지할 가능성은 더 높은 반면, 시위에 참가할 가능성과 유의미한 수준은 아니지만 투표에 참여할 가능성은 더 낮게 나타난다는 점을 규명하였다(Zaslove et al. 2021).

국내에서도 최근 포퓰리즘의 수요 측면에 초점을 맞춘 연구들이 발표되었다. 하상응(2018)은 제19대 대통령선거에 관한 설문 조사를 토대로 유권자들의 포퓰리즘 성향과 그것이 정치행태에 미치는 영향을 분석, 청년층보다는 높은 연령대, 이념 성향이 강하고 정치 지식 수준이 높은 유권자가 포퓰리즘 성향이 더 강하다는 점을 밝혔다. 그는 나아가 포퓰리즘 성향이 강한 사람들일수록 기성 정치인 및 정당과는 거리를 두지만, 친구와 가족 등 주변인들과의 정치 토론 및 투표 참가는 더 활발하다는 점을 밝힘으로써 국내에서 개인의 포퓰리즘 성향이 정치행태에 미치는 영향을 일부 규명하였다. 도묘연(2021) 또한 연령이 높을수록, 보수든 진보든 이념 정향이 강할수록 포퓰리즘 성향이 더 강하다는 점과 유럽과 달리 학력, 소득 등 사회경제적 요인의 영향은 미미하다는 점, 그리고 포퓰리즘 성향이 시위 참가 또는 참가 의사 형성에 영향을 미친다는 점을 규명하였다. 유럽과는 달리 경제적 소외계층이 아닌 이념 정향이 강한 사람들이 포퓰리즘 성향이 강하고, 이들이 제도권 내에서 벗어나지 않고 투표 및 시위에도 적극적으로 참여한다는 점은 국내 포퓰리즘의 특기할 만한 점이다.

한국 사례를 비롯한 수요 중심의 포퓰리즘 연구들은 개인의 포퓰리즘 성향과 민주주의에 대한 지지, 민주주의의 근간을 이루는 정치참여 행태 등과의 관계를 실증적으로 분석하였으며, 그 결과에 따르면 포퓰리즘 성향이 강할수록 민주주의를 지지하는 경향이 있는 것으로 보인다. 그러나 포퓰리즘 성향이 왜 민주주의에 대한 지지로 연결되는지, 구체적으로 민주주의의 어떤 속성이 포퓰리스트의 지지를 받는지에 관한 문제는 논의된 바가 없다. 이에 본 연구에서는 다양한 민주주의의 속성 중 포퓰리즘 성향이 어떤 요소와 맞닿아 있는가에 대해 한국의 사례를 통해 알아보고자 한다.

개인 수준에서 인식하는 민주주의의 다양한 의미와 관련한 기존연구들은 아시아 바로미터 서베이(Asia Barometer Survey, 이하 ABS)를 활용하였다. ABS에서는 2차 설문조사부터(2005~2008) 응답자들이 민주주의를 어떻게 이해하는지, 그 본질적인 가치는 무엇이라고 생각하는지 등 민주주의의 의미(meaning of democracy)를 측정하기 위한 설문을 도입해 왔다(Chu & Huang 2010). 추윤한과 웰시는 이를 토대로 동아시아의 밀레니얼 세대는 규범과 절차, 자유와 같은 자유민주주의 체제의 기저에 내포된 원칙들뿐만 아니라 사회적 평등과 좋은 거버넌스와 같은 체제의 성과 또한 중시한다는 점을 밝히며 체제의 성과 미흡은 곧 민주주의의 정당성 저하로 이어질 수 있음을 경고한 바 있다(Chu & Welsh 2015). 루지에와 추윤한은 동아시아에서는 민주주의의 여러 측면 중 규범과 절차, 자유를 중시하는 원칙주의자

(principle-holder)들보다 사회적 평등과 좋은 거버넌스를 중시하는 이익추구자(benefit-seeker)들과 선호가 혼재돼 있는 경계자(fence-sitter)들의 비율이 상대적으로 높음을 밝히며, 민주주의를 공고화하기 위해서는 원칙주의자들의 양성이 필요하다고 주장한 바 있다(Lu &n Chu 2021). 이러한 연구들은 민주주의의 의미를 어떻게 이해하느냐에 따라 민주주의에 대한 지지가 실제 민주주의에 미치는 영향은 다양하게 해석될 수 있음을 시사하며, '진정한 민주주의자'를 자처하는 포퓰리스트들이 현대 자유민주주의 체제에 어떠한 영향을 미칠지 예상해 볼 수 있는 단서를 제공해 준다.

III. 가설

1. 포퓰리즘과 민주주의 지지

포퓰리즘과 민주주의의 관계가 이중적이듯 개인의 포퓰리즘 성향과 민주주의에 대한 지지 또한 상반되는 결과로 나타날 수 있다. 포퓰리스트들은 스스로를 진정한 민주주의자로 생각하는 경향이 있는데, 지금까지 기성 정당과 주요 미디어에 의해 무시되었던 의견을 대표하는 것이 자신들이라고 생각하기 때문이다. 개인수준의 포퓰리즘 성향에 관한 기존연구에서도 포퓰리즘 성향과 민주주의에 대한 지지는 양의 상관관계를 갖는 것으로 밝혀냈다. 특히 전술한 바와 같이 한국을 대상으로 연구한 도묘연(2021)의 논문에서는 민주주의 만족도가 구체적으로 국민중심주의 성향의 포퓰리즘 성향과 관련이 있는 것으로 밝혔다.

가설 1: 포퓰리즘 성향이 강한 사람들은 그렇지 않은 사람들보다 민주주의를 더 지지한다.

한편 권위주의 포퓰리스트 정치인들의 주요 정책은 반다원주의에 집중되어 있는 만큼, 현실정치화된 포퓰리즘이 민주주의의 주요한 원칙들을 모두 지지한다고 보기는 어렵다. 그러므로 포퓰리즘 성향을 갖는 개인들의 민주주의에 대한 지지가 민주주의에 대한 온전한 동의를 바탕으로 형성되었다고 보기는 어렵다. 이에 따라 과연 포퓰리스트들이 민주주의의 어떤 속성을 지지하는가에 대한 설명이 필요한데, 이에 대한 질문은 후술할 가설 3에서 제시하였다.

2. 포퓰리즘과 정치참여: 투표 참여와 사회운동 참여

포퓰리즘과 정치참여의 관계 역시 포퓰리즘과 민주주의와 마찬가지로 한 방향으로 단정하기는 어렵다. 특히 전통적 의미의 정치참여(conventional political participation)의 대표적인 정치행태인 투표는 시민의 뜻을 표현하고 정치에 반영하는 가장 효율적인 방법인 동시에, 포퓰리스트들이 신뢰하지 않는 대의제의 도구이며 기성정치인들이 권력을 유지하는 수단일 수 있기 때문이다.

유럽의 사례를 대상으로 한 기존연구들에서는 주로 정당 민주주의에 반대하는 포퓰리즘의 성향 때문에 포퓰리즘이 투표 참여와 부정적 관계에 있다고 결론을 내린다(Zaslove et al. 2002). 그렇다고 해서 포퓰리즘 성향이 분명한 정당이 존재할 때 투표율이 증가하는 것도 아니다. 유럽(Robert & Ruth 2017; Immerzeel & Pickup 2015; Schwander 2020)과 라틴아메리카(Anduiza et al. 2019)를 대상으로 한 연구에서는 그러한 결과가 나타났다. 하지만 국가적인 특수성이 있을 수 있다. 분석단위를 개인으로 했을 때, 일반적으로는 포퓰리즘과 투표의 상관관계가 의미 있지 않지만 몇몇 국가(독일, 폴란드, 스위스)에서는 개인수준에서 포퓰리즘 성향이 강할수록 투표율이 떨어졌다.

이에 반해 한국 사례를 다룬 기존연구에서는 포퓰리즘과 전통적 정치참여와 비전통적 정치참여(unconventional political participation)가 모두 양의 상관관계를 나타냈기에 가설 2를 아래와 같이 설정하였다(하상응 2018; 도묘연 2021).

가설 2-1: 포퓰리즘 성향이 강한 사람들은 그렇지 않은 사람들보다 투표에 더 참여한다.

가설 2-2: 포퓰리즘 성향이 강한 사람들은 그렇지 않은 사람들보다 항의나 시위에 더 참석한다.

비전통적 정치참여와 관련해서 우파 포퓰리즘은 시위 참여를 질서 유지에 반하는 행동으로 파악하기에(Kriesi 2018) 포퓰리즘은 시위 참여, 시민사회 활동 등과 같은 형태의 정치참여와 부정적 관계에 있을 것으로 예측하는 연구들이 있다. 특히 사회의 다양성 증진을 위한 시위의 경우 다원주의적 성격을 갖기 때문에 포퓰리스트들이 찬성하지 않을 것으로 예측한다(Zaslove et al. 2014).

그러나 한국의 경우 다원주의와 다양성에 대한 논의가 서구 민주주의 국가에 비해 활발하게 이루어지지 않았고 대표적인 사회운동이자 시위라고 볼 수 있는 촛불집회가 이러한 어젠다를 내세우지 않았기에, 비전통적 정치참여가 꼭 포퓰리즘과 부정적 상관관계에 있다고 보기는 어렵다. 실제로 도묘연(2021)은 포퓰리즘 성향이 2016~2017년 촛불집회 참석과 양의 상관관계에 있다는 것을 밝혔다. 특히 반엘리트주의와 국민중심주의는 실제 참가에, 반엘리트주의는 참가 의사에 영향을 주었다는 결과는 포퓰리즘이 사회운동 참여와 그에 대한 긍정적인 의견 형성 모두에 영향을 미쳤다는 해석을 가능케 한다.

3. 포퓰리즘과 민주주의의 의미: 절차/자유 vs. 성과/분배

포퓰리즘과 민주주의 관계에 대한 논의는 반다원주의에 초점이 맞춰져 있었으나(IDEA 2020), 포퓰리즘이 다원주의 외에 민주주의의 어떤 속성과 관련이 깊은가에 대한 연구는 많지 않다. 포퓰리스트들은 일반적으로는 '국민의 뜻'이 가장 중요하다고 여긴다. 그 국민이 누구인지를 정하는 기준이 되는 외부자와 내부자가 누구인지에 관한 연구는 상당 부분 이루어졌지만, 국민의 뜻을 이루는 민주주의의 핵심요소들에 대한 포퓰리스트들의 선호가 무엇인가에 대해 묻는 연구는 찾아보기 어렵다.

예상해 볼 수 있는 것은, 포퓰리스트들은 기존 정당과 주요 정치인들이 집권하는 통로로 사용된 정치 과정과 절차에 대해서는 부정적으로 생각할 가능성이 크다는 것이다. 또한 포용적이기보다는 배타적이고 권위주의 성격을 갖는 포퓰리즘의 특성을 고려했을 때 포퓰리즘 성향의 응답자들은 개인의 자유에 대해서도 부정적으로 여길 가능성이 크다.

한편 기성정치가 국민의 뜻을 충분히 실현하지 못하고 있다고 인식하는 포퓰리즘의 특성상, 민주주의란 정부가 국민들을 위해 서비스를 제공하는 것이 목적이며, 따라서 민주주의에서 절차보다는 결과와 성과가 더 중요하다고 생각할 가능성이 크다. 또한 정치, 사회, 경제적으로 소외되었다고 느끼는 집단에서 높은 포퓰리즘 성향을 보이는 것이 일반적이므로, 포퓰리즘 성향이 강할수록 공정한 배분이 민주주의의 중요한 요소라고 생각할 가능성이 크다.

가설 3: 포퓰리즘 성향이 강한 사람들은 민주주의의 성과/분배적 속성을 절차/자유적 속성보다 더 중요하게 생각한다.

IV. 연구방법

1. 사례설명

한국의 경우 유럽의 포퓰리즘 정당과 유사한 정당이 존재한다고 보기는 어렵다. 그렇다고 해서 포퓰리즘 색을 띠는 정치인과 정당이 부재한다고 보기도 어렵다. 민주화 이전 권위주의 정부에 대한 평가, 일본 식민지 시기에 대한 역사적 평가, 북한 정권에 대한 입장, 젠더 갈등 이슈 등에 대해 극단적인 시각을 보이는 정치인들이 존재한다. 특히 코로나19 팬데믹 시기에 감염과 백신에 대한 음모론을 공유하며 미국 근본주의 기독교의 극우적인 시각을 보인 전광훈과 그 추종자들이 정치세력화를 시도했다. 선거에서 이들 세력에 대한 유권자들의 지지는 매우 미미한 수준이었지만, 주요 정당과 정치인들이 지금까지 미디어와 전문가 등을 동원해서 사실을 왜곡했으며, 자신들이 내는 목소리가 유일하게 진실인 것처럼 현실을 이분법적으로 구분했던 것을 봤을 때, 한국에서 포퓰리즘 정치인과 정당이 온전히 부재한다고 하기는 어렵다.

한편 뚜렷이 외적으로 구분되는 외집단이 부재하기 때문에 오히려 대북·대미관계 이슈를 중심으로 해서 좌와 우로 나뉘는 양대정당이 상대 정당 리더와 정치인들을 진정한 국민의 뜻을 실현하지 않는 '외집단'격으로 규정하는 양상도 한국정치에서 보여지고 있다(도묘연 2021). 특히 20대 대선의 주요정당 후보 모두가 정당에 큰 기반이 없이 개인의 특징적 커리어를 바탕으로 경선에서 후보로 선출되면서 포퓰리즘 선거라는 미디어의 보도가 적지 않았다(박선경 2022). 가장 대표적인 양당제 국가인 미국에서도 가장 포퓰리스트적인 성향을 보이는 트럼프 전 대통령이 당선되었던 것을 고려한다면, 한국도 극우 또는 극좌 정당이 제도권 정치에 편입되기 어려운 정치 제도를 가지고는 있지만, 오히려 강력한 양당제 시스템하에서 포퓰리즘 성향을 갖는 정치인의 집권이 유리한 상황으로 해석할 수도 있다.

또한 개인수준에서 포퓰리즘 성향을 측정해 보면 한국은 포퓰리즘이 득세하고 집권까지 한 국가들과 비교해도 포퓰리스트 숫자가 적지 않다. 정병기와 도묘연의 2021년 연구에서는 전체 응답자의 약 41.2%를 포퓰리스트 성향을 갖는 것으로 분류할 정도였다(정병기·도묘연 2021). 따라서 한국에서 개인 수준에서 포퓰리즘 성향에 대한 민주주의 선호의 경향성을 살펴보는 연구가 지속적으로 필요한 상황이다.

2. 데이터

본 논문에서는 한국종합사회조사(KGSS) 2021년 데이터를 활용하여 경험적 연구를 실행하였다. KGSS2021은 성균관대학교 서베이리서치 센터가 갤럽에 의뢰하여 2021년 8월부터 12월까지 대면면접 조사방식으로 전국에서 인구통계학적으로 대표성을 갖는 모집인원 1,205명이 응답한 조사이다. KGSS의 주요내용은 한국의 정치, 경제 및 사회문제이며 ISSP의 환경문항과 EASS의 건강문항도 포함되어 있다. 본 데이터는 2003년부터 지속적으로 조사되어 온 한국의 대표적인 학술 조사자료이기에 실증 분석의 증거로 활용하기에 적합하다고 볼 수 있다.

3. 변수 측정

1) 독립변수: 포퓰리즘 성향

독립변수는 포퓰리즘 성향이다. 포퓰리즘 성향은 6개의 포퓰리즘 질문에 대한 응답의 평균값으로 측정했다. 포퓰리즘 질문은 개인수준에서 포퓰리즘 측정을 시도한 기존연구에서 일반적으로 활용한 질문 세트에서 아래와 같이 차용하였으며, 1–5점 척도로 1은 매우 동의, 5는 매우 반대로 측정하였다. 본 연구에서는 매우 동의를 높은 점수로 역코딩하여 사용하였다. 아래 여섯 개의 질문을 통해 포퓰리즘의 국민중심주의와 반엘리트 성향, 이분법적 세계관 등을 종합적으로 측정할 수 있었다(Akkerman et al. 2014).[2]

포퓰리즘 1. 국회의원은 국민의 뜻을 따라야 한다.
포퓰리즘 2. 정치인이 아닌 국민이 가장 중요한 정책 결정을 내려야 한다.
포퓰리즘 3. 나는 직업 정치인보다는 한 사람의 시민에 의해 대표되는 것
　　　　　이 낫다고 생각한다.

2　본래 설문에는 포퓰리즘 측정을 위해서 만들어진 문항이 더 있었으나, 요인분석을 실시한 후 요인적재량이 통상적으로 유의미하다고 받아들여지는 0.5를 크게 벗어난 문항들은 분석에서 제외하였다. 위의 여섯 개 문항의 내적 타당도(Cronbach's alpha)는 0.71이었다.

포퓰리즘 4. 선거에서 선출된 사람들은 말만 많고 행동이 없다.

포퓰리즘 5. 정치는 결국에는 선과 악의 대결이다.

포퓰리즘 6. 이익단체가 정치적 결정에 너무 많은 영향력을 행사한다.

2) 종속변수: 민주주의 태도, 정치참여, 민주주의 의미

종속변수는 민주주의에 대한 태도, 투표와 시위 참가 여부, 민주주의의 의미 등 세 가지로 측정하였다. 첫 번째, 민주주의에 대한 태도는 민주주의에 대한 의견을 묻는 질문으로 흔히 쓰이는 질문(다음 중 어떤 의견이 귀하의 생각에 가장 가까운지 말씀해 주십시오.)으로 측정하였는데, 아래 세 가지 보기 중 첫 번째 보기인 '민주주의가 다른 어떤 제도보다 항상 낫다'를 선택한 응답을 1로, 나머지 두 보기를 선택한 응답을 0으로 하는 더미변수를 만들어 사용하였다.

① 민주주의가 다른 어떤 제도보다 항상 낫다.

② 상황에 따라서 독재가 민주주의보다 낫다.

③ 나 같은 사람에게는 민주주의나 독재나 상관없다.

두 번째로 정치참여에 관한 변수는 투표참여와 사회운동 참여로 나눠서 각각 측정하였다. 투표참여는 설문이 진행되었던 시점에서 가장 가까운 전국 선거인 2020년 4월 15일 제21대 국회의원 총선거 투표여부를 묻는 질문으로 측정하였다. '투표했다'와 '투표하지 않았다' 중에서 선택하는 양자택일 질문이었다. 사회운동은 2016~2017년 촛불집회 참석여부를 묻는 질문으로 측정하였다. 촛불집회 이외에 다양한 사회운동이 존재하지만, 촛불집회 참석자의 규모와 정치적 영향력이 가장 크고 조사시점에서 가까운 사회운동이므로 비전통적 정치참여 여부를 측정하기에 적절한 질문이다. 다만 실제 촛불집회 참석뿐 아니라 참석의지가 있었던 것 역시 시민 중심의 사회운동 참여에 대한 긍정적인 태도를 보여 주는 것으로 판단하여, 한 번 이상 참석한 응답과 '참석하고 싶었으나 그러지 못했다' 응답을 1로, '참석한 적 없다'를 0으로 코딩한 더미변수를 만들어서 사회운동 참여를 측정했다.

세 번째로 민주주의의 의미 변수는 설문에 포함된 네 개의 질문에 대한 답변을 종합하여 측정하였다. 기존연구와의 비교를 위해 ABS에서 민주주의 의미에 대해 묻기 위해 포함하는 질문 네 개를 그대로 물었다. '다음의

〈표 1〉 민주주의의 의미(Meanings of Democracy)

a. 사회적 평등(Social Equality)
Q146. ① 정부가 빈부격차를 줄인다
Q147. ② 의식주 등 기본생활요소가 모두에게 제공된다
Q148. ③ 정부가 모두에게 고용기회를 보장한다
Q149. ④ 실업자들이 국가로부터 지원을 받는다

b. 좋은 거버넌스(Good Governance)
Q146. ③ 정부가 예산을 낭비하지 않는다
Q147. ④ 정부가 국민에게 양질의 공공 서비스를 제공한다
Q148. ① 정부가 법과 질서를 보장한다
Q149. ② 정치가 깨끗하고 부패하지 않다

c. 규범과 절차(Norms and Procedures)
Q146. ② 국민이 자유롭고 공정한 선거를 통해 정부지도자들을 뽑는다
Q147. ① 의회가 행정부를 감시한다
Q148. ④ 복수의 정당이 선거에서 공정하게 경쟁한다
Q149. ③ 법원이 정부의 권력 남용으로부터 일반 국민들을 보호한다

d. 자유(Freedom and Liberty)
Q146. ④ 국민이 정치적 견해를 자유롭게 표현할 수 있다
Q147. ③ 국민이 정치단체를 자유롭게 조직할 수 있다
Q148. ② 언론매체가 정부를 자유롭게 비판할 수 있다
Q149. ① 국민이 항의와 시위에 참여할 자유를 갖는다

진술 가운데서 하나만 선택한다면 귀하는 어느 것이 민주주의의 가장 필수 요소라고 생각하십니까?'의 네 개 질문의 선택지 중 〈표 1〉에서 성과(b.좋은 거버넌스)나 분배(a.사회적 평등)를 뜻하는 답변을 선택했을 경우 0, 절차(c.규범과 절차)와 자유(d.자유)를 뜻하는 답을 선택했을 경우 1이 되게 코딩한 후, 네 질문에 대한 값을 모두 더한 하나의 변수를 만들었다. 따라서 네 개의 질문에서 모두 성과나 분배를 선택했을 경우 값은 0이 되고 모두 절차나 자유를 선택했을 경우 값은 4가 된다.

3) 통제변수

민주주의에 대한 의견에 영향을 주는 통제변수로는 정부신뢰(중앙 정부, 국회)에 대한 점수 외에 기본적인 인구통계학적 변수인 연령, 교육, 성별, 정치이념성향을 포함하였다. 통계모델에 포함된 변수들에 대한 기술통계는 〈표 2〉에 포함되어 있으며, 기술통계는 가중치를 포함하지 않은 결과이다.

〈표 2〉 기술통계

변수명	N	최솟값	최댓값	평균	표준편차
포퓰리즘 태도	1144	1.33	4	2.67	0.51
민주주의 태도	1168	0	1	0.75	0.43
21대 총선투표	1201	0	1	0.86	0.35
2016-7 촛불집회	1198	0	1	0.1	0.29
민주주의 의미	1124	0	4	1.89	1.05
중앙정부 신뢰	1105	1	3	1.71	0.6
국회 신뢰	1186	1	3	1.36	0.56
교육	1203	0	7	3.32	1.46
연령	1205	18	92	52.01	15.65
성별	1205	1	2	1.58	0.49
정치이념(보수)	1163	1	5	2.93	0.98

V. 분석 결과

가설의 검증을 위해 종속변수의 척도에 따라 다른 모델을 활용하였다. 민주주의가 다른 제도에 비해 가장 낫다고 생각하는 사람들을 1로 코딩한 민주주의 태도 변수(가설1), 투표 여부를 측정한 21대 총선 참여 변수(가설 2-1), 촛불집회에 대한 참여와 참석의사를 1로 코딩한 촛불 참여변수(가설 2-2)는 이항형 변수이므로 로지스틱 회귀모델을 실행하였다. 민주주의의 의미를 절차와 자유로 생각하는지 아니면 성과와 분배로 생각하는지에 관한 종속변수(가설3)는 리커트 척도로 측정되었으므로 OLS 회귀분석을 실행하였다.

분석결과, 독립변수인 포퓰리즘 성향 변수는 모든 종속변수에 유의미한 영향력을 미치는 것으로 나타났다. 먼저 모델 1의 민주주의 지지에는 오로지 포퓰리즘 성향 변수만이 의미 있는 영향을 갖는다는 결과가 도출되었다. 포퓰리즘 성향이 강할수록 민주주의가 다른 어떤 제도보다 항상 낫다고 생각하는 경향이 강했다. 이는 기존연구에서 보여진 것과 동일한 결과로서, 포퓰리즘 성향을 갖는 개인일수록 자신들이 진정한 민주주의자라고 인식하기 쉽기 때문인 것으로 보인다.

또한 모델 2의 총선 투표 참여 변수에는 포퓰리즘 성향, 중앙 정부 신뢰, 교육수준, 연령이 유의미한 영향력을 미친 것으로 나타났다. 포퓰리즘 성향이 강할수록 21대 총선에서 투표했다고 응답했으며, 중앙 정부에 대한 신뢰가 강할수록, 교육수준이 높고, 높은 연령의 응답자일수록 전통적 정치참여인 투표에 적극적이었다. 포퓰리즘 성향과 투표 참여의 상관관계는 기존연구에서 좀처럼 합의가 되지 않았는데 한국의 경우, 양의 관계가 도출되었다. 본 연구와 기존연구 모두에서 이러한 경향이 확인된 것은 두 가지 이유 때문인 것으로 생각해 볼 수 있는데, 첫째는 포퓰리스트일수록 정치 지식 수준이 높고 좌우에 상관없이 이념성향이 뚜렷하기 때문이다(하상 응 2018). 둘째는 포퓰리즘 성향이 당선가능성이 낮은 극우나 극좌 정당 지지와 면밀히 연계되지 않기 때문에 일반 유권자들에 비했을 때 특별히 투표 의지를 상실할 이유가 없기 때문이다.

포퓰리스트들은 촛불집회에 대해서도 참여 혹은 지지를 더 표한 것으로 보인다. 포퓰리즘의 상관계수도 로짓 모델 중 모델 3에서 가장 높다. 이는 2016~2017 촛불집회가 서구의 흑인 민권운동, 여성 해방 운동, 성소수자 권리 증진을 위한 운동 등과 같이 사회의 다양성을 높이기 위한 다원주의적 성격이 전혀 부재하고, 국정농단으로 인한 대통령 탄핵이라는 단일한 이슈에 대한 것이었기 때문인 것으로 보인다. 따라서 포퓰리즘의 이분법적이며 반다원주의적인 시각이 촛불집회에 대한 부정적 태도로 연결되기보다는, 포퓰리즘의 가장 핵심인 국민중심주의가 촛불집회를 향한 긍정적인 태도에 영향을 준 것으로 보인다. 촛불집회가 서구의 사회운동(Movement)보다는 시위(Demonstration)에 가깝기 때문에 촛불집회라는 비전통적인 참여의 행태를 국민의 목소리가 정치에 반영되어야 한다는 포퓰리즘 가치를 실현하는 장으로 인식했을 가능성이 있다. 또한 촛불집회는 정당중심으로 진행되기보다 시민들의 자발적 참여로 발생했기 때문에 정치 제도와 과정, 기성 정당에 대해 부정적으로 평가하는 포퓰리즘 성향과 맞닿아 있다고 볼 수 있다. 포퓰리즘 성향과 더불어, 교육수준이 더 높을수록, 연령이 낮을수록, 자신의 정치 성향을 진보적이라고 응답했을수록 촛불집회에 대해 참여했거나 참여의사를 드러냈다. 이는 촛불집회 참여에 대한 기존연구와 일치하는 결과이다(도묘연 2017; 이지호 2017; 이현우 외 2017).

마지막으로 모델 4에서 보여지는 것처럼 포퓰리즘 성향이 강할수록 민주주의 속성 중 절차와 자유를 중요하게 생각할 가능성이 낮은 것으로 나타났다. 즉 포퓰리즘 성향이 강할수록 민주주의의 의미 중 사회적 평등과 좋은 거버넌스와 같이 민주주의의 성과—분배적 측면을 더 중요하게 여긴다. 포퓰리즘 성향의 측정 자체가 국회의원, 직업정치인, 선출 정치인, 정치인 일반에 대한 부정적인 태도로 이루어졌기 때문에 포퓰리스트일수록 선거의 중요성, 정당, 삼권분립 등을 민주주의의 핵심요소로 여기지 않는 것은 당연한 결과로 보인다. 또한 정치를 선과 악의 대결로 인식하고 이익단체의 영향력 행사에 부정적인 포퓰리스트들은 표현의 자유, 집회결사의 자유 등을 다루는 자유의 항목에 대해서 상반된 입장을 가질 수는 있겠지만 이를 민주주의의 가장 중요한 요소로 보는 비율은 적은 것으로 보인다. 포퓰리즘 성향이 높을수록 규범적인 절차와 자유보다는, 정부가 효율적으로 기능하고 경제적인 불평등을 해결하는 성과 위주의 특징을 민주주의의 핵심 가치로 선택했다. 그러나 효율성, 경제적 성과, 정부 안정성 등이 기본적으로 서구 민주주의 개념에서 민주주의를 구성하는 필수불가결 요소로 여겨지지 않는 것을 생각했을 때(Schmitter & Karl, 1991), 한국에서 포퓰리스트들의 민주주의에 대한 개념은 원칙보다는 그 실현의 결과에 초점이 맞춰져 있다고 볼 수 있다.

또한 연령이 낮을수록, 스스로의 정치성향을 보수적이라고 답했을수록 민주주의의 속성 중 절차와 개인의 자유가 중요하다고 답했다. 이는 젊은 세대일수록 민주주의의 원칙에 대한 이해가 높으며, 보수적일수록 법과 질서 유지에 대한 선호가 높기 때문인 것으로 추측해 볼 수 있다. 한편 교육수준은 민주주의의 의미에 대한 선택에 유의미한 영향을 미치지 못했다. 의외인 것은 중앙정부에 대한 신뢰가 약할수록 오히려 절차와 자유 민주주의를 선호하는 결과가 나왔는데, 중앙정부를 조사당시의 대통령인 문재인 정부로 인식했기 때문일 것으로 보인다.

<표 3> 포퓰리즘과 민주주의 관계 분석결과

	모델 1	모델 2	모델 3	모델 4
	민주주의 지지 Logit	21대 총선 참여 Logit	촛불 참여/ 참여의지 Logit	민주주의 의미: 절차/자유 지지 OLS
포퓰리즘 태도	0.504*** (0.151)	0.486* (0.193)	0.796*** (0.23)	−0.138* (0.066)
중앙 정부 신뢰	−0.165 (0.132)	0.320 (0.180)	0.218 (0.206)	−0.113 (0.059)
국회 신뢰	−0.075 (0.140)	0.051 (0.194)	−0.075 (0.225)	0.102 (0.064)
교육	0.034 (0.062)	0.317*** (0.085)	0.345*** (0.102)	0.023 (0.028)
연령	−0.002 (0.006)	0.067*** (0.008)	−0.027** (0.009)	−0.005 (0.003)
성별	0.083 (0.150)	−0.117 (0.198)	0.077 (0.228)	−0.011 (0.067)
정치이념(보수)	−0.031 (0.078)	−0.148 (0.109)	−0.447*** (0.128)	0.069* (0.034)
Constant	0.086 (0.729)	−3.720 (0.95)	−3.623 (1.176)	2.294*** (0.328)
Adj. R-squared [Pseudo R2]	0.016	0.119	0.124	0.013
N	1012	1012	1012	1012

Signif. codes: *p≤ 0.05; **p≤0.01; ***p≤0.001.

VI. 토의 및 결론

한국 사회의 포퓰리즘은 민주주의에 대한 위협인가 아니면 교정책인가? 이 물음에 답하기 위해 본 연구는 KGSS 여론조사 데이터를 이용해 수요적 측면인 한국 유권자의 시각에 초점을 맞춰 경험 분석을 실시했다. 그 결과 포퓰리즘 성향이 강한 유권자일수록 민주주의 정치체제를 더 선호할 뿐만 아니라, 투표와 집회에도 더 적극적으로 참여하는 것으로 나타났다. 또한, 포퓰리즘 성향이 강한 유권자일수록 민주주의를 자유나 절차로 받아들이기보다는 사회적 평등과 좋은 거버넌스와 같은 성과로 이해한다는 것을 알 수 있었다.

이러한 결과는 한국 사회에서도 포퓰리즘 정당이 출현할 가능성이 있다는 것을 보여 준다. 기존 정당이나 정당 리더들은 자신들이 직접 참여한 정책결정의 결과물에 대한 유권자의 평가에 귀를 기울이기보다는 결정 과정의 합법성을 강조해 왔다. 민주주의 체제 내 정책결정 과정은 이미 민주적인 절차에 의해 그 합법성을 부여받은 것이기 때문에, 이러한 정책결정 과정을 통과한 정책(혹은 정치)적 결과물은 사회 내 특정 집단의 이해관계에 부정적인 영향을 미칠 수 있음이 명백한 경우에도 민주적 정당성을 확보한 것으로 받아들여진다. 절차적 정당성을 갖춘 정책결정이 양산한 결과물을 소비하는 유권자들은 그 결정과정이 얼마나 민주적인가에 관심을 두기보다는 그 결과물이 자신의 이해관계에 어떠한 영향을 미치는지에 더 민감하다. 유권자 중 반복적으로 자신의 이해관계가 제대로 보호받지 못한다고 느끼는 이들일수록 포퓰리즘 정당이나 포퓰리스트의 선동에 쉽게 동의하게 된다.

본 연구의 가장 큰 함의는 포퓰리스트들이 "어떤 민주주의"를 지지하는가에 대해 묻는 첫번째 연구라는 데에 있다. 유럽과 한국을 대상으로 한 기존연구들이 포퓰리즘 성향의 개인이 민주주의를 지지한다는 것은 밝혀냈지만, 포퓰리스트들이 과연 대의제, 개인의 자유 등과 같은 민주주의의 핵심속성들을 지지하는 가에 관해서는 묻지 않았다. 게다가 포퓰리즘 정당과 정부에 초점을 맞춘 공급 중심의 기존연구에서는 포퓰리즘의 반다원주의적 성향이 민주주의를 후퇴하게 한다는 주장을 실증적으로 입증하는 연구가 주를 이루어, 다원주의를 제외한 민주주의의 다른 핵심 요소들과 포퓰리즘이 어떻게 연계되는가에 대한 질문에 대한 답을 찾기는 어려웠다.

포퓰리즘과 민주주의의 관계를 올바르게 이해하고 왜 민주주의가 확립된 서유럽 국가에서도 포퓰리즘이 확산되고 있는지, 그 현상을 정확히 진단하기 위해서는 민주주의가 본질적으로 내포하고 있는 긴장상태에 초점을 맞춰야 한다. 시민들은 민주주의의 절차적 구성요소의 핵심인 시민적 자유와 정치권력의 보장을 통한 정치참여 확대를 기대한다. 이와 동시에, 민주주의가 갈등을 해결하고 적절한 분배를 실현해 줄 것이라고 기대하기도 한다. 최근 민주주의가 비판에 직면한 이유 중에는 일반 시민의 정치참여 확대를 소홀히하고 전문가가 중심이 되어 생산하는 성과를 지나치게 강조한다는 점도 있을 것이다. 포퓰리스트 정치 엘리트와 정당들이 제기하는 대의제 민주주의에 대한 비판도 절차 편향적인 측면에 초점을 맞추고 있으며, 이러한 비판은 시민들로부터 정치적 지지를 획득하고 있다. 포퓰리스트는 대의제가 비효율적일 뿐만 아니라 특정 이익 집단들의 이해관계를 보호하기 때문에 전체 국민을 대표하지 못한다고 비판한다. 그들은 직접민주주의를 선호하기 때문에 대표자들의 중개를 거치지 않는 직접 참여를 요구한다. 포퓰리즘은 현재 민주주의가 직면한 위기의 징후로 받아들이고 건설적으로 수용해야 할 하나의 도전으로 인식되어야 한다.

포퓰리스트들은 삼권 분립제와 같은 다양한 절차 중심의 민주적 제도들에 대하여 근본적인 문제제기를 하지만, 이러한 절차 중심적 제도들은 민주주의를 보호하기 위한 안전핀 역할을 수행하기도 한다. 절차 중심적 민주적 제도들은 성급한 결정을 방지하고 소수자와 개인의 자유를 보호하기 위해 고안된 자기 구속적 장치라고 할 수 있다. 이러한 헌정주의적 정치제도를 제거해 버리면 일시적으로는 민주주의의 성과가 증진되는 경우도 있을 수 있겠지만, 궁극적으로 민주주의를 지탱하는 규범과 원칙들은 오히려 쇠퇴할 수 있다.

포퓰리즘이 본질적으로 민주주의에 반대하는 것은 아니다. 포퓰리스트들은 현재 민주주의 체제의 부실한 성과를 비판하고 이를 해결하기 위해 민주적 절차를 변경하자는 운동을 주도하고 있을 뿐이다. 포퓰리스트들은 국민주권과 다수결은 단호히 옹호하지만, 민주적 정당성이 희미한 사법부의 독립이나 '외집단'으로 간주되는 소수자 권리의 보호처럼 다수 인민의 의지를 제약하는 절차라면 그 무엇이든 반대한다. 특정 국가가 권위주의에서 선거민주주의로 넘어가는 민주주의의 이행 단계에서 포퓰리즘은 일반 시민이 통치자를 선출해야 한다는 관념을 강화하는 건설적인 역할을 한다. 포퓰리즘 세력은 이 과정에서 자유롭고 공정한 선거의 실현을 지지할 것이다.

한국 유권자들의 포퓰리즘 성향이 본고의 연구결과대로 민주주의를 지지하고, 그중에서도 좋은 거버넌스와 평등한 사회를 향한 지향점을 가지고 있다면, 한국에서 포퓰리즘적 수요의 확대는 꼭 대의민주주의의 위기나 퇴행과 연결된다고 볼 수는 없다. 오히려 정치인들과 정책전문가들은 절차적 정당성뿐 아니라, 발전의 결과물을 소외되는 이 없이 분배할 수 있는 정책의 개발과 그리고 이를 잘 실현할 수 있는 좋은 행정력의 확대를 위해 고민해야 할 것이다.

향후의 포퓰리즘과 민주주의에 관한 연구에서는 본 연구의 내연과 외연 확장 모두를 시도해 볼 수 있다. 즉, 몇몇 기존연구에서 시도한 바와 같이 포퓰리즘의 속성을 엘리트주의, 국민중심주의, 반다원주의 등으로 분류하여 각각에 대하여 어떤 민주주의를 지지하는가를 연구해 볼 수 있을 것이다. 또한 한국 외에도 비슷하게 민주주의 성과중심적 측면을 지지하는 것으로 알려진 다른 아시아 민주주의 국가들에서도 포퓰리즘 성향과 민주주의의 핵심 요소에 대한 선호 사이에 일정한 상관관계가 존재하는지 분석함으로써 포퓰리즘과 민주주의에 관한 연구의 외연을 확장해 볼 수 있을 것이다. 특히 유교 문화권에 속하는 국가들은 민주주의의 속성 중 절차보다는 결과를 중요하게 여기는 경향이 있다는 기존연구를 고려했을 때,[3] 포퓰리즘이 그러한 경향을 더 강화했을지, 또한 포퓰리스트 권위주의 정부의 집권으로 혼합 민주주의를 경험하게 된 아시아 국가들의 포퓰리즘 성향 국민들이 과연 지금도 여전히 민주주의에 대해 절차보다는 성과를 중요하게 생각하고 있는지 등에 대해 의미 있는 연구를 해 볼 수 있을 것이다.

참고문헌

김현준·서정민. "포퓰리즘 정치 개념 고찰: 문화적 접근의 관점에서." 『한국정치학회보』 제51권 4호 (2017), 49–74.

도묘연. "2016년–2017년 박근혜 퇴진 촛불집회 참여의 결정요인." 『의정연구』 제23권 2호 (2017), 109–146.

도묘연. "한국 대중의 이념 정향이 포퓰리즘 성향에 미치는 영향." 『의정연구』 제27권 1호 (2021), 117–154.

도묘연. "한국 대중의 포퓰리즘 성향이 시위 참가에 미치는 영향." 『한국정치연구』 제30집 1호 (2021), 93–125.

박선경. "경제적 불평등이 불러온 한국의 포퓰리즘? 경제적 불평등 인식과 경제적 취약계층의 포퓰리즘 성향 분석." 『21세기 정치학회보』 제32집 1호 (2022), 1–24.

서병훈. 『포퓰리즘: 현대민주주의의 위기와 선택』. 서울: 책세상, 2008.

_____. "포퓰리즘과 민주주의." 『이베로아메리카연구』 제23권 2호 (2012), 1–25.

이지호. "'박근혜 촛불', 누가 왜 참여했나: 참여행동 모형과 참여태도 모형의 비교." 『한국

---

3 Young-Hee Chang, Jack Junzhi Wu and Mark Weatherall, "Popular Value Perceptions and Institutional Preference for Democracy in "Confucian" East Asia," *Asian Perspective* 41(3) (2017), 347-375.

정치연구』제26권 2호 (2017), 75–103.

이현우·이지호·서복경. "'촛불'·'맞불'집회에 대한 태도와 19대 대선: 일관적 유권자와 상충적 유권자." 『현대정치연구』제10권 2호 (2017), 43–75.

정병기. "포퓰리즘의 개념과 유형 및 역사적 변화: 고전 포퓰리즘에서 포스트포퓰리즘까지." 『한국정치학회보』제54권 1호 (2020), 91–110.

정병기·도묘연. "한국의 대중과 포퓰리즘: 제21대 총선 유권자 설문 조사를 중심으로." 『동향과 전망』112호 (2021), 188–235.

주정립. "포퓰리즘과 위기." 『대한정치학회보』제14권 1호 (2006), 351–380.

진태원. "포퓰리즘, 민주주의, 민중." 『역사비평』105호 (2013), 182–217.

하상응. "한국 유권자의 포퓰리즘 성향이 정치행태에 미치는 영향." 『의정연구』제24권 1호 (2018), 135–170.

Akkerman, Agnes, Cas Mudde and Andrej Zaslove. "How Populist Are the People? Measuring Populist Attitudes in Voters." *Comparative Political Studies* 47(9) (2014), 1324-1353.

Akkerman, Tjitske. "Populism and Democracy: Challenge or Pathology?" *Acta Politica* 38(2) (2003), 147-159.

Anduiza, Eva, Marc Guinjoan and Guillem Rico. "Populism, Participation, and Political Equality." *European Political Science Review* 11(1) (2019), 109-124.

Arditi, Benjamin. *Politics on the Edges of Liberalism*. Edinburgh: Edinburgh University Press, 2007.

Canovan, Margaret. "Trust the People! Populism and the Two Faces of Democracy." *Political Studies* (47)1 (1999), 2-16.

Chang, Young-Hee, Jack Junzhi Wu and Mark Weatherall. "Popular Value Perceptions and Institutional Preference for Democracy in "Confucian" East Asia." *Asian Perspective 41(3)* (2017), 347-375.

Chu, Yun-han and Bridget Welsh. "Millennials and East Asia's Democratic Future." *Journal of Democracy* 26(2) (2015), 151-164.

Chu, Yun-han and Min-hua Huang. "The Meanings of Democracy: Solving An Asian Puzzle." *Journal of Democracy* 21(4) (2010), 114-122.

Ionescu, Ghita and Ernest Gellner, eds. Populism: *Its Meaning and National Characteristics*. New York, NY: Macmillan, 1969.

Houle, Christian and Paul D. Kenny. "The Political and Economic Consequences of Populist Rule in Latin America." *Government and Opposition* 53(2) (2018), 256-

287.

Hawkins, Kirk, Scott Riding and Cas Mudde. "Measuring Populist Attitudes." *Political Concepts Committee on Concepts and Methods Working Paper Series* 55 (2012), 1-35.

Huber, Robert A. and Saskia P. Ruth. "Mind the Gap! Populism, Participation and Representation in Europe." *Swiss Political Science Reivew* 23(4) (2017), 462-484.

IDEA. *Populist government and democracy: An impact assessment using the Global State of Democracy Indices*, Feburary 14, 2020, https://doi.org/10.31752/idea.2020.3.

Immerzeel, Tim and Mark Pickup. "Populist Radical Right Parties Mobilizing 'the People'? The Role of Populist Radical Right Success in Voter Turnout." *Electoral Studies* 40 (2015), 347-360.

Kriesi, Hanspieter. "The Implications of the Euro Crisis for Democracy." *Journal of European Public Policy* 25(1) (2018), 59-82.

Laclau, Ernesto. *On Populist Reason*. London: Verso, 2005.

Lu, Jie and Yun-han Chu. "Trading Democracy for Governance." *Journal of Democracy* 32(4) (2021), 115-130.

Mair, Peter. "Populist Democracy vs Party Democracy." In *Democracies and the Populist Challenge*, edited by Yves Mény and Yves Surel 81-98. London: Palgrave Macmillan, 2002.

Moffitt, Benjamin and Simon Tormey. "Rethinking Populism: Politics, Mediatisation and Political Style." *Political Studies* 62(2) (2014), 381-397.

Mudde, Cas. "The Populist Zeitgeist." *Government and Opposition* 39(4) (2004), 541-563.

Mudde, Cas and Cristóbal Rovira Kaltwasser. *Populism: A Very Short Introduction*. New York, NY: Oxford University Press, 2017.

Müller, Jan-Werner. "The People Must Be Extracted from within the People: Reflections on Populism." *Constellations* 21(4) (2014), 483-493.

_____. *What is Populism?* Philadelphia: University of Pennsylvania, 2016.

Pappas, Takis S. *Populism and Liberal Democracy: A Comparative and Theoretical Analysis*. New York, NY: Oxford University Press, 2019.

Rummens, Stefan. "Populism as a Threat to Liberal Democracy." In *The Oxford Handbook of Populism*, edited by Cristóbal Rovira Kaltwasser, Paul Taggart, Paulina Ochoa Espejo, and Pierre Ostiguy, 554-570. Oxford: Oxford University Press, 2017.

Schmitter, Philippe C. and Terry Lynn Karl. "What Democracy Is ... and Is Not." *Journal of Democracy* 2(3) (1991), 75-88.

Schwander, Hanna, Dominic Gohla and Armin Schäfer. "Fighting Fire with Fire? Inequality, Populism and Voter Turnout." *Politische Vierteljahresschrift* 61(2) (2020), 261-283.

Spruyt, Bram, Gil Keppens and Filip Van Droogenbroeck. "Who Supports Populism and What Atracts People to It?" *Political Research Quarterly* 69(2) (2016), 335-346.

Taggart, Paul. "Populism and the Pathology of Representative Politics." In *Democracies and the Populist Challenge*, edited by Yves Mény and Yves Surel, 62-80. London: Palgrave Macmillan, 2002.

_____. "Populism and Representative Politics in Contemporary Europe." *Journal of Political Ideologies* 9(3) (2004), 269-288.

Urbinati, Nadia. "Populism and the Principle of Majority." In *The Oxford Handbook of Populism*, edited by Cristóbal Rovira Kaltwasser, Paul Taggart, Paulina Ochoa Espejo, and Pierre Ostiguy, 571-589. Oxford: Oxford University Press, 2017.

Weyland, Kurt. "Clarifying a Contested Concept: Populism in the Study of Latin American Politics." *Comparative Politics* 34(1) (2001), 1-22.

Zaslove, Andrej, Bram Geurkink, Kristof Jacobs and Agnes Akkerman. "Power to the people? Populism, democracy, and political participation: a citizen's perspective." West European Politics 44(4) (2021), 727-751.

제3장

한국인의 정치적·경제적 불만과 포퓰리즘 태도[1]

송승호(Vanderbilt University)·김남규(고려대학교)

I. 서론

한때 라틴아메리카 지역에 국한된 현상처럼 여겨지던 포퓰리즘이 최근
에는 전 세계적 현상으로 나타나고 있다. 세계 여러 지역의 국가에서 많은
포퓰리스트 지도자들과 정당들이 선거에서 많은 득표를 하면서 정치적 입
지를 굳혔다. 가령 2022년 현재 집권하고 있는 포퓰리스트 지도자들을 살
펴보면, 베네수엘라의 니콜라스 마두로(Nicolás Maduro) 대통령, 헝가리의
빅토르 오르반(Viktor Orbán) 총리, 인도의 나렌드라 모디(Narendra Modi) 총
리, 튀르키예의 레제프 타이이프 에르도안(Recep Tayyip Erdoğan) 대통령,
그리고 이스라엘 베냐민 네타냐후(Benjamin Netanyahu) 총리 등으로 매우
다양한 지역의 국가에서 집권하고 있음을 알 수 있다.[2] 또한 많은 서구민주

---

1 본고는 『한국정치학회보』 제57집 제1호(2023)에 게재된 논문을 수정한 것임.
2 이들은 포퓰리스트 지도자에 대한 기존 연구에서 대표적인 포퓰리스트 지도자들로 간주되고

주의 국가에서도 극우 포퓰리스트 정당들이 시민들의 지지를 받으며 정치적 입지를 다지고 있는 상황이다. 이런 가운데 캠브리지 사전은 포퓰리즘을 2017년의 단어로 선정하기도 하였다.

포퓰리즘이 세계적인 현상으로 대두되면서 이에 대한 우려가 증대하였다. 특히 포퓰리즘이 자유민주주의에 중대한 위협을 제기하여 민주주의 점진적 후퇴현상(democratic backsliding)의 중요한 원인 중 하나로 여겨지고 있다. 최근의 민주주의 후퇴는 과거 군부쿠데타로 인한 민주주의 붕괴와는 달리 민주적으로 선출된 지도자가 합법적 수단을 활용해 자신에 대한 제도적 견제를 약화시키고 점진적으로 권력을 독점하는 과정(executive aggran-dizement)의 형태로 나타나고 있다. 많은 포퓰리스트 지도자들이 기존 대의민주주의와 정치 시스템에 대한 시민들의 불만을 활용하여 대의민주주의 제도를 비판하고 자신에 대한 여러 견제 기능을 무력화시켰기 때문에 포퓰리즘이 민주주의 점진적 후퇴현상의 중요한 원인으로 간주되고 있는 것이다.

포퓰리즘의 세계적 확산과 이에 대한 우려의 증대로 인해 포퓰리즘에 대한 학술적 연구도 함께 증가하였다. 당연하게도 많은 연구들은 포퓰리즘의 원인을 분석하였는데 대부분의 연구는 포퓰리즘의 공급 측면을 강조하면서 포퓰리스트 정당이나 정치인을 중심으로 연구하였다. 구체적으로, 이들이 어떤 정책적 약속을 하고, 어떻게 유권자들에게 다가가 어떤 수사를 통해 지지를 동원하는지에 대해 연구하였다. 그러나 공급 중심의 연구만으로는 포퓰리즘의 등장과 확산을 충분히 설명할 수 없었기에 최근 연구들은 포퓰리즘의 수요 측면을 강조하기 시작하였다. 왜 시민들이 포퓰리스트 정

있다(가령 Kyle and Meyer 2020; Funke et al. 2022).

당이나 지도자를 지지하는지, 포퓰리즘 태도는 어떻게 형성되는지, 개인들의 어떠한 정향이나 태도가 포퓰리즘 태도와 높은 관련을 맺고 있는지 등의 질문에 답하기 위해 포퓰리즘 수요 측면을 살펴본 것이다. 수요 측면의 연구는 포퓰리스트 정당에 대한 지지를 주로 연구하였으나 최근에는 개인들의 포퓰리즘 태도를 직접 측정하고 이의 결정요인을 밝히거나 그 영향을 파악하려 한다(Hawkins et al. 2012; Akkerman et al. 2014; Spruyt et al. 2016; Zaslove et al. 2021). 이러한 최근 연구들은 포퓰리즘 태도와 관련된 여러 심리적 요인들을 밝혀냈을 뿐만 아니라 포퓰리즘 태도가 어떤 정치적 태도나 행동으로 이어지는지를 밝혀 포퓰리즘 연구에 중요한 기여를 하였다.

그러나 최근 연구의 중요한 한계점은 대부분의 연구가 서구 민주주의 국가들을 대상으로 이루어졌다는 점이다. 기존 연구 결과가 다른 지역적 맥락에도 적용되는지는 중요한 질문이다. 특히 한국의 경우 아직 포퓰리즘 운동이나 이념이 확산되지는 않았고, 포퓰리스트 정치인이나 정치세력이 득세하지 않았다. 한국에서도 유권자들이 포퓰리즘에 대한 지지가 높은지, 어떠한 요인들이 포퓰리즘 태도와 관련을 맺고 있는지, 기존 연구가 한국의 경우에 설명력을 갖는지를 분석하는 것은 포퓰리즘 연구에 중요한 기여를 할 수 있다. 또한 한국 유권자의 포퓰리즘에 대한 태도를 분석하는 것은 향후 한국에서도 포퓰리즘이 정치적으로 중요해질지를 가늠하는 데 중요한 역할을 할 것이다.

그러나 한국 유권자의 포퓰리즘 태도를 직접 밝히려는 연구는 아직 미진한 것이 현실이다. 가령 하상응(2018)은 이념 강도가 강한 사람일수록 포퓰리즘 성향이 강함을 보여 주었고, 도묘연(2021)은 이념성향과 포퓰리즘 태도 간의 관계를 분석하였다. 마지막으로 박선경(2022)은 경제적 불평등에 대한 주관적 인식과 포퓰리즘 태도 간의 관계를 분석하였다. 이들 연구는 포퓰리즘의 미시적 측면에 초점을 두어 한국인의 포퓰리즘 태도의 원인을 밝히고자 했다는 데 중요한 의의가 있다. 하지만 포퓰리즘의 구성요소들을 필요조건으로 간주하는 포퓰리즘 정의(Mudde 2004)에 기반하면서도 포퓰리즘 태도를 측정할 때는 구성요소들의 평균값을 사용하거나 요인분석을 통해 측정했다는 문제점도 지니고 있다. 즉, 평균값이나 요인분석 결과를 통해 포퓰리즘 태도를 측정하는 것은 포퓰리즘 구성요소들을 서로 대체가 능하고, 보상적인 관계로 가정한 것이므로 각각의 구성요소가 필요조건이라는 가정과 상충된다.

따라서 본 연구는 포퓰리즘 태도의 결정 요인을 분석하는 데 있어 이러한 '개념과 측정 간의 불일치(concept-measurement inconsistency)'(Goertz 2006)를 극복하고자 한다. 기존 포퓰리즘 연구에 따르면 정치적 불만과 경제적 불만은 포퓰리즘 태도를 형성하는 중요한 원인들이기 때문에 두 변수가 한국인의 포퓰리즘 태도에 중요한 영향을 미치는지, 두 변수의 상대적 설명력과 예측력은 어떠한지를 살펴보았다. 본 연구는 경험적 분석을 위해 2021년에 수행된 한국종합사회조사(KGSS: Korean General Social Survey) 데이터를 사용하였다. 분석 결과, 현 정치에 대한 만족이나 국회에 대한 신뢰가 낮을수록 포퓰리즘 태도가 강한 것으로 나타났다. 반면, 경제적 불만은 가계 경제에 대한 만족도로 측정하였고, 포퓰리즘 태도와 부정적 관계를 갖고 있었으나 통계적으로 유의미하지 않았다. 그외 주관적 계층의식뿐만 아니라 소득과 고용지위와 같은 변수들도 포퓰리즘 태도를 설명하는 데 중요한 변수가 아니었다. 더 나아가 특정 변수가 포퓰리즘 태도를 예측하는 데 얼마나 기여하는지 살펴보았을 경우에도 정치적 불만과 관련된 변수들은 다른 변수들뿐만 아니라 경제적 불만과 관련된 변수들 또한 압도하는 것을 발견하였다.

이러한 결과는 한국의 경우, 정치적 불만이 포퓰리즘 태도와 가장 밀접한 관련을 맺는 변수임을 보여 준다. 이는 민주주의의 효능(effectiveness)과 성과(performance)가 포퓰리즘의 확산 여부에 중요한 기여를 한다는 것을 의미한다. 민주주의가 제대로 작동하여 책임성, 반응성, 대표성과 같은 효능의 측면에서나 신뢰 및 통합과 같은 성과 측면에서 시민들이 만족할 만한 결과를 만들어 낼 경우 시민들이 포퓰리즘 성향을 지닐 가능성이 낮다. 그렇지 않을 경우 시민들은 기존 정치 현상과 시스템에 더 큰 불만과 불신을 지니게 되고, 이는 다시 포퓰리즘적 태도로 이어지게 되는 것이다. 아직까지는 한국 사회에서 포퓰리즘에 대한 우려는 높지 않지만, 시민들의 정치적 불만이 해소되지 않고 높은 수준까지 증가한다며 한국 사회가 포퓰리즘의 안전지대는 아닐 수도 있음을 시사한다.

II. 기존 연구의 검토 및 이론적 논의

1. 포퓰리즘과 포퓰리즘 태도

포퓰리즘에 대한 개념은 보편적 정의가 어렵고 이에 대한 논쟁이 현재도 진행 중이다. 기존 연구들은 포퓰리즘을 정치적 양식(political style), 전략(strategy), 또는 이념(ideology)으로 해석했다(Weyland 2001; Mudde 2004). 이 중에서도 이념적 접근법(ideational approach)은 포퓰리즘을 일련의 사상들의 집합으로 구성된 이념으로 간주한다. 이러한 접근법은 개인의 포퓰리즘 태도[3]의 강약 정도를 측정할 수 있다는 점에서 강점을 갖는다(Geurkink et al. 2020; Zaslove et al. 2021). 동시에 포퓰리즘에 대한 이념적 접근법은 포퓰리즘을 자기 완결적인 이념이라기보다는 다른 이념들과 결합하여 다양한 형태를 갖는 '연성 이념(thin ideology)'으로 여긴다(Hawkins et al. 2012). 따라서 이념적 접근법은 포퓰리즘의 형태가 시대적, 사회적 맥락에 크게 의존하기 때문에 포퓰리즘을 구성하는 핵심 필요조건을 파악하려는 최소주의적 정의를 택한다(Hawkins et al. 2012; Akkerman et al. 2014). 이는 포퓰리즘 태도를 측정하려는 연구에 매우 유용한 접근법이라 할 수 있다(Hawkins et al. 2012; Akkerman et al. 2014; Zaslove et al. 2021).

포퓰리즘 태도에 대한 연구들은 보통 뮈데(Mudde 2004)의 정의에 기반하여 포퓰리즘을 정의한다. 뮈데는 포퓰리즘을 '사회를 순수한 대중과 부패한 엘리트라는 두 개의 동질적이고 적대적인 집단으로 구분하고 정치는 대중의 일반의지의 표현이어야 한다고 보는 이념'(Mudde 2004, 543)으로 정의한다. 이러한 정의에 따르면 포퓰리즘은 크게 세 가지 구성요소로 이루어져 있다고 볼 수 있다. 첫째, 포퓰리즘은 반엘리트주의적 성격을 갖고 있다. 포퓰리즘은 엘리트를 도덕적으로 부패하고 이기적이며 무능력한 집단으로 봄과 동시에 일반 대중은 이들과는 구분되는 순수한 집단으로 간주한다(Weyland 2001; Mudde 2004). 둘째, 포퓰리즘은 국민 중심주의적 성격을 갖고 있다. 모든 민주주의는 국민 주권의 원칙에 따라 설립되었고 따라서 정치가 대중의 일반의지의 표현이어야 한다고 보기 때문이다. 즉, 포퓰리즘에 의하면 올바른 정치를 이루기 위해 정치인들은 국민들의 의사를 대변해 정책으로 실현했어야 하지만 그렇게 하지 않았기 때문에 국민들은 정치에서 소외되었고 고통을 받고 있는 것이다. 마지막으로 포퓰리즘은 자유주의의 핵심적 구성요소인 다원주의에 적대적 태도를 지니고 있다. 포퓰리즘에

---

3 태도(attitude)란 심리적 준비상태이므로 포퓰리즘 태도는 어떤 개인이 포퓰리즘에 대해 갖고 있는 성향(predisposition)으로 정의한다.

따르면 엘리트에 대비되는 국민은 동일한 이해관계를 지닌 동질적인 집단이고, 정치는 국민의 일반의지의 표현이어야 하기 때문이다. 따라서 포퓰리즘은 다양한 가치와 이해관계를 상정하는 다원주의와 이를 매개하고 중재하는 대의민주주의 정치과정과 제도에 대해 매우 회의적이다.

이러한 정의를 바탕으로 몇몇 연구들은 개인 수준의 포퓰리즘에 초점을 두고 개인들의 포퓰리즘 태도를 경험적으로 측정하였다(Hawkins et al. 2012; Akkerman et al. 2014; Spruyt et al. 2016). 이러한 연구들은 포퓰리즘을 구성하는 핵심 요소들과 관련된 질문을 작성하여 개인 수준에서의 포퓰리즘 태도를 조작화 하고 설문조사를 통해 이를 측정한 것이다. 이를 통해 포퓰리즘이 개인 수준에서 하나의 태도로 발현됨을 실증적으로 보여 주었다. 여러 학자들은 포퓰리즘 태도를 측정한 후 다른 개인 수준의 변수들과 어떤 관계를 맺는지 연구하였다. 가령 다른 유사한 성향들과 차이점을 보이는지(Geurkink et al. 2020), 포퓰리즘 성향은 포퓰리즘 정당에 대한 투표와 어떤 관련이 있는지(Akkerman et al. 2014; Anduiza et al. 2018), 누가 포퓰리즘을 지지하는지(Spruyt et al. 2016) 등을 실증적으로 밝혔다. 한국의 경우 포퓰리즘을 정치적 양식 등으로 접근한 연구들(김현준·서정민 2017)도 존재하지만 최근에는 이념적 접근법을 취하여 포퓰리즘 태도를 분석하는 연구들이 진행되고 있다(허상욱 2018; 도묘연 2021; 박선경 2022).

2. 정치적 불만과 포퓰리즘 성향

누가 포퓰리즘을 지지하는가? 어떤 사람들이 더 강한 포퓰리즘 태도를 지니는가? 많은 학자들은 포퓰리즘 성향이 기성 정치에 대한 강한 불만에서 비롯된다고 주장한다(Schumacher and Rooduijn 2013; Spruyt et al. 2016;

Bowler et al. 2017; van Hauwaert and van Kessel 2018). 정치적 불만(political discontent)은 기존 정치 현상에 대해 만족하지 못하는 태도를 일컫는 것으로 여러 다른 태도들과 밀접한 관련을 맺는다. 가령 정치적 불만은 정치체제에 대한 부정적이고 여러 정치기관의 정책 결정과 집행과정에 대한 만족도가 낮은 것을 일컫는 정치불신(political distrust)으로 발현될 수 있다. 어떤 시민이 기존의 주요 정치 행위자—정당, 의회, 정부, 정치인 및 공직자—들이 시민들의 뜻을 잘 대변하지 못하고 자신들의 이익만 추구한다고 인식하여 정치과정의 산출물에 대해 낮은 기대를 가지고 있을수록 정치에 대한 불만은 높다.⁴ 또한 정치 불만은 내적효능감과도 밀접한 관련을 가진다. 내적효능감은 자신이 정치과정에 영향을 미칠 수 있는 자원과 기술을 가지고 있다고 느끼는 것을 일컫는다(Miller et al. 1980). 유권자가 정치과정에 아무런 역할을 하지 못하고 소외되어 있다고 느낄 때 정치 불만은 증대하고 정치에 대한 냉소주의(cynicism)도 증대할 것이다. 이러한 정치 불만은 반기득권(anti-establishment), 반정치(anti-politics), 반정당정치(anti-party politics)로 이어질 가능성이 높다(Barr 2009).

기존 연구에 따르면 한 개인이 기존 정치 제도와 과정에 불만이 많고, 불신이 높을수록 포퓰리즘적 태도를 가질 가능성이 크다. 앞에서도 살펴보았듯이 포퓰리즘의 핵심적 요소는 일반 국민과 기성 엘리트 간의 이분법에 기반하여 엘리트를 부패하고, 이기적인 집단으로 간주하는 것이다. 더 나아가 포퓰리즘은 정치가 일반 국민의 의지를 구현해야 한다고 주장한다. 가령 카노반(Canovan 2002, 27)에 따르면 "포퓰리즘의 중심 메시지는, 정치는 일반 대중의 통제를 벗어났고, 시민들은 부패한 정치인과 자신들의 이

---

4 정치체제의 반응성에 대한 인식은 외재적 정치효능감(external political efficacy)으로도 불린다(Craig 1979; 박종민 1992).

익을 추구하는 엘리트에 의해 정치에서 배제되었다"는 것이다. 게다가 포퓰리즘은 정치적 박탈감과 좌절을 느끼는 개인들을 하나의 균질한 집단으로 묘사하여 개인의 문제를 대중 집단의 문제로 치환한다. 정치적 불만이 높은 시민들은 주류 정당에 대한 부정적 당파성(negative partisanship)과 주류 정당에 대한 혐오감을 지니면서 반엘리트주의적 성향을 가질 가능성이 높다(Mudde and Kaltwasser 2018). 따라서 기성 정치에 대한 불만이 크고 냉소적일수록 엘리트들을 신뢰할 수 없고 이기적인 집단으로 묘사하는 포퓰리즘의 메시지에 동의할 가능성이 높다.

또 다른 중요한 점은 포퓰리즘이 기성 정치에 대한 반대에만 의존하는 것이 아니라 변화에 대한 희망도 함께 제시한다는 점이다. 포퓰리즘은 기성 정당과 엘리트가 실패한 곳에서 평범한 시민과 이들을 대변하는 정치인들이 국민주권을 실현할 수 있다고 주장한다(Spruyt et al. 2016, 336). 그렇기 때문에 포퓰리즘은 단순히 반정치적 메시지를 넘어서 불만족스러운 현실에 대한 희망적인 대안을 제시한다고 볼 수 있다. 마지막으로 포퓰리즘이 연성 이념(thin ideology)이라는 점도 정치적 불만을 포퓰리즘 지지의 원천으로 만드는 데 중요한 역할을 한다고 볼 수 있다. 불만은 여러 형태로 나타날 수 있고, 사회 맥락에 따라 다르게 표출될 수 있다. 따라서 포퓰리즘은 민족주의, 사회주의, 신자유주의 등 다양한 이념과 결합될 수 있기 때문에 불만을 정치화하는 데 유리하다(Mudde and Kaltwasser 2018).

이러한 이유에서 시민들이 기성 정치 과정과 엘리트가 시민들의 요구를 제대로 대변하지 못하고 불만족스러운 결과를 산출하고 있다고 느낄 때 포퓰리즘을 지지할 가능성이 높다. 동일한 맥락에서 기성 정치가 시민들이 중요하게 여기는 문제를 제대로 해결하지 못하고 엘리트들이 권력을 독점하고 있는 곳에서 포퓰리스트 정당이 등장할 가능성이 높다(Katz and Mair

1995). 또한 많은 학자들은 대중들이 포퓰리즘 정당에 투표하는 원인을 기성 정당에 대한 불만의 표출로 여기고 정치적 불만과 포퓰리즘 정당에 대한 지지와의 관계에 초점을 두고 분석하였다(Betz 1994; Lubbers et al. 2002). 그러나 이들 연구는 포퓰리스트 정당에 대한 지지가 정치적 불만을 야기하거나 증폭시키는 역의 인과관계 가능성을 배제하지 못한다(Rooduijn et al. 2016). 최근 연구들은 포퓰리즘 성향을 직접 분석하였고, 외재적 정치효능감의 결핍이 포퓰리즘 성향의 가장 중요한 결정요인라는 결과를 보여 주었다(Spruyt et al. 2016, Geurkink et al. 2020).[5] 따라서 본 연구는 정치적 불만이 높은 시민일수록 더 강한 포퓰리즘 태도를 가질 것이라는 가설을 검정할 것이다.

3. 경제적 불만과 포퓰리즘

포퓰리즘 태도를 야기하는 불만의 또 다른 원천은 경제적 불만이다. 본 연구에서 경제적 불만은 자신의 경제상황을 기준으로 느끼는 불만족의 정도로 정의한다. 포퓰리즘 중에서 특히 좌파(left-wing) 포퓰리즘이 경제적 불만과 더 깊은 관계를 맺고 있다. 민족적 또는 종족적 정체성을 더 강조하는 우파(right-wing) 포퓰리즘에 비해 좌파 포퓰리즘은 불평등과 빈곤과 같은 사회경제적 이슈를 강조한다(Mudde and Kaltwasser 2013). 좌파 포퓰리즘에 의하면, 기성 정치엘리트들이 일반 시민이나 노동자들의 이익을 희생시키고 자본가의 이익만을 챙겨주었기 때문에 불평등은 증대되어 왔고, 빈곤

---

5 이와 관련해 추가적인 질문은 포퓰리즘 성향이 정치적 불만, 불신, 외재적 효능감 결핍 등과 같은 태도 변수들과 실제로 구분되는 것이냐의 문제이다(Rooduijn 2019). 그러나 최근 연구들은 포퓰리즘 성향이 위의 변수들과 명백히 구분되는 것이고 이러한 정치적 불만을 넘어서 추가적 요소를 내포하는 것임을 실증적으로 보여 주고 있다(Geurkink et al. 2020).

이 만연한 것이다(Mudde 2007). 그러므로 복지정책의 확대를 통해 저소득층에 대한 지원을 늘리고, 더 나아가 사회경제적 구조를 바꿀 것을 주장한다(Mudde 2007). 이러한 특성들 때문에 높은 수준의 불평등과 빈곤율을 지닌 라틴아메리카에서 가난한 사람들의 사회경제적 지위 향상을 주장하는 포퓰리스트가 정치적으로 입지를 굳혔고 좌파 포퓰리즘이 성행하였다. 예를 들어 차베스는 저소득층을 위한 사회복지비 지출을 늘렸으며, 모랄레스는 복지 정책을 확대하는 동시에 부자에게 더 많은 세금 부담을 지게 하였다(Mudde and Kaltwasser 2013).

하지만 최근 많은 학자들은 우파 포퓰리즘이 득세하고 있는 유럽에서 경제적 지위가 낮거나 기존 경제 상황이나 시스템에 대한 불만이 많을수록 우파 포퓰리즘 정당에 대한 지지가 증가함을 보여 주었다(Spruyt et al. 2016; Guiso et al. 2017; van Hauwaert and van Kessel 2018; Rico and Anduiza 2019). 이는 개인의 경제에 대한 부정적 인식이 비단 좌파 포퓰리즘만이 아니라 우파 포퓰리즘 지지와도 중요한 관계를 맺고 있음을 보여 준다(Oesch 2008). 이러한 현상을 학자들은 정치적 경쟁의 '공급 측면'을 통해 설명하고자 하였다(Guiso et al. 2017). 이들은 중도 좌파와 중도 우파 정당의 경제 공약 간의 차이가 줄어들면서 기존 정당들이 노동자에게 매력적인 선택지로 작용하지 않게 됨을 지적하였고 동시에 우파 포퓰리즘 정당이 진보적 경제 공약을 펼친 것을 위 현상의 원인으로 제시하였다(Betz and Meret 2013).

그러나 기드론과 홀(Gidron and Hall 2017)은 '공급 측면'의 설명으로는 정당 간 경제 공약의 차이가 컸던 미국에서의 포퓰리스트 당선을 설명하는 데 한계가 있음을 지적하며 '수요 측면'을 통해 이를 분석하고자 하였다. 저자들은 특히 개인의 '주관적 사회적 지위'가 포퓰리즘 정당 지지에 중요한 변인으로 작용한다고 주장하였다. 주관적 사회적 지위는 개인의 직업, 소득 등에 의해 결정되는데 이는 유권자의 회고적 투표와 전망석 투표에 영향을 미쳐 포퓰리즘 정당을 지지하는 행태로 연결된다. 저자들은 주관적 사회적 지위가 낮은 개인일수록 우파 포퓰리즘 정당을 지지할 가능성이 높음을 경험적으로 보여 주었다.

경제적 변수를 강조하는 연구들은 경제적 불만의 발생 원인을 크게 두 가지로 보고 있다. 하나는 세계화(globalization)이고, 다른 원인은 세계화를 제외한 경제적 안정(economic security)을 저해하는 요인들이다(Rodrik 2021). 또한 경제적 충격이 포퓰리즘에 대한 지지를 높이는 현상은 두 가지 메커니즘을 통해 이루어진다. 우선 첫 번째는 경제적 충격이 직접적으로 포퓰리즘적 태도의 형성에 영향을 미친다는 것이다. 구체적으로 학자들은 세계화로 인해 고용 전망이 악화된 지역의 유권자들이 경제적 불안정성의 증대로 인해 포퓰리즘적 태도를 갖게 된다고 주장한다. 가령 중국발 무역 충격이 독일이나 프랑스에서 극우 포퓰리즘 정당에 대한 지지로 이어졌거나(Dippel et al. 2017), 자동화 증대로 인한 고용 불안정성 증대와 임금 감소가 포퓰리즘적 태도를 증가시켰다(Anelli et al. 2021). 최근 국내에서는 박선경(2022)이 경제적 불평등에 대한 불만으로 인해 발생하는 가계 경제에 대한 불안감이 개인의 포퓰리즘 성향으로 이어진다는 것을 보여 주었다.

두 번째 메커니즘은 경제적 충격이 개인들의 정체성 또는 문화적 가치 등의 변화를 야기하여 간접적으로 포퓰리즘 태도의 형성에 영향을 미친다는 것이다. 구체적으로 경제적 충격이 유권자들로 하여금 외부자들에 대한 부정적 인식을 갖게 하거나 전통적-문화적 가치를 추구하게 하며 이것이 포퓰리즘적 태도로 이어진다고 주장한다. 가령 중국발 무역 충격을 강하게 받은 지역의 개인들은 그렇지 않은 개인들보다 권위주의적 가치를 추구한다는 연구결과가 있었다(Ballard-Rosa et al. 2022). 또한, 달보 외(Dal Bó et al.

2018)는 노동시장 및 복지국가 제도 개혁이 노동시장 양극화와 경제적 불평등의 확대를 야기했으며 개혁의 패배자들로 하여금 외부자에 대한 부정적 인식을 갖게 했고 이것이 우파 포퓰리즘 정당에 대한 지지로 이어졌다고 주장했다. 종합하면 경제적 불만, 박탈감 그리고 불안정은 포퓰리즘 태도를 증대시키는 중요한 요인들로 볼 수 있다. 따라서 본 연구는 한국에서도 개인들의 경제적 불만이 포퓰리즘 태도로 이어지는지 살펴보겠다.

III. 연구방법 및 자료

정치적 불만과 경제적 불만이 포퓰리즘 태도와 어떤 관계를 갖고 있는지 파악하기 위해 2021년에 수행된 KGSS 데이터를 사용하였다. 한국종합사회조사는 미국의 종합사회조사(General Social Survey, GSS)를 모델로 하여 2003년부터 한국사회의 변화를 측정하고 국가 간 비교 연구에 이용될 수 있는 자료를 산출하기 위해 지속적으로 조사되어 온 설문조사이다. 전국에 거주하는 만 18세 이상의 성인 남녀를 대상으로 다단계지역확률표집(multi-stage area probability sampling) 방법으로 추출된 표본을 훈련 받은 조사원들이 대면면접을 통해 설문조사를 수행한다. 특히, 2021년 조사에는 포퓰리즘과 관련된 문항들이 새롭게 추가되어 포퓰리즘 태도를 측정할 수 있게 되었다. 기본적인 사회인구학적 배경뿐만 아니라 개인의 정치, 경제, 사회에 대한 태도와 관련된 다양한 문항들이 포함되어 있기 때문에 포퓰리즘 태도를 결정하는 요인을 분석하는 데 매우 유용한 자료이다.

1. 종속변수: 포퓰리즘 태도

한국에서 정치적 불만과 경제적 불만이 포퓰리즘 태도와 어떤 관계를 맺고 있는지 보기 위한 첫 번째 단계는 포퓰리즘 태도를 조작화하고 경험적으로 측정하는 것이다. 포퓰리즘 성향은 다음 8개의 포퓰리즘 질문에 대한 응답을 바탕으로 측정하였다. 기존에 사용되었던 설문 설계 중 가장 많은 학자들이 사용해 왔던 애커먼 외(Akkerman et al. 2014)가 개발한 설문 설계를 그대로 차용하였다. 해당 설계도 문제가 없는 것은 아니지만 포퓰리즘 태도를 예측하는데 있어 다른 설계들에 비해 만족할 만한 결과를 보여 주는 것으로 나타났다(Silva et al. 2020). 아래 질문 1~2는 국민중심주의에 관한 것이고, 질문 3~6은 '순수한 국민 대 부패한 엘리트'의 구도를 반영하는 반엘리트주의,6 질문 7~8은 반다원주의 태도를 측정한다. 모든 질문에 대한 응답은 1~5점 척도를 바탕으로 1은 매우 동의, 5는 매우 반대로 측정되었다. 더 높은 점수를 더 강한 포퓰리즘 성향으로 나타내기 위해 본 연구에서는 매우 동의를 가장 높은 점수로 역코딩하였다. 여덟 문항에 대한 응답 간의 신뢰성 계수(Cronbach's alpha)는 0.71로 응답 간의 내적 신뢰도는 꽤 높은 것으로 확인되었다.

1. 국회의원은 국민의 뜻을 따라야 한다. (국민중심주의)
2. 정치인이 아닌 국민이 가장 중요한 정책 결정을 내려야 한다. (국민중심주의)

---

6 질문 3의 경우 국민중심주의로 해석도 가능하나 슐츠 외(Schulz et al. 2018)를 포함한 기존 연구에서 반엘리트주의를 측정하는 문항으로 사용되고 있으므로 본 연구에서도 반엘리트주의를 위한 문항으로 취급하였다.

3. 엘리트와 국민들 사이에 존재하는 정치적 관점의 차이가 국민들 사이에 존재하는 관점의 차이보다 크다.[7] (반엘리트주의)

4. 나는 직업 정치인보다는 한 사람의 시민에 의해 대표되는 것이 낫다고 생각한다. (반엘리트주의)

5. 선거에서 선출된 사람들은 말만 많고 행동이 없다. (반엘리트주의)

6. 이익단체가 정치적 결정에 너무 많은 영향력을 행사한다. (반엘리트주의)

7. 정치는 결국에는 선과 악의 대결이다. (반다원주의)

8. 사람들이 정치에서 '타협'이라고 하는 것은 사실은 그저 신념을 버리는 것에 지나지 않는다. (반다원주의)

여기서 남은 중요한 과제는 조작화이다. 즉, 포퓰리즘의 여러 측면과 관련된 문항의 응답 결과를 어떻게 총합하여 하나의 지수로 변환할지 여부를 결정하는 것이 중요하다. 위 포퓰리즘 논의에서 보았듯이 다차원적 개념인 포퓰리즘의 구성요소들은 서로 대체불가능(non-substitutable)하고 비보상적인(non-compensatory) 특징을 갖는다(Akkerman et al. 2014). 다시 말해 각각의 구성 요소들은 포퓰리즘 태도의 필요조건들이며 모두 다 같이 존재할 때 포퓰리즘을 구성하게 되는 것이다(Spruyt et al. 2016, 337; Wuttke et al. 2020, 357). 예를 들어 한 개인이 반엘리트주의저이고 반다원주의적 성향을 지니고 있더라도 국민중심주의적 성향을 갖고 있지 않다면 포퓰리즘 추종자로 분류될 수 없다. 기존의 많은 연구들은 이러한 개념 도식화를 받아들이면서도 포퓰리즘 태도를 경험적으로 측정하는 데 적용하지 않았다는 문

---

7   해당 질문의 경우 국민중심주의로 해석도 가능하나 슐츠 외(Schulz et al. 2018)를 포함한 기존 연구에서 반엘리트주의를 측정하는 문항으로 사용되고 있으므로 본 연구에서도 반엘리트주의를 위한 문항으로 취급하였다.

제점을 지닌다(Wuttke et al. 2020). 많은 연구들은 위의 진술들에 대한 응답의 평균값을 활용하거나 요인분석(factor analysis)을 적용하여 응답 점수를 총합하였다. 이러한 접근법의 문제는 포퓰리즘의 구성요소들이 서로 대체 가능하고 서로의 점수를 보상할 수 있다고 가정한다는 점이다(Wuttke et al. 2020). 이는 앞에서 제시된 포퓰리즘의 이론적 개념화와는 부합하지 않는 것으로 괴르츠(Goertz 2006)가 지적한 '개념-측정 간 불일치'의 전형적 사례이다.

따라서 본 연구는 포퓰리즘 태도를 측정하기 위해서 포퓰리즘의 세 구성요소가 서로 대체불가능하고 비보상적이고, 모두 포퓰리즘을 위한 필요조건이라고 가정하였다. 이를 반영하기 위해 세 가지 범주에 속하는 질문에 대한 응답의 평균값을 구한 후 세 평균값을 곱하였다. 따라서 하나의 구성요소에서 0 값을 지닌 경우, 아무리 다른 구성요소에서 높은 값을 지니더라도 포퓰리즘 성향은 0의 값을 지닌다. 최근의 포퓰리즘 성향에 대한 연구들은 이러한 문제점에 주목하여 포퓰리즘 성향을 이와 동일하거나 비슷한 방법으로 조작화하고 측정하였다(Wuttke et al. 2020; Filsinger et al. 2021; Mohrenberg et al. 2021). 그러나 아직 측정 방법에 대한 완전한 합의가 이루어지지는 않았고, 포퓰리즘에 대한 기존의 국내 연구들이 문항에 대한 응답의 평균을 사용하거나 요인분석 결과물을 사용하였기 때문에 본 연구는 모든 응답의 평균값을 두 번째 종속변수로 사용하였다.[8] 해석의 편의를 위해 두 변수 모두 0~1 사이의 값으로 변환 후 100을 곱하여 0~100의 척도로 측정하였다.[9] 〈그림 1〉이 보여 주듯이 곱셈값 기반 포퓰리즘 태도는 평

---

8 평균값 대신 요인분석 결과값을 사용하여도 비슷한 결과를 발견하였다.

9 0과 1 사이의 값으로 변환하기 위해서 각 변수의 최솟값을 소거한 후 최댓값과 최솟값의 차이로 나누었다.

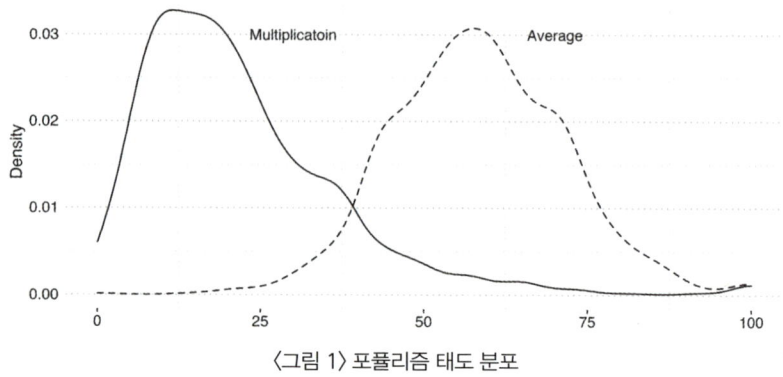

〈그림 1〉 포퓰리즘 태도 분포

균값 기반 포퓰리즘 태도에 비해 왼쪽으로 치우친 분포를 보인다. 그러나 두 변수 간의 상관관계는 0.92로 꽤 높은 편이다.

포퓰리즘 구성요소가 대체불가능하고 비보상적이라는 가정을 반영할 수 있는 다른 조작화 방법은 구성 요소들 값 중 최솟값을 사용하는 것이다 (Goertz 2006, Wuttke et al. 2020). 곱셈값 기반 변수와 유사하게 다른 구성요소 값이 높더라도 특정 요소가 낮은 값을 지니면 포퓰리즘 태도도 낮은 값을 지니도록 조작화하는 것이다. 구성요소의 최솟값을 사용하였을 경우에도 분석결과는 비슷하기 때문에 곱셈 결과에 기반한 결과만 제시하였다. 곱셈값 기반한 변수와의 상관관계는 0.885, 평균값 기반 변수와 상관관계는 0.827이었다.

2. 독립변수

독립변수는 앞서 언급한 정치적 불만과 경제적 불만이다. 분석의 첫 번째 독립변수인 정치적 불만의 경우 정치만족도 변수로 측정하였다. 정치만족도는 응답자에게 직접적으로 한국의 정치 상황에 대해 얼마나 만족 또는

<표 1> 기술통계량

변수			평균	표준편차	최솟값	최댓값
종속변수: 포퓰리즘 태도	국민중심 주의	질문1	4.03	0.77	1.00	5.00
		질문2	3.68	0.83	1.00	5.00
	반엘리트 주의	질문3	3.50	0.72	1.00	5.00
		질문4	3.48	0.78	1.00	5.00
		질문5	3.69	0.88	1.00	5.00
		질문6	3.65	0.76	1.00	5.00
	반다원 주의	질문7	3.08	0.91	1.00	5.00
		질문8	3.30	0.80	1.00	5.00
	포퓰리즘 태도(평균값)		355.0	46.07	200.0	500.0
	포퓰리즘 태도(곱셈값)		19.77	15.42	0.00	100.0
독립변수	정치만족도		2.36	0.97	1.00	5.00
	국회 신뢰도		1.36	0.56	1.00	3.00
	주관적 계층		5.25	1.50	1.00	10.00
	가계경제만족도		2.95	0.86	1.00	5.00
통제변수	정치이념		2.95	0.96	1.00	5.00
	소득수준		9.45	5.23		
	고용지위		0.55	0.50	0.00	1.00
	성별		1.58	0.49	1.00	2.00
	연령		3.79	1.50	0.00	6.00
	교육		3.26	1.48	0.00	7.00

불만족 하는지 여부를 묻는 방식으로 조사되었고 '매우 만족'에서 '매우 불만족'의 선택지가 1~5점 척도로 측정되었다. 본 연구에서는 해당 변수를 역코딩하여 활용하였다. 분석의 두 번째 독립변수인 경제적 불만의 경우, 가계경제 만족도 변수를 활용하였다. 가계경제 만족도는 '매우 만족'에서 '매우 불만족'까지 1~5점 척도로 측정되었으며 본 연구에서는 '매우 만족'을 5점으로, '매우 불만족'을 1점으로 역코딩하였다.

3. 통제변수

위 독립변수 외에도 포퓰리즘 태도에 영향을 미칠 수 있는 변수들을 통제변수로 포함하였다. 먼저 경제적 불만은 주관적 경제인식 변수이므로 개인의 객관적 경제적 지위를 통제하였다. 소득은 경제적 불안정성을 나타내는 지표 중 하나로써 소득 그 자체가 포퓰리즘적 태도에 영향을 미칠 수 있다. 이러한 소득은 '소득 없음'에서 '500만 원 이상'까지 12개의 범주로 이루어진 범주 변수로서 각각 0-11로 측정되었다. 고용지위 또한 경제적 불안정성의 지표로서 기존 연구에서는 노동시장의 충격으로 인한 고용지위의 변화가 포퓰리즘적 태도에 미치는 영향을 경험적으로 보여 주었다(Dippel et al. 2017). 국내에서는 박선경(2022)이 개인의 고용지위가 임시직 또는 일용직일 경우, 포퓰리즘 성향을 가질 확률이 높음을 보여 주었다. 고용지위는 더미 변수로서 응답자가 자영업자이거나 수입이 있는 상용직인 경우에는 1, 아닌 경우에는 0으로 측정하였다.

또한 기존 연구에 의하면 정치이념은 포퓰리즘 성향에 영향을 미치는 변수이므로 이 또한 통제변수에 포함하였다. 대표적으로 호킨스 외(Hawkins et al. 2012)에 의하면 이념과 이념의 강도가 개인의 포퓰리즘 성향에 영향을 미친다. 국내의 경우, 하성응(2018)은 개인의 이념적 강도와 포퓰리즘 성향 사이에 양의 상관관계가 있음을 보였으며, 도묘연(2021) 또한 보수나 극진보 이념을 갖는 개인의 포퓰리즘 성향이 중도 또는 진보 이념을 갖는 개인에 비해 강함을 보여줬다.[10] 본 연구에서 응답자의 이념은 '매우 진보적'에서 '매우 보수적'까지 1-5의 값을 갖는 5점 척도로 측정되었다. 이뿐만 아

---

10 KGSS 데이터에는 이념 강도에 대한 설문조항이 없어서 이념 강도는 통제하지 못하였다.

니라 응답자의 성별, 나이, 최종학력 등 사회인구학적 변수들도 통제하였다. 모든 변수들의 기술통계량은 〈표 1〉에 제시되어 있다.

IV. 분석결과

1. 다중회귀분석 결과

〈표 2〉는 포퓰리즘의 구성요소들이 서로 대체불가능하고 비보상적이라는 가정하에 포퓰리즘의 세 가지 구성요소 값을 곱한 결과를 종속변수로 삼은 분석결과를 제시한 표이다.[11] 종속변수가 연속변수이므로 선형회귀분석(ordinary least squares regression)을 사용하였다. 〈표 2〉의 모형 1은 응답자의 정치이념과 인구학적 요인만을 포함하였다. 더 높은 값일수록 더 보수적인 것을 의미하는 정치이념 변수는 포퓰리즘 태도와 부정적 관계를 맺고 있다. 이는 보수적인 응답자일수록 포퓰리즘 성향이 낮은 것을 의미한다. 반면 객관적 경제적 지위를 측정하는 소득수준과 고용지위는 다른 국가에 대한 기존 연구와 비슷하게 음의 계수를 지니고 있지만 통계적으로 유의미하지는 않다. 특히 소득수준의 추정 계수는 0에 가까워 포퓰리즘 태도와 별 관계를 갖지 않는다고 볼 수 있다. 마지막으로 성별, 연령, 교육수준과 같은 인구학적 변수들도 포퓰리즘 태도와 통계적으로 유의미한 관계를 갖지 않는 것으로 나타났다.

모형 2에서는 정치 불만을 측정하는 정치만족도를 포함시켰다. 가설 1

---

11 KGSS는 표본의 대표성을 높이기 위한 가중치 변수(FINALWT)를 제공하지만 통계분석에서 가중치를 부여하지 않았다. 가중치를 부여하더라도 분석결과는 거의 비슷하였기 때문이다.

<표 2> 정치적, 경제적 불만과 포퓰리즘 태도(곱셈값 기반)

	(1)	(2)	(3)	(4)
정치만족도		−2.60*** (0.54)		−2.52*** (0.56)
가계경제만족도			−1.08 (0.63)	−0.36 (0.66)
정치이념	−0.93 (0.59)	−1.41* (0.59)	−0.97 (0.59)	−1.41* (0.59)
소득수준	−0.01 (0.11)	−0.02 (0.11)	0.04 (0.11)	−0.00 (0.11)
고용지위	−1.26 (1.12)	−0.96 (1.12)	−1.24 (1.12)	−0.96 (1.12)
성별	−0.64 (1.03)	0.21 (1.04)	−0.59 (1.02)	0.20 (1.04)
연령	0.22 (0.43)	0.16 (0.43)	0.26 (0.44)	0.17 (0.44)
교육	0.30 (0.42)	0.09 (0.41)	0.35 (0.42)	0.11 (0.42)
상수	25.18*** (3.77)	32.21*** (3.84)	27.62*** (3.87)	32.80*** (3.87)
N	1,034	1,034	1,034	1,034
Adj. R2	0.000	0.022	0.001	0.021

참고: 괄호 안 숫자는 표준오차, * p<.05, ** p<.01, *** p<.001

에서 예상한 대로 해당 변수는 포퓰리즘 태도와 부정적 관계를 갖고 있고, 0.1% 수준에서 통계적으로 유의미하게 0과 다른 것으로 나타났다. 즉, 기존 정치에 불만이 높을수록 포퓰리즘 성향이 더 강하다는 것을 알 수 있다. 각 변수의 실질적 영향력을 파악하기 위해 각 변수의 최솟값에서 최댓값으로의 변화가 포퓰리즘 성향에 어떤 영향을 미치는지 알아보았다. 그 결과 두 변수의 실질적 영향력은 비슷한 것으로 나왔다. 가령 정치만족도가 '매우 만족'(=1)인 사람에 비해 '매우 불만족'(=5)인 사람은 포퓰리즘 성향이 거의 10.4만큼 더 높다. 또한 정치이념이 '매우 진보적'(=1)인 사람은 '매우 보수적'(=5) 사람에 비해 포퓰리즘 성향이 4.3 정도 더 높은 것을 감안하면 정치만족도가 포퓰리즘에 미치는 영향은 꽤 큰 것을 알 수 있다.

반면, 정치 불만 변수를 제외하고 경제적 불만을 측정하는 가계경제만족도를 포함한 모형 3에 따르면 기존 연구에서 예측한대로 음의 추정계수를 지녔지만 통계적으로 유의미하지 않다. 마지막으로 정치 불만과 경제 불만 모두를 고려한 모형 4에서 정치만족도 추정계수의 크기나 통계적 유의도는 경제 불만 변수가 통제되더라도 별 다른 영향을 받지 않았다. 반면, 가계경제만족도 변수의 크기는 크게 감소하였고 여전히 통계적으로 유의미하지 않다. 정치만족도를 통제할 때 변수 크기가 크게 감소한 것은 가계경제에 대한 불만이 정치에 대한 불만을 통해 포퓰리즘으로 이어질 가능성을 시사한다.

〈표 3〉은 포퓰리즘의 구성요소들이 서로 대체가능하고 보상적이라는 가정하에 포퓰리즘의 세 가지 구성요소의 평균값을 종속변수로 삼은 분석결과를 제시한다. 〈표 2〉에서와는 달리 연령이나 교육수준이 통계적으로 유의미한 경우가 있지만, 본 연구가 주목하고 있는 정치 불만과 경제 불만에 대한 추정 결과는 비슷하였다. 정치만족도는 가계경제만족도의 통제 여부와 상관없이 포퓰리즘 태도와 부정적 관계를 갖고 있고, 통계적으로 유의미하였다. 반면, 가계경제만족도는 정치만족도 통제여부와 상관없이 통계적으로 유의미하지 않다.

더 나아가 〈표 4〉는 이전 분석 결과가 얼마나 강건한지(robust) 보기 위해 다양한 통제변수를 선형회귀모형에 포함시켰다. 종속변수는 〈표 2〉에 사용된 필요조건에 기반한 포퓰리즘 성향 변수를 사용하였다. 다만 공간의 제약으로 대부분의 통제 변수의 추정 계수는 표에서 제외하였다. 먼저 모

<표 3> 정치적, 경제적 불만과 포퓰리스트 태도(평균값 기반)

	(1)	(2)	(3)	(4)
정치만족도		−2.60*** (0.43)		−2.56*** (0.44)
가계경제만족도			−0.91 (0.50)	−0.18 (0.51)
정치이념	−1.08* (0.46)	−1.56*** (0.46)	−1.11* (0.46)	−1.56*** (0.46)
소득수준	0.03 (0.09)	0.02 (0.09)	0.07 (0.09)	0.03 (0.09)
고용지위	−0.98 (0.93)	−0.67 (0.92)	−0.96 (0.93)	−0.67 (0.92)
성별	−0.85 (0.87)	0.00 (0.86)	−0.81 (0.86)	−0.00 (0.86)
연령	0.67 (0.35)	0.61 (0.35)	0.70* (0.35)	0.62 (0.35)
교육	0.77* (0.35)	0.56 (0.35)	0.81* (0.36)	0.57 (0.36)
상수	58.37*** (3.06)	65.39*** (3.19)	60.41*** (3.18)	65.68*** (3.25)
N	1,034	1,034	1,034	1,034
Adj. R2	0.007	0.040	0.009	0.039

참고: 괄호 안 숫자는 표준오차, * $p<.05$, ** $p<.01$, *** $p<.001$

형 1에서는 도묘연(2021)에서와 같이 정치이념 변수를 연속변수가 아닌 범주형 변수로 취급하였다. 정치이념 변수의 개별 값을 더미변수로 전환하고, '매우 진보'를 비교대상의 범주로 취급하여 모형에서 제외하였다. 이 경우에는 도묘연의 분석결과와 비슷하게 정치이념은 포퓰리즘 태도와 비선형적 관계를 갖고 있음을 보여 주었다. 다만 도묘연의 결과와는 달리 '매우 진보적'을 선택한 응답자가 가장 높은 포퓰리즘 성향을 지닌 것으로 나타났고, 그 다음으로는 '매우 보수적'을 선택한 응답자가 높은 포퓰리즘 성향을

	(1)	(2)	(3)	(4)	(5)	(6)	(7)
정치만족도	-2.48*** (0.57)	-1.29*** (0.57)	-2.45*** (0.55)	-2.58*** (0.56)	-2.57*** (0.56)	-2.62*** (0.57)	-2.50*** (0.57)
가계경제 만족도	-0.41 (0.65)	-0.20 (0.65)	-0.07 (0.70)	-0.25 (0.66)	-0.39 (0.66)	-0.42 (0.67)	-0.30 (0.66)
다소 진보	-4.87 (2.80)						
중도	-6.93* (2.72)						
다소 보수	-8.49*** (2.72)						
매우 보수	-2.94 (3.92)						
국회신뢰도		-1.44*** (0.28)					
주관적 계층			-0.47 (0.45)				
소득재분배 찬성				1.27* (0.55)			
이민 제한 찬성					0.15 (0.61)		
페미니즘 반감						0.47 (0.57)	
동성애 반감							0.74 (0.63)
통제변수	Yes	Yes	Yes	Yes	Yes	Yes	Yes
N	1,034	1,033	1,033	1,032	1,028	1,012	1,026
Adj. R2	0.030	0.053	0.022	0.026	0.022	0.023	0.022

참고: 괄호 안 숫자는 표준오차, * p<.1, ** p<.05, *** p<.01

지니고 있다. 반면, 포퓰리즘 성향이 가장 낮은 집단은 '다소 보수적'이라고 답한 사람들이었다. 정치이념을 다르게 조작화하더라도 정치만족도와 국회 신뢰도는 일관되게 포퓰리즘과 음의 관계를 유지하였다.

　다음으로 〈표 4〉의 모형 2는 국회신뢰도를 추가하였다. 포퓰리즘의 핵심 중에 하나가 대의민주주의에 대한 반감이고, 기존의 정치시스템과 상황에 대한 불만족이 클수록 대의민주주의의 핵심인 국회에 대한 신뢰도가 낮을 것이므로 국회신뢰도를 통제했을 경우 정치만족도 변수의 추정계수가 어떻게 변화하는지 살펴보았다. 따라서 국회를 얼마나 신뢰하는지 여부를 묻는 폐쇄형 질문으로 조사된 국회신뢰도 변수를 이용하였다. 해당 변수는 '전혀 신뢰하지 않는다'에서 '완전히 신뢰한다'의 선택지가 0-10점 척도로 측정되었다.

　다음 모형 3과 4는 추가적 경제태도 변수들을 추가하였다. 모형 3은 주관적 계층의식을, 모형 4는 정부의 소득재분배 역할에 대한 응답자의 태도를 포함시켰다. 박선경(2022)은 경제적 불평등에 대한 인식과 경제적 취약 계층이 포퓰리즘 태도와 중요한 관련을 지니고 있음을 보여 주었다. KGSS 데이터에는 불평등에 대한 인식이 없고, 정부의 소득재분배 역할에 대한 태도가 있기 때문에 해당 변수를 활용하였다. "고소득자와 저소득자 간 소득 차이를 줄이는 것은 정부의 책임이다"라는 문항에 대한 답변을 활용하여 정부의 소득재분배 찬성이라는 변수를 만들었다. 주관적 계층의식은 범주 변수로써 '최하층'에서 '최상층'까지의 10개의 범주로 이루어져 있고 1-10의 값을 갖는 10점 척도로 측정되었다.

　마지막으로 모형 5~7은 포퓰리즘 태도와 관련 있다고 여겨지는 여러 사회적 태도를 추가로 통제하였다. 노리스와 잉글하트(Norris and Inglehart 2019)에 따르면 최근 포퓰리즘의 확산은 진보적인 사회문화 변화에 대한 거부를 반영한다. 자유주의적 엘리트들이 소위 '조용한 혁명(silent revolution)'의 시기 동안 성평등, 사회적 소수자에 대한 보호, 문화적 세계화, 다문화

사회 등의 가치를 강조하면서 이를 적극적으로 증진시켰다. 이러한 노력은 기성세대가 지니고 있는 전통적 가치 체계에 중대한 도전을 제기하면서 진보적 가치에 대한 반발과 함께 포퓰리즘 정치 세력이나 포퓰리즘에 대한 지지를 야기하게 된 것이다.

따라서 진보적 가치에 대한 태도들을 추가로 통제하여 정치 불만과 경제 불만의 추정계수가 어떻게 영향을 받는지 알아보았다. 진보적 가치에 대한 개인들의 태도를 통제하기 위해 KGSS 데이터의 다양한 문항을 활용하였다. 먼저 포퓰리즘과 관련된 사회적 태도 중 대표적인 태도가 이민자에 대한 부정적 태도이다. 서구권 국가를 대상으로 한 기존 연구에 따르면 이민자에 부정적 태도를 지닌 사람들일수록 포퓰리즘 정당이나 포퓰리즘에 대한 지지가 높은 것으로 나타났다(Hawkins et al. 2012; Rooduijn et al. 2017; van Hauwaert and van Kessel 2018). 그러므로 "이민을 제한해야 한다"라는 진술에 어느 정도 동의하는지를 묻는 문항을 통해 이민제한에 대한 태도를 측정하였다. '매우 동의'에서 '매우 반대'까지 1~5의 값을 갖는 5점 척도로 측정되었으나 이를 역코딩하여 '매우 동의'에 가장 높은 점수를 부여하였다. 다음으로는 페미니즘이나 동성애에 대한 태도를 측정하여 통제하였다. 동성애자나 페미니스트 집단을 얼마나 좋아하는지에 대한 느낌을 온도계의 온도로 표시하도록 요청한 질문을 활용하여 페미니즘이나 동성애에 대한 부정적 태도를 측정하였다. 이민제한에 대한 태도에서처럼 해당 문항에 대한 답변은 5점의 척도로 측정되었고, 높은 점수일수록 부정적 태도를 보여 주도록 역코딩하였다. 각 모형은 각각의 태도를 통제한 것이다.

〈표 4〉에 따르면 어떤 태도를 추가로 포함시키는지와 상관없이 정치만족도의 추정계수 크기나 통계적 유의도는 별다른 영향을 받지 않음을 알 수 있다. 유일한 예외는 국회신뢰도를 추가하였을 경우로 정치만족도의 계수

크기가 대략 반으로 줄어들었다는 점이다. 예상대로 국회신뢰도 역시 포퓰리즘 태도와 부정적 관계를 갖고 있고 통계적으로 유의미하였다. 이러한 결과는 정치적 불만이 클수록 국회신뢰도는 낮고, 이는 다시 포퓰리즘 태도로 이어지는 것으로 해석할 수 있다. 또한 해당 결과는 정치불만족이나 정치불신과 관련된 변수들이 포퓰리즘 태도를 설명하는 데 중요함을 재확인해 주는 결과로 볼 수 있다.

주관적 계층은 가계경제만족도처럼 포퓰리즘 태도와 음(-)의 관계를 갖지만 통계적으로 유의미하지 않다. 가계경제만족도나 소득을 제외하고 주관적 계층만을 통계모형에 포함할 때도 결과는 비슷하였다. 반면, 소득재분배 찬성은 포퓰리즘 태도와 양(+)의 관계를 갖고 통계적으로 유의미하였다. 한국인의 재분배에 대한 선호는 경제적 이해관계가 아닌 정치 이념이나 정당 지지에 의해 결정된다는 기존 연구(문우진 2019)의 결과를 고려하면 정부의 소득재분배 역할에 대한 지지가 경제적 불만을 반영하는 것으로는 볼 수 없다. 따라서 본 연구 결과만으로 볼 때 한국인의 경제적 불만이 그들의 포퓰리즘 태도로 이어진다고 볼 수 없다. 또한 앞의 결과에서 보듯이 소득수준이나 고용지위의 경우에도 포퓰리즘 태도와 관련된 중요 요인이 아니었다. 이러한 결과는 소득수준이 낮고 상대적으로 박탈감을 느끼는 사람들이 포퓰리즘 성향이 높다는 서구민주주의를 대상으로 한 연구 결과(Spruyt et al. 2016; Guiso et al. 2017)와는 상반된 결과인 반면, 다른 국내연구와는 유사한 결과로 볼 수 있다. 가령 도묘연(2021)은 소득, 고용형태, 직업 모두 포퓰리즘 태도와 별 관련이 없음을 보여 주었다. 또한 박선경(2019)에 의하면 한국 유권자들의 회고적 경제투표는 개인의 경제상황이 아니라 국가 전체의 경제상황에 기반하여 이루어지고, 경제적 취약계층이 경제투표를 더 하지는 않는 것으로 나타났다. 그러므로 한국 유권자들의 개인 경

<표 5> 추가 변수 통제(평균값 기반)

	(1)	(2)	(3)	(4)	(5)	(6)	(7)
정치 만족도	−2.53*** (0.44)	−1.30*** (0.47)	−2.49*** (0.44)	−2.62*** (0.44)	−2.61*** (0.44)	−2.63*** (0.44)	−2.51*** (0.45)
가계경제 만족도	−0.22 (0.51)	−0.01 (0.50)	0.12 (0.56)	−0.07 (0.51)	−0.20 (0.51)	−0.17 (0.52)	−0.12 (0.51)
다소 진보	−3.49 (1.95)						
중도	−5.77* (1.89)						
다소 보수	−7.52** (1.93)						
매우 보수	−3.41 (2.75)						
국회 신뢰도		−1.48*** (0.22)					
주관적 계층			−0.48 (0.35)				
소득재분배 찬성				1.24** (0.46)			
이민 제한 찬성					0.21 (0.48)		
페미니즘 반감						0.67 (0.50)	
동성애 반감							1.16 (0.52)
통제변수	Yes	Yes	Yes	Yes	Yes	Yes	Yes
N	1,034	1,033	1,033	1,032	1,028	1,012	1,026
Adj. R2	0.046	0.087	0.040	0.046	0.040	0.041	0.044

참참고: 괄호 안 숫자는 표준오차, * p<.1, ** p<.05, *** p<.01

제상황에 대한 불만이 기성 정치나 엘리트에 대한 반감으로 연결된다고 볼 수 없다.[12]

마지막으로 이민제한 찬성, 페미니즘이나 동성애에 대한 반감은 포퓰리즘과 양의 관계를 갖고 있지만 통계적으로 유의미하지 않다. 이러한 결과는 포퓰리즘 구성요소 값들의 평균을 활용한 〈표 5〉에서도 관측되었다.[13]

2. 예측력 분석

위의 통계 분석결과는 정치만족도가 포퓰리즘 태도와 통계적으로 유의미한 관계를 맺고 있음을 보여 주었다. 그러나 어떤 변수가 종속변수와 통계적으로 유의미한 관계를 갖고 있다고 하더라도 해당 변수가 포퓰리즘 태도를 예측하는 데 도움이 된다는 것을 의미하지는 않는다(Ward et al. 2010). 따라서 정치적 불만과 경제적 불만 변수가 포퓰리즘 태도를 예측하는 데 얼마나 기여하는지 살펴보았다. 이를 위해서 10-fold 교차검증(cross vali-dation)을 실시하였다. 10-fold 교차검증은 데이터를 10개의 부분집합으로 나눈 뒤 그중 하나의 부분집합을 검증데이터(test set)로 설정하고 나머지 부분집합들을 추정데이터(training set)로 삼는다. 이후 추정데이터를 바탕으로 회귀식모형을 추정하여 추정계수를 확보한 후 검증데이터에 적용하여 포퓰리즘 태도를 예측한 후 모형의 예측력을 파악하기 위해 예측오차를 계산한다. 이 과정을 전체 10개의 부분집합에 대해 반복하고, 각각의 계산에

---

12 다만 정부의 소득재분배 역할에 대한 지지가 경제적 불평등에 대한 인식과 관련이 있다면 경제적으로 불평등하다고 비관하는 사람일수록 포퓰리즘 태도가 강하다는 박선경의 연구 결과와 유사한 것으로 볼 수 있다.

13 모든 변수를 포함시킬 때도 앞에서 논의한 결과와 차이가 없었다.

서 구한 예측 오차의 평균을 계산하였다. 그리고 예측 오차에 대한 불확실성을 추정하기 위해 모든 모형마다 500번의 재표본추출(resampling)을 하면서 위의 과정을 반복하였다. 이러한 과정을 통해 예측 오차에 대한 표본분포(sampling distribution)를 확보하였다.

특히 본 연구에서는 특정 변수가 포퓰리즘 성향 예측에 얼마나 큰 기여를 하는가를 살펴보는 데 관심이 있기 때문에 소수의 변수만을 포함한 기본모형에 특정 변수를 추가했을 경우 예측 오차가 얼마나 감소하는지 알아보았다. 선형회귀분석을 사용하고 있으므로 예측력 파악을 위해 평균 제곱근 오차(Root Mean Square Error, RMSE)의 변화량을 계산하였다. 두 개의 기본모형을 활용하였다. 첫 번째 기본모형은 오직 성별과 나이만을 포함한 아주 간단한 모형이고, 두 번째 기본모형은 다중회귀분석에서 통제변수로 활용되었던 성별, 나이, 교육수준, 소득수준, 고용지위, 정치이념을 모두 포함하는 것으로 구성되었다. 또한 앞의 분석에서 두 가지 종속변수를 사용하였으므로 각각의 종속변수마다 교차검증을 실행하였다.

따라서 〈그림 2〉는 총 네 가지 그래프를 제시한다. 〈그림 2〉(a)는 성별과 나이만을 통제한 모형과 곱셉값에 기반한 포퓰리즘 태도 변수를 사용한 교차검증 결과를 보여 준다. x–축은 기본 모델 구성에 y–축에 제시된 변수를 추가했을 때 RMSE가 얼마나 변화하였는지를 보여 준다. 점 추정은 중위 RMSE 변화량을 보여 주고, 양쪽 수평선은 RMSE 변화량의 표본분포에서 2.5와 97.5 백분위 값을 보여 준다. (b)는 동일한 종속변수에 더 많은 변수를 통제하고 있는 모형을, (c)는 평균값에 기반한 포퓰리즘 태도에 성별과 나이만을 포함한 기본모형을, (d)는 평균값에 기반한 포퓰리즘 태도에 두 번째 모형을 사용하였다. 어떤 변수와 관련된 RMSE 변화량의 신뢰구간이 0을 포함하는 것은 모형의 예측능력에 통계적으로 유의미한 기여를 하지 못함을 의미한다. 또한 어떤 변수의 추가로 인한 RMSE의 감소량이 클수록 모형의 예측능력에 큰 기여를 한다고 볼 수 있다.

〈그림 2〉에 의하면 많은 변수들의 추가는 RMSE를 도리어 증가시켰고, 오직 소수의 변수들만 RMSE를 감소시켰다. 이는 대부분의 변수들은 사람들의 포퓰리즘 태도를 예측하는 데 기본모형에 비해 긍정적 기여를 하지 못함을 의미한다. 예측력에서 가장 큰 기여를 한 변수는 정치만족도로 기본모형의 구성이나 종속변수와 상관없이 모든 경우에 통계적으로 유의미

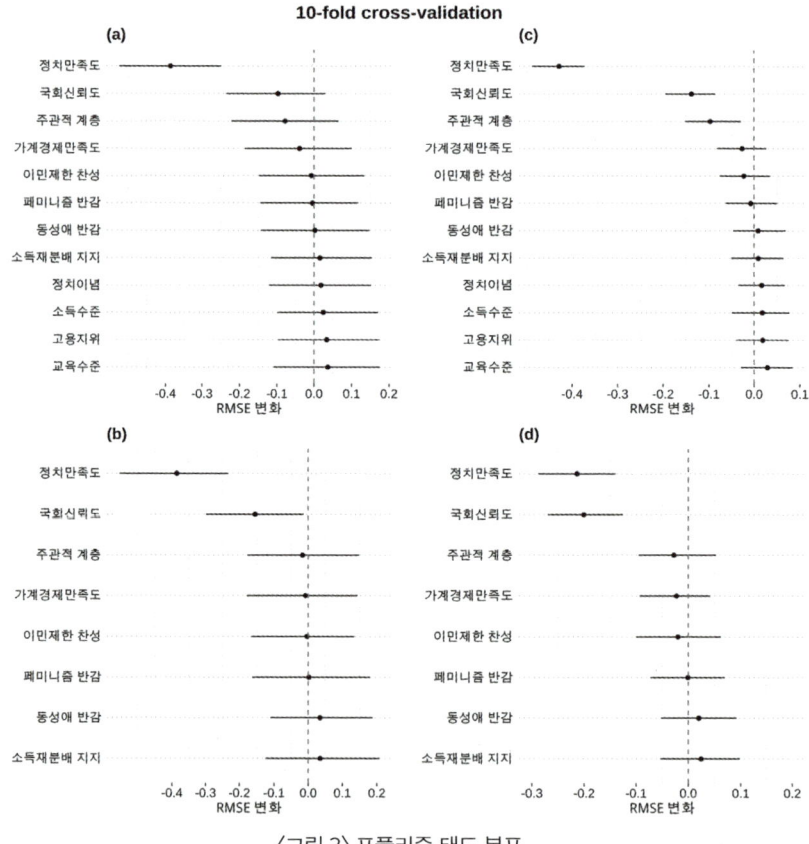

〈그림 2〉 포퓰리즘 태도 분포

96

하게 RMSE를 감소시켰고, RMSE의 감소량도 다른 변수들을 압도하였다. 예측력에서 정치만족도 다음으로 큰 기여를 하는 변수는 국회신뢰도이다. 평균값에 기반한 포퓰리즘 태도를 사용한 모형 (c)와 (d)에서 통계적으로 유의미한 기여를 하였다. 정치불만을 제외하고 유일하게 모형 예측능력에 기여하는 변수는 경제적 불만과 관련된 주관적 계층인식으로 모형 (c)에서 유의미한 기여를 하였다. 이외 여러 사회적 태도를 포함한 다른 변수들은 예측능력 증가에 아무런 기여를 하지 않았다. 이는 포퓰리즘 태도를 예측하는데 있어 정치불만과 관련된 두 변수가 다른 변수들을 압도함을 보여 준다. 종합하면 정치만족도와 국회신뢰도는 포퓰리즘 태도와 통계적으로 유의미한 관계를 맺고 있을 뿐만 아니라 예측하는데도 가장 중요한 역할을 한다고 결론내릴 수 있다.

V. 결론

본 연구는 정치적 불만과 경제적 불만을 주된 변수로 두고 포퓰리즘 태도와의 관계를 분석하였고 그 결과 특히, 정치적 불만이 높은 개인일수록 강한 포퓰리즘 성향을 가짐을 보였다. 정치만족도뿐만 아니라 국회신뢰도도 포퓰리즘 성향과 부정적 관계를 갖는 것으로 나타났다. 또한 정치적 불만은 포퓰리즘 태도의 예측에도 큰 기여를 함을 알 수 있었다. 이는 외재적 정치효능감의 결핍이 포퓰리즘 지지를 예측하는 데 가장 중요한 요인이라는 기존 연구(Spruyt et al. 2016; van Hauwaert and van Kessel 2018)와도 일맥상통한다. 이러한 결과는 정치적 상황에 대한 불만족이 국민중심주의, 반엘리트주의, 반다원주의를 내포하는 포퓰리즘 성향과 중요한 관계를 맺고 있음을 보여 준다.

본 연구 결과는 민주주의와 포퓰리즘 간의 관계에 중요한 함의를 갖는다. 민주주의가 절차적 측면을 넘어서 결과적 측면에서도 만족스러운 성과를 만들어 낼 경우 포퓰리즘으로부터의 위협으로부터 안전할 가능성이 높다. 그러나 민주주의의 효능의 하위 요소인 대표성, 책임성, 반응성이 제대로 작동하지 않는다면 시민들은 현 정치에 대한 불만을 갖게 되고, 더 나아가 기존 정치시스템에 대한 신뢰도 낮아질 수밖에 없다. 마찬가지로 민주주의 복지나 신뢰와 같은 성과의 측면에서 실망스러운 결과를 지속적으로 만들어 낸다면 이 역시 정치 불만과 불신으로 이어질 수 있다. 이럴 경우 시민들은 더욱 포퓰리즘 태도를 지니게 될 것이다. 물론 포퓰리즘은 인민주권의 원칙을 강화하고, 시민들의 정치참여를 증진시켜 엘리트 위주의 편향을 교정할 수 있는 긍정적 역할을 수행할수도 있지만, 동시에 다수의 의지(the will of majority)를 최우선시하면서 소수자 권리나 절차적 보호장치를 경시하고, 헌법적 제약을 약화시키는 부정적 결과를 초래할 수 있다(Plattner 2010). 최근 연구들은 포퓰리즘이 민주주의에 긍정적 영향보다는 부정적 영향을 끼친다는 결과를 보여 주고 있다. 가령 포퓰리스트 정부는 자유민주주의, 선거민주주의, 숙의민주주의 수준에 부정적 영향을 미치고(Ruth-Lovell and Grahn 2022), 언론의 자유, 행정부에 대한 제도적 견제, 법치를 약화시키는 결과를 초래하는 것으로 나타났다(Juon and Bochsler 2020; Kenny 2020). 따라서 민주주의를 지속적으로 발전시키고 지켜나가기 위해서 민주주의의 효능과 성과를 개선시키는 것이 중요하다.

본 연구 결과에서 놀라운 것은 기존 연구와는 달리 경제적 불만이 포퓰리즘 태도에 미치는 영향이 통계적으로 유의미하지 않으며 그 예측력 또한 낮다는 점이다. 이러한 결과는 포퓰리즘을 기존 국내연구와 동일한 방법으로 구성요소들의 평균값으로 측정한 경우에도 일관되게 나타났다. 개인의 객관적 경제적 조건이나 주관적 인식 모두 포퓰리즘 태도와는 중요한 관련이 없는 것으로 확인되었다. 그러나 추가 분석에서 소득재분배 정책을 찬성할수록 포퓰리즘 성향이 강한 것으로 나타났고, 다른 국내 연구인 박선경(2022)은 경제적 불평등이 심각하다고 인식할수록 포퓰리즘 성향이 강하다는 결과를 보여 주있다. 종합하면 개인의 경제적 상황에 대한 부정적 인식보다는 경제 전반에 대한 부정적 인식이 한국인의 포퓰리즘 태도에 더 중요한 영향을 미칠 가능성을 시사한다. 따라서 이에 대한 후속연구가 요구된다.

또한 본 연구에서는 정치적 불만이 포퓰리즘 성향을 예측하는 데 중요한 요인으로 주장하지만, 반대로 포퓰리즘 성향이 강한 사람이 더 많은 정치적 불만을 가질 가능성도 배제하지 못한다. 설문조사 결과를 바탕으로 수행된 본 연구 설계상 두 변수 간 인과관계의 방향을 보여 주는 것은 거의 불가능하기 때문에 향후 실험 연구를 통해 내생성 문제를 극복하려는 시도가 필요하다.

마지막으로 본 연구는 향후 포퓰리즘 관련 연구에 몇 가지 함의를 제공한다. 첫째, 본 연구는 포퓰리즘 구성요소에 대한 이론적 개념을 바탕으로 포퓰리즘 태도를 측정하였다. 본 연구가 초점을 둔 정치적 불만과 경제적 불만의 경우 분석 결과가 확연히 다르게 나타나지는 않았으나 교육과 연령 같은 변수의 경우 측정 방법에 따라 다른 결과가 나타나기도 하였다. 따라서 포퓰리즘 조작화에 더 많은 관심을 갖고 '개념과 측정간의 불일치'를 해결하기 위해 노력할 필요가 있다. 또한 본 연구가 제시한 방법뿐만 아니라 포퓰리즘을 그 개념에 적합하게 측정할 수 있는 다른 방법 또한 고안될 필요성이 있다고 보인다. 둘째, 본 연구는 정치만족도가 포퓰리즘 태도를 예측하는 데 가장 크게 기여하는 변수임을 보여줬다. 그러나 이 연구에 포함되지 않은 다른 변수들의 예측력이 정치만족도보다 더 클 수도 있다. 포퓰리즘은 민주주의의 후퇴를 야기할 수 있기 때문에 분석만큼이나 그에 대한 예측 또한 중요하다. 그러므로 어떠한 요인이 포퓰리즘 성향을 예측하는 데 있어 얼마나 크게 기여하는지를 파악하는 것이 향후 연구에 있어 중요할 것이다.

참고문헌

김현준·서정민. 2017. "포퓰리즘 정치 개념 고찰: 문화적 접근의 관점에서." 『한국정치학회보』 51집 4호, 49-74.

도묘연. 2021. "한국 대중의 이념 정향이 포퓰리즘 성향에 미치는 영향." 『의정연구』 27집 1호, 117-155.

문우진. 2019. "소득기반 투표의 비활성화 원인: 제 7회 전국동시지방선거 분석." 『평화연구』 27집 1호, 131-168.

박선경. 2019. "경제투표이론의 한국적 적용에 대한 고찰." 『현대정치연구』 12집 1호, 5-37.

_____. 2022. "경제적 불평등이 불러온 한국의 포퓰리즘? 경제적 불평등 인식과 경제적 취약계층의 포퓰리즘 성향 분석." 『21세기정치학회보』 32집 1호, 1-24.

박종민. 1992. "정치불신의 의미." 『한국정치학회보』 26집 1호, 57-84.

하상응. 2018. "한국 유권자의 포퓰리즘 성향이 정치행태에 미치는 영향." 『의정연구』 24집 1호, 135-170.

Akkerman, Agnes, Mudde, Cas, and Andrej Zaslove. 2014. "How populist are the people? Measuring populist attitudes in voters." *Comparative Political Studies* 47(9): 1324-1353.

Anduiza, Eva, Guinjoan, Marc, and Guillem Rico. 2018. "Economic Crisis, Populist Attitudes, and the Birth of Podemos in Spain." In *Citizens and the Crisis*, edited by Marco Giugni and Maria T. Grasso, 61-81. Basingstoke: Palgrave Macmillan.

Anelli, Massimo, Colantone, Italo, and Piero Stanig. 2021. "Individual vulnerability to industrial robot adoption increases support for the radical right." *Proceedings of the National Academy of Sciences* 118(47): e2111611118.

Ballard-Rosa, Cameron, Jensen, Amalie, and Kenneth Scheve. 2022. "Economic decline, social identity, and authoritarian values in the United States." *International Studies Quarterly* 66(1): sqab027.

Barr, Robert R. 2009. "Populists, outsiders and anti-establishment politics." *Party Politics* 15(1): 29-48.

Betz, Hans-Georg. 1994. *Radical right-wing populism in Western Europe.* New York: St. Martin's.

_____, and Susi Meret. 2013. "Right-wing Populist Parties and the Working-Class Vote." In *Class Politics and the Radical Right*, edited by Jens Rydgren, 107-121. London: Routledge.

Bowler, Shaun, Denemark, David, Donovan, Todd, and Duncan McDonnell. 2017. "Right-wing populist party supporters: Dissatisfied but not direct democrats." *European Journal of Political Research* 56(1): 70-91.

Canovan, Margaret. 2002. "Taking politics to the people: Populism as the ideology of democracy." In *Democracies and the Populist Challenge*, edited by Mény, Yves and Surel, Yves, 25-44. London: Palgrave Macmillan.

Craig, Stephen C. 1979. "Efficacy, trust, and political behavior: An attempt to resolve a lingering conceptual dilemma." *American Politics Quarterly* 7(2): 225-239.

Dal Bó, Ernesto, Finan, Frederico, Folke, Olle, Persson, Torsten, and Johanna Rickne. 2018. "Economic losers and political winners: Sweden's radical right." Working paper, University of Califonia, Berkeley.

Dippel, Christian, Gold, Robert, Heblich, Stephan, and Rodrigo Pinto. 2017. "Instrumental variables and causal mechanisms: Unpacking the effect of trade on workers and voters." Working paper, National Bureau of Economic Research.

Filsinger, Maximillian, Wamsler, Steffen, Erhardt, Julian, and Markus Freitag. 2021. "National identity and populism: The relationship between conceptions of nationhood and populist attitudes." *Nations and nationalism* 27(3): 656-672.

Funke, Manuel, Moritz Schularick, and Christoph Trebesch. 2022. "Populist Leaders and the Economy." SciencePo Working papers.

Geurkink, Bram, Zaslove, Andrej, Sluiter, Roderick, and Kristof Jacobs. 2020. "Populist attitudes, political trust, and external political efficacy: old wine in new bottles?." *Political Studies* 68(1): 247-267.

Gidron, Noam, and Hall, Peter A. 2017. "The politics of social status: Economic and cultural roots of the populist right." *The British journal of sociology* 68: 57-84.

Goertz, Gary. 2006. *Social Science Concepts: A user's guide.* Princeton, NJ: Princeton University Press.

Guiso, Luigi, Herrera, Helios, Morelli, Massimo, and Tommaso Sonno. 2017. *Demand and supply of populism.* London: Centre for Economic Policy Research.

Hawkins, Kirk, Riding, Scott, and Cas Mudde. 2012. "Measuring populist attitudes." *Committee on Concepts and Methods Working Paper Series* 55: 1-35.

Juon, Andreas, and Daniel Bochsler. 2020. "Hurricane or fresh breeze? Disentangling the populist effect on the quality of democracy." European Political Science Review 12.3 (2020): 391-408.

Katz, Richard S., and Peter Mair. 1995. "Changing models of party organization and party democracy: the emergence of the cartel party." *Party politics* 1(1): 5-28.

Kenny, Paul D. 2020 "'The enemy of the people': populists and press freedom." Political Research Quarterly 73(2): 261-275.

Kyle, Jordan, and Brett Meyer. 2020. "High tide? Populism in power, 1990-2020." Tony Blair Institute for Global Change. https://institute.global/policy/high-tide-populism-power-1990-2020 (검색일: 2023.2.6.)

Lubbers, Marcel, Gijsberts, Merove, and Peer Scheepers. 2002. "Extreme right-wing voting in Western Europe." *European Journal of Political Research* 41(3): 345-378.

Miller, Warren E., Arthur H. Miller, and Edward J. Schneider. 1980. *American National Election Studies Data Sourcebook 1952-1978.* Cambridge, MA: Harvard University Press.

Mohrenberg, Steffen, Huber, Robert A., and Tina Freyburg. 2021. "Love at first sight? Populist attitudes and support for direct democracy." *Party Politics* 27(3): 528-539.

Mudde, Cas. 2004. "The populist zeitgeist." *Government and Opposition* 39(4): 541-563.

_____. 2007. *Populist Radical Right Parties in Europe.* Cambridge: Cambridge University Press.

_____, and Rovira Kaltwasser. 2013. "Exclusionary vs. inclusionary populism: Comparing contemporary Europe and Latin America." *Government and opposition* 48(2): 147-174.

_____, and . 2018. "Studying populism in comparative perspective: Reflections on the contemporary and future research agenda." Comparative *Political Studies* 51(13): 1667-1693.

Norris, Pippa, and Ronald Inglehart. 2019. *Cultural backlash: Trump, Brexit, and authoritarian populism*. Cambridge: Cambridge University Press.

Oesch, Daniel. 2008. "Explaining workers' support for right-wing populist parties in Western Europe: Evidence from Austria, Belgium, France, Norway, and Switzerland." *International Political Science Review* 29(3): 349-373.

Plattner, Marc F. 1999. "From liberalism to liberal democracy." Journal of Democracy. 10(3): 121-134.

Rico, Guillem, and Eva Anduiza. 2019. "Economic correlates of populist attitudes: an analysis of nine European countries in the aftermath of the great recession." *Acta Politica* 54(3): 371-397.

Rodrik, Dani. 2021. "Why does globalization fuel populism? Economics, culture, and the rise of right-wing populism." *Annual Review of Economics* 13: 133-170.

Rooduijn, Matthijs, Van Der Brug, Wouter, and De Lange, Sarah L. 2016. "Expressing or fuelling discontent? The relationship between populist voting and political discontent." *Electoral Studies* 43: 32-40.

_____, Burgoon, Brian, Van Elsas Erika, J., and Van de Werfhorst, Herman G. 2017. "Radical distinction: Support for radical left and radical right parties in Europe." *European Union Politics* 18(4): 536-559.

_____. 2019. "State of the field: How to study populism and adjacent topics? A plea for both more and less focus." *European Journal of Political Research* 58(1): 362-372.

Ruth-Lovell, Saskia Pauline, and Sandra Grahn. 2023. "Threat or corrective to democracy? The relationship between populism and different models of democracy." European Journal of Political Research 62(3): 677-698.

Schulz, Anne, Müller, Philipp, Schemer, Christian, Dominique Stefanie Wirz, Wettstein, Martin, and Werner Wirth. 2018. "Measuring populist attitudes on three dimensions." *International Journal of Public Opinion Research* 30(2): 316-326.

Schumacher, Gijs, and Matthijs Rooduijn. 2013. "Sympathy for the 'devil'? Voting for populists in the 2006 and 2010 Dutch general elections." *Electoral Studies* 32(1): 124-133.

Silva, Bruno C., Jungkunz, Sebastian, Helbling, Marc, and Levente Littvay. 2020. "An empirical comparison of seven populist attitudes scales." *Political Research Quar-*

terly 73(2): 409-424.

Spruyt, Bram, Keppens, Gil, and Van Droogenbroeck, F. 2016. "Who supports populism and what attracts people to it?." *Political Research Quarterly* 69(2): 335-346.

van Hauwaert, Steven M., and van Kessel, Stijn. 2018. "Beyond protest and discontent: A cross-national analysis of the effect of populist attitudes and issue positions on populist party support." *European Journal of Political Research* 57(1): 68-92.

Ward, Michael D., Greenhill, Brian D., and Bakke, Kristin M. 2010. "The perils of policy by p-value: Predicting civil conflicts." *Journal of Peace Research* 47(4): 363-375.

Weyland, Kurt. 2001. "Clarifying a contested concept: Populism in the study of Latin American politics." *Comparative Politics* 34(1): 1-22.

Wuttke, Alexander, Schimpf, Christian, and Harald Schoen. 2020. "When the whole is greater than the sum of its parts: On the conceptualization and measurement of populist attitudes and other multidimensional constructs." *American Political Science Review* 114(2): 356-374.

Zaslove, Andrej, Geurkink, Bram, Jacobs, Kristof, and Agnes Akkerman. 2021. "Power to the people? Populism, democracy, and political participation: a citizen's perspective." *West European Politics* 44(4): 727-751.

제4장

한국 유권자의 지역정체성과 정서적 양극화[1]

강명세(서울대학교) · 조원빈(성균관대학교)

I. 들어가며

한국정치에서 지역주의는 사라지지 않았다. 시간과 함께 오히려 더 강화되었다. 2000년대 들어 세대갈등이 등장함에 따라 지역주의가 다소 완화되고 있다는 주장도 존재하지만, 오히려 지역주의는 대중 속으로 확산되고 정서적 양극화를 심화시키고 있다. 본 연구의 목적은 지역주의가 정치 양극화의 원인이라는 주장을 경험적으로 논의하는 것이다. 정서적 양극화는 유권자가 자신이 지지하는 정당에 비해 지지하지 않는 정당을 부정적으로 평가하는 상대적 정도를 뜻한다. 정서적 양극화를 분석하는 연구들은 정체성과 이념을 대표적 두 요인으로 이해한다. 본 연구는 2023년 1월 실시된 여론조사 데이터를 기반으로 다음 세 가지 결과를 제시한다. 우선, 사회적 정체성의 하나인 지역 정체성은 영호남 사람들이 자신의 출신 지역(혹은

---

1 본고는 『정치정보연구』 제27권 제2호(2024)에 게재된 논문을 수정한 것임.

고향) 사람에 대한 호감도와 상대 지역 출신 사람에 대한 호감도 차이를 설명하는 핵심요인이다. 두 번째, 지역 정체성은 지역 호감도 차이, 즉 영호남 지역감정 양극화 매개를 통해 정서적 양극화에 개입한다. 마지막으로, 정서적 양극화를 설명함에 있어, 이념적 양극화보다 지역감정 양극화의 설명력이 더 높다.

한국사회의 정치 양극화는 얼마나 심할까? 〈그림 1〉은 한국사회의 정치 양극화가 얼마나 심각한지를 비교적 시각에서 제시한다. 2022년 18개국을 대상으로 실시된 여론 조사 가운데 지지정당이 다르면 다른 정당 지지자와의 갈등이 어느 정도인지에 대한 설문 결과를 보여 주고 있다. 한국인을 대상으로 이루어진 설문에서 지지정당이 다른 사람들 간에 갈등이 매우 강하

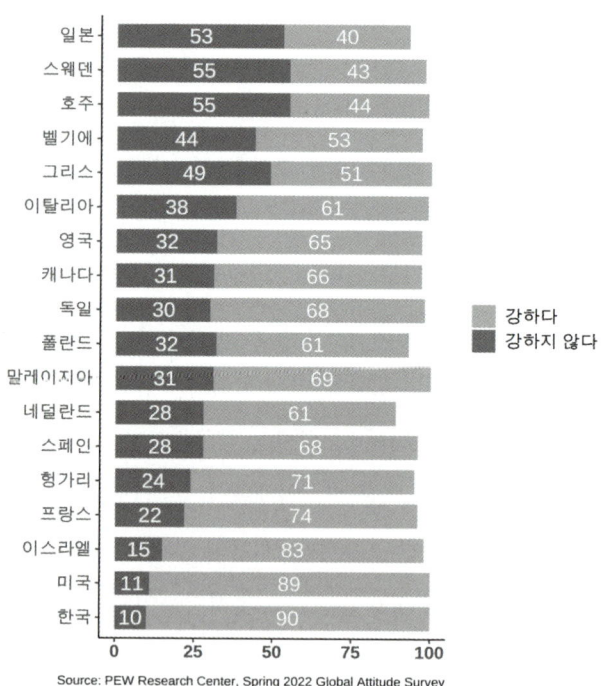

Source: PEW Research Center, Spring 2022 Global Attitude Survey

〈그림 1〉 지지정당이 다른 사람들 간의 갈등 정도(단위: %)

거나 강하다고 응답한 비중은 90%를 초과하는 것으로 나타났다. 이 결과는 정치 양극화가 매우 심각한 것으로 알려진 미국 사례보다도 정치 양극화가 더 심각하다는 것을 제시한다. 본 연구는 이처럼 최고 수준에 달한 한국의 정치 양극화에 대해 한국의 지역주의(혹은 지역감정)이 어떻게 작동하는지 경험적으로 분석하려 한다. 우리는 지역 정체성이 지역주의 태도를 추동한다고 가정한다. 지역주의를 다룬 다양한 문헌이 강조하던 거주지나 출신지역은 암묵적으로 지역 정체성의 대리 변수이다.

최근 국내에서도 정서적 양극화에 대한 연구가 본격화되기 시작했다. 이전까지 정서적 양극화에 대한 연구는 이념적 차원이나 국회 수준에 한정되어 왔다(가상준 2014; 강원택 2012; 박윤희 외 2016). 또한, 이념적 양극화가 대중적 수준에서 존재한다는 증거는 미미한 것으로 나타났다(정동준 2016). 이와는 달리, 장승진과 서정규(2019) 연구는 정당일체감과 이념적 차원 모두에서 정서적 양극화가 존재한다는 점을 강조한다. 또한, 김기동과 이재묵(2022b) 연구는 정체성에 대한 세밀한 측정을 기반으로 정서적 양극화를 설명한다. 정서적 양극화를 본격적으로 다루는 연구들은 한국의 유권자 사이에 정서적 양극화가 비정치적 영역으로 파급되는 것도 보여 준다(장승진 외 2020; 김기동 외 2022a). 정서적 양극화에 대한 국내 연구는 여전히 소수에 그치고 있지만, 다양한 방법으로 정서적 양극화 현상을 측정하고 그 효과를 분석하고 있다.

정서적 양극화에 대한 국내 기존 연구와 달리, 본 연구는 정서적 양극화의 원인으로서 지역 정체성과 지역민이 상대 지역에 대해 갖는 호감도의 차이에 주목한다. 기존 연구는 이 문제에 대해 크게 주목하지 않았다. 본 연구는 정서적 양극화를 지역 정체성과 지역 양극화에 초점을 맞춰 설명한다. 한국정치에서 지역감정은 지역 정체성의 표현적 측면이며, 지역 정체성은 당파적 정체성의 지역적 기반이다. 지역 정체성은 개개인의 지역감정의 차이에서 비롯한 지역 양극화를 자극한다. 지역 양극화는 다시 양대 정당 간의 정서적 양극화를 견인하고 있다. 이에, 본 논문은 한국 유권자의 지역 정체성과 지역 양극화 수준이 그들의 정서적 양극화에 영향을 미칠 수 있다고 주장한다.

II. 정서적 양극화의 두 가지 접근법

정서적 양극화를 다룬 기존 문헌은 크게 두 가지 관점으로 분류된다(《그림 2》). 첫 번째, 전통적으로 정당과 정치엘리트가 강조하고 표방하는 이념과 정책의 차이가 대중의 정서적 양극화를 확장한다고 주장하는 당파적 양극화 관점이다(Fiorina 2016; Abramowitz and Webster 2018; Levendusky 2009).[2] 이들에 따르면 정서적 양극화의 추동 요인은 정치인이 표방하는 이념과 그에 기초한 정책이다(Bafumi and Shapiro 2009; Bougher 2017; Levendusky 2009; Webster and Abramowitz 2017).이념적 대립을 강조한 이론은 회고적 투표이론의 연장으로 정당의 정책과 이념의 극명하게 차이가 유권자에게 분명한 시그널을 제시하며 그늘의 정치적 행위에 영향을 미친다고 주장한다(Abramowitz and Saunders 2008; Fiorina, Abrams and Pope 2011; Rogowski & Sutherland 2016). 이 관점은 이념과 정책이 엘리트 수준에서 대중 수준으로 파급되어 대중이 이념적으로 동질화 됨으로써 정서적 양극화가 심화된다고 주장한다. 이념 대립과 경쟁은 정치참여를 활성화하는 데도 기여할

---

2 미국의 당파적 양극화의 문헌은 양극화는 정당 엘리트층에 의해 주도되었고 이념적이고 이슈의 양극화에 기반한다고 주장했다(Hetherington and Weiler 2009; Levendusky 2009).

수 있다.

유권자는 후보와 정당의 이념과 정책이 확연히 다를 때 자신이 선호하는 이념과 정책을 표방하는 정당 혹은 그 정당이 공천한 후보에게 투표할 가능성이 높다(Downs 1957). 유권자는 후보 간 이념적 차이가 클수록 그에 적극적으로 반응하게 되며, 이에 따라 대중적 수준의 양극화가 생겨난다(Rogowski and Sutherland 2016). 이슈 선호가 극단적인 개인은 중도적 정책 성향의 개인에 비해 후보 간 정책의 차이를 극단적인 것으로 인지하기 쉽다. 미국의 경우 민주당은 더욱 진보적으로 되는 반면, 공화당은 더 보수화되면서 정서적 양극화가 심화된다. 이러한 이론은 엘리트의 이념적 대립이 대중적 양극화를 유도한다는 논리이다.

정서적 양극화를 설명하는 두 번째 관점은 사회심리학이 오랫동안 주장해 온 사회 정체성 이론이다. 정치학은 1950년대 미시간 학파에서 시작된 정당일체감을 통해 정치행태를 설명했다(Campbell et al. 1960). 이에 따르면, 개인의 정치적 정체성은 사회화 과정을 통해 습득된 이후 쉽사리 바뀌지 않고 안정적이다(Greene 2000; Green et al. 2002; Achen and Bartels 2016). 최근 사회심리학의 사회 정체성 이론을 기반으로 정서적 양극화의 미시적 기반이 무엇인지를 밝히는 시도들이 증가하고 있다(Greene 1999; Huddy et al. 2015). 사회 정체성 이론은 정치학 분야에서 두 갈래로 분화하여 발전해 왔다. 정치학 일부는 긍정적 및 부정적 당파성이 정서적 양극화에서 왜 그리고 어떻게 발현되는지에 대해 관심을 둔다(Iyengar et al. 2012; Iyengar et al. 2019). 이들은 미국정치의 과거 수십년 동안 진행된 정서적 양극화의 원인과 결과를 밝히려 했다(Hetherington and Rudolph 2015; Mason 2015; Abramowitz and Webster 2016; Westwood et al. 2019).[3] 이것은 자신이 좋아하는 정당에 대해서는 무조건 지지하는 반면, 자신이 반대하는 정당에 대해서는 사소한 실수도 용납하지 않음으로써 정서적 양극화가 갈수록 심각해지는 현상에 대한 탐구이다(McConnel et al. 2018; Iyengar and Westwood 2015; Huddy 2015).

반면, 몇몇 정치학자들은 정치적 양극화가 어떻게 변모하는지에 관심을 기울인다. 이들은 여러 가지 정체성을 가진 개인이 "사회적으로 분류되어 (socially sorted)" 하나로 결합된 정체성을 갖게 될 때 정서적 양극화가 더 심각한 수준으로 변한다고 주장한다(Mason 2015, 2018; Levendusky 2018; Robison and Maskowitz 2019). 이들은 정치적 정체성이 독립변수로서 다른 사회 정체성의 배열에도 영향을 준다는 점에 주목한다. 정당은 인종, 종교, 이념적 정체성, 그리고 지역 등의 차원에서 동질적일수록 당파성은 매우 중요한 사회 정체성으로 응집된다는 것이다(Mason and Wrongski 2018). 정당을 교차하여 가로지르는 여러 정체성이 사라지면서 특정 정당을 지지하는 유권자들은 자신들 만의 집단으로 동질화 되어 다른 정당의 지지층에 대하여 적대적인 태도를 보인다는 것이다(Tajfel 1970; Iyengar et al. 2012). 이에, 정서적 양극화의 효과에 대한 우려도 제기된다. 양극화가 심해지면 그 효과가 정치 영역에 한정되는 것이 아니라 결혼 상대나 고용에서도 반대 정당의 지지자에 대해 적대적인 태도를 보이게 된다(Iyengar et al. 2012; Hetherington & Rudolf 2015; 장승진·장한일 2020; 김기동·이재묵 2021). 이처럼 대중의 정서적 양극화는 자신이 지지하지 않는 정당을 지지하는 집단을 단지 정치적 반대세력이 아니라 이 세상에서 사라져야 할 적으로 볼 정도로 타협과 협의에 '치명적(lethal)'인 나쁜 영향을 미친다(Kalmoe and Mason 2019). 〈그림 2〉

---

3   정서적 양극화는 세 가지 방법으로 측정된다(Druckman and Levendusky 2019). 첫 번째, 지지하는 정당과 지지하지 않는 정당에 대한 온도차로 측정되며 가장 널리 이용된다. 두 번째, 정당에 대한 특성(traits)평가이다. 세 번째, 정당의 업무에 대한 신뢰도다.

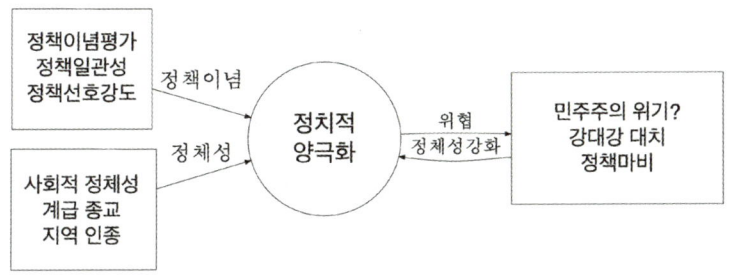

〈그림 2〉 전서적 양극화와 민주주의 위기?

는 유권자의 사회 정체성과 이념 성향이 합작하여 정치적 양극화에 영향을 미치고, 정치적 양극화는 개인의 정치적 선택에도 영향을 주는 과정을 제시한다.

본 연구는 사회 정체성의 관점에서 정서적 양극화를 논의한다. 그럼에도 불구하고 이념적 양극화가 갖는 현실적인 영향을 고려하여 이념적 양극화 가설과 사회 정체성 가설을 동시에 한국의 사례에 적용하고, 어느 주장이 한국의 정서적 양극화를 더 잘 설명할 수 있는지 검증하고자 한다. 주요 종속변수인 정서적 양극화는 선행연구의 예를 따라 감정적 평가의 격차로 측정된다(Iyengar et al. 2012; Iyengar and Westwood 2013; Lelkes 2013; Abramowitz and Webster 2015). 기존 연구들은 감정적 평가의 격차에 영향을 주는 요인으로 이념 또는 정체성을 제시하고 있다(Lelkes 2019; Gidron, Adams, and Horne 2020). 사회 정체성의 관점에서 보면 정당일체감은 이념이나 정책만을 대표하지 않고 다양한 정체성의 사회 집단을 대표한다(Mason 2018; Mason and Wrong 2018; Robinson and Maskowitz 2019; Westwood and Peterson 2022). 사람들은 자신이 반대하는 정당과 그 정당에 연관된 사회 집단을 연결지음으로써 그 정당에 대해 더욱 부정적인 태도를 보인다(Ahler and Sood 2018). 또한, 정체성은 이슈 선호에도 영향을 미쳐 강한 정체성을 소유한 사람일수록 객관적 사실조차도 편향적으로 해석하게 된다(Kane and Anson 2023; Kingzette, Druckman, Klar, Krupnikov, Levendusky, & Ryan 2021). 예를 들어, 정체성이 강한 유권자들은 2020년 1월 트럼프의 패배를 인정하지 않고 미국 의사당에 난입하는 등 폭력적 행동에도 가담하여 민주주의 작동을 위협했다(Kalmoe and Mason 2022). 한국에서도 정체성의 강도가 이슈 선호에 영향을 미치는 사례가 관찰된다. 예를 들어, 문재인 정부의 주택정책은 재집권을 불가능하게 만들만큼 객관적으로 실패한 것으로 평가를 받고 있음에도 불구하고, 문재인 대통령의 적극 지지층은 문 정부의 주택정책이 아주 성공적이었다고 평가한다. 반대하는 정당의 잘못에는 과할 정도로 질책하지만, 자신이 지지하는 정당이나 그와 관련된 집단의 잘못에 대해선 눈을 감거나 매우 관대한 모습을 보여 준다.

앞서 언급한 선행 연구(장승진 외 2020; 김기동 외 2022a)는 사회 정체성 이론을 바탕으로 정서적 양극화를 정당일체감에 초점을 맞춰 분석한다. 사회 정체성은 넓은 의미에서 정당일체감뿐 아니라 이념적 정체성을 포함한다. 한국유권자의 정서적 양극화 정도는 정치적 정체성 즉 당파성의 강도에 따라 다르다는 것이다. 그 외에도 이념강도와 쟁점선호의 일관성과 강도가 정서적 양극화를 초래한다고 주장한다. 이들 연구에서 정당일체감 강도는 전통적인 설문 문항에 기초한다. 한편, 김기동과 이재묵(2022b) 연구는 정서적 양극화의 원인에 특히 주목한다. 이 연구는 국내에서는 정서적 양극화의 원인에 대한 논의가 미흡한 상황에서 당파적 정체성에 대한 새로운 측정을 시도하여 정치적 정체성이 정서적 양극화에 미치는 효과를 분석한다. 이들에 따르면, 당파적 정체성의 정도를 예측하는 변수는 지지정당 외에 출신지역과 정서적 양극화 등이다. 한국의 정당은 지역에 근거한다는 사실을 고려할 때 당파적 정체성은 지역정체성과 밀접한 관계를 맺는다.

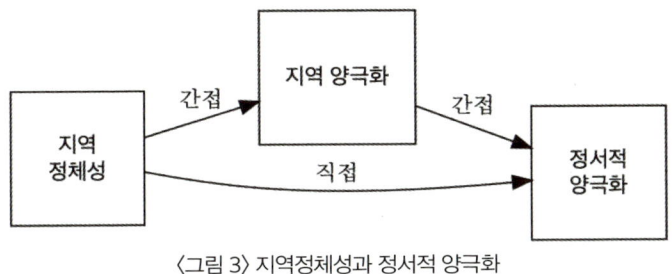

〈그림 3〉 지역정체성과 정서적 양극화

이에, 지역 정체성과 그것이 견인하는 지역감정 양극화는 당파적 정체성에 중대한 영향을 미쳐 정서적 양극화를 자극할 것으로 예상할 수 있다.

〈그림 3〉은 본 연구가 주목하는 한국의 정서적 양극화 과정이다. 과정의 가장 왼쪽에는 사회적 정체성의 하나인 지역 정체성이 위치한다. 유권자 부모의 출신지나 본인의 거주지에 기인하는 지역 정체성은 영호남 간 감정의 양극화를 낳고, 이 지역감정 양극화는 다시 정당지지자들 간 정서적 양극화에 기여한다. 지역정체성은 정서적 양극화에 직접적으로 영향을 미칠 뿐 아니라, 두 지역 간의 정서적 양극화를 초래한다는 점에서 정서적 양극화에 간접적 영향을 미칠 수도 있다. 〈그림 3〉은 지역주의가 민주화 이후 한국정치의 지속적 균열구조를 구축해 온 현실을 구체적으로 설명한다.

1987년 민주화 이후 오늘날 더불어민주당과 국민의힘의 전신에 해당하는 두 정당의 대통령후보는 각각 호남과 영남에서 압도적 지지를 획득해 왔다. 한국의 양대 정당이 각각 자기 지역을 기반으로 한다는 점은 2024년 국회의원선거에서도 명확히 나타났다. 한국의 정당체제는 지역 정체성의 반영이다. 〈그림 4〉가 보여 주듯이, 역대 선거결과를 보면 양대 정당은 영호남 지역을 기반으로 한다. 2017년 대선과 같은 세 정당이 경쟁을 벌인 경우를 예외로 하면, 두 정당은 민주화 이후 오랫동안 자기 지역을 독점적으로 대표함으로써 당의 대선 후보가 획득한 지역 평균 득표율은 항상 과반

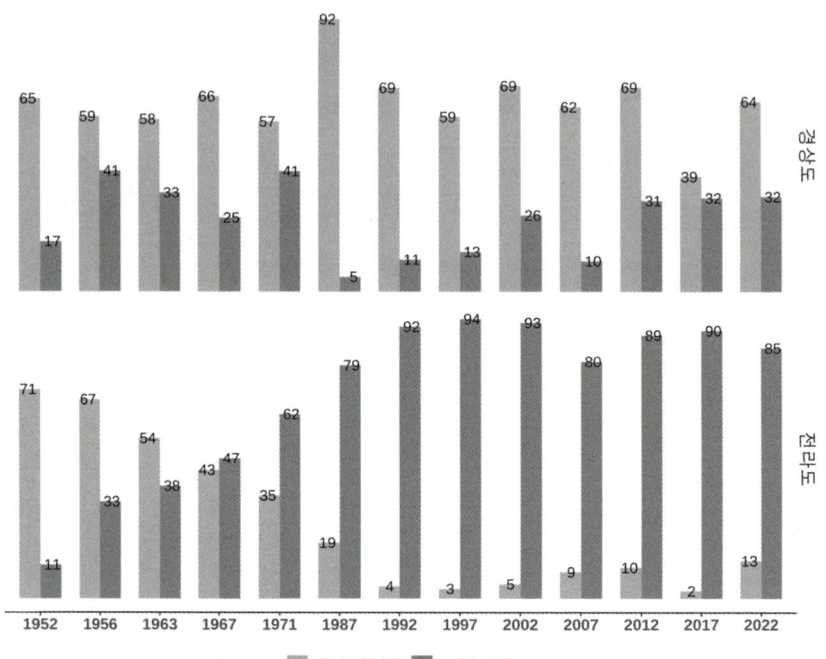

경상도

전라도

| | 1952 | 1956 | 1963 | 1967 | 1971 | 1987 | 1992 | 1997 | 2002 | 2007 | 2012 | 2017 | 2022 |

■ 국민의힘계열　■ 민주당계열

역대 선거에서 양대정당은 그 명칭은 바뀌었으나 사실상 같은 정당으로 간주됨. 자료: 중앙선거관리위원회

〈그림 4〉 역대 대선 양대정당후보의 지역별 득표율, 1951~2022년

을 훨씬 넘는 것으로 나타났다. 정치엘리트의 지역기반 득표 전략은 처음에는 이념과 정책에서 시작하나 차차 대중 수준으로 파급되어 감정적 대립으로 발전히며 이는 다시 정치엘리트 간 대립으로 상승된 결과였다.

Ⅲ. 자료와 변수 조작

본 연구가 활용한 여론조사는 2023년 1월 인구할당에 비례를 기반으로 수집된 응답자를 대상으로 비대면으로 실시되었다. 〈표 1〉은 본 연구의 18

개 변수에 대한 기술통계를 보여 준다. 우선, 지역호감도는 대상 지역 사람에 대한 호감도이며 0(매우 냉랭)에서 10(매우 가까움) 사이의 값으로 측정된

〈표 1〉 기술통계

변수명	사례수	평균	표준편차	최솟값	최댓값	오차
나이	1,391	50.07	15.21	18	85	0.41
성	1,391	1.51	0.50	1	2	0.01
최종학력	1,391	4.03	1.37	1	7	0.04
월소득	1,391	5165708	3036535	1000000	12000000	81417
정책 진보성향	1,391	0.49	0.13	0.00	1.00	0.00
이념성향	1,391	5.27	2.12	0	10	0.06
이념강도	1,391	1.88	1.16	1	5	0.03
이념 정체성	1,391	1.67	0.60	0	3	0.02
정책강도	1,391	0.44	0.21	0	1	0.01
정책 일관성	1,391	0.38	0.27	0	1	0.01
민주당 호감도	1,391	4.18	2.85	0	10	0.08
국민의힘 호감도	1,391	4.36	2.90	0	10	0.08
지역 정체성	1,391	0.45	0.19	0	1	0.01
전라도 호감도	1,391	4.62	2.23	0	10	0.06
경상도 호감도	1,391	5.30	2.06	0	10	0.06
정서적 양극화	1,391	3.93	3.13	0	10	0.08
지역 양극화	1,391	2.16	2.59	0	10	0.07

자료: 성균관대 SSK 한국리서치 2023년 1월 조사.

다. 지역 양극화는 전라도 호감도에서 경상도 호감도를 뺀 절댓값이다. 정당에 대한 호감도 역시 같은 방식으로 측정되었다. 정서적 양극화는 더불어민주당에 대한 호감도와 국민의힘 호감도의 격차이다.

몇 가지 주요 변수는 요인분석을 통해 얻은 잠재변수이다. 정책의 진보적 경향을 뜻하는 정책진보성향은 12개 설문을 대상으로 요인분석한 결과이다.[4] 지역 정체성과 이념정체성은 각각 3개의 설문을 요인분석하여 얻은 잠재 변수들이다. 정책선호의 일관성을 측정하는 정책일관성은 12개 정책의 중요성에 대한 설문을 찬성과 반대로 분류하여 합한 것으로, 12개 정책 모두에 대해 찬성하면 1, 모두 반대하면 0이 되도록 척도를 재조정한 결과이다. 정책강도는 12개 정책 각각에 대한 5개 응답 즉 "매우 찬성한다"(1), "찬성한다"(2), "찬성도 반대도 아니다"(3), "반대한다"(4), 그리고 "매우 반대한다"(5)을 반으로 접어 합한 값을 기반으로 한다. 모든 변수의 값은 0에서 1 구간에 있도록 재조정되었다.

1. 지역정체성

당파성이 정치 양극화를 견인한다면, 당파성을 정확히 측정하는 것도 중요하다(Greene 1999). 전통적으로 미시간 학파의 조사에서 당파성은 두 부분의 설문을 기반으로 한다. 두 단계는 어느 정당을 지지하는가의 집단소속감과 그에 따른 후속 설문으로 얼마나 강하게 지지하는가 즉 태도로 구

---

4 "귀하는 다음 각 질문에 대해 어떻게 생각하십니까" 설문(q20)의 하위 12개 설문은 국가보안법, 개성공단, 복지확대, 고소득 증세, 최저임금상향, 대기업규제, 부동산규제, 해외기업의 직접투자장려, 국내기업의 해외투자장려, 해외이주민유입장려, 해외기업의 국내기업합병 규제완화, 국내기업의 해외기업인수장려 등이다. 응답은 1) 매우 찬성 2) 찬성 3) 찬성도 반대도 아니다 4) 반대, 그리고 5) 매우 반대 등이다.

성된다. 그러나 미시간 학파의 정당일체감 이론은 당파성에 대한 미시적 근거가 빈약하다. 지지정당 여부와 그 강도가 과연 정당일체감을 제대로 측정하는 가에 대한 문제가 제기되었다. 그린(Green 1999, 2002)은 사회 정체성의 관점에서 당파성에 대한 보다 세밀한 측정방법을 제시했다(Huddy et al. 2015). 마찬가지로, 정체성의 시각에서도 지역주의를 접근하기 위해서는 세밀한 측정이 이루어져야 한다(김기동·이재묵 2022a).

한국의 지역주의를 분석한 대부분의 연구는 거주 혹은 출신지역을 묻는 단 하나의 설문 문항을 이용하여 지역주의가 개인의 정치적 선택에 미치는 결과를 논의하거나 예측해 왔다. 이러한 연구방법에는 두 가지 점에서 문제가 있다. 첫 번째, 지역 자체에 대한 질문으로 지역주의 정서나 지역감정을 측정하는 시도는 간접적 접근이다. 간접적 측정은 개인이 거주나 출신지에 대해 품는 감정을 지역 자체에서 모색하려는 것과 다르지 않다. 두 번째, 개인의 지역주의 태도 또는 지역감정을 이해하려면 개인이 거주지나 부모의 출신지역에 대해 갖는 태도를 설문할 필요가 있다.[5] 앞에서 논의한 바처럼 지역 정체성에서 정서적 양극화에 도달하는 과정의 첫 단추는 지역 정체성이다. 그것은 단순히 "집단의 이념이나 신조에 대한 집착이 아니라 사고를 초월하는 감정적 부착(attachments)"이다(Achen and Bartels 2016, 228). 지역

---

[5] 이는 정당일체감에 대한 측정도 비슷하게 측정된다(김기동·이재묵 2022a; Bankert et al. 2016). 사회 정체성 측정에 대한 상세한 논의는 그린(Greene 1999) 참조. 그린(Greene)의 제안에 따라, 지역집단의 정체성을 정의하는 첫 번째 순서는 지역사람들이 지역집단 소속감에 대해 어떻게 인지하는 지를 파악하는 것이다(Green 1999, 2002). 사회적 정체성이란 "개인이 한 집단에 속한다는 자아개념(self-concept)의 일부로 정의 가능한데, 자아개념은 집단 소속에 대한 지식과 구성원에 대한 가치와 감정적 중요성에서 온다"(Tajfel 1978, 63). 따라서, 단순히 개인의 지리적 소속이 지역집단의 구성원을 의미하지 않는다. 개인이 어떻게 인지하는지가 지역집단정체성의 본질적 요소이다. 위와 같은 개인의 집단적 일체감을 측정하는 데는 심리학에서 개발된 심리적 집단의 일체감(IDPSG, identification with a psychological group) 스케일이 이용된다. IDPSG를 구성하는 10개의 설문 항목은 개인이 집단에 대해 갖는 지식을 측정한다.

정체성 개념은 사회 정체성 이론의 입장에서 가정하는 잠재적 변수이다. 잠재적 변수를 포착하기 위해 본 연구는 세 가지 설문과 그에 대한 응답이 활용되었다. 지역주의 문헌은 최근까지 지역주의를 측정하지 않고 출신이나 거주 지역이란 간접적 측정 방식에 의존해 왔다. 이 연구들은 지역에 대한 개인의 태도를 직접적으로 관찰하지 않는다는 약점을 안고 있다.

김기동과 이재묵의 연구(2022a)는 2022년 대선 직후 실시된 여론조사에서 지역에 대한 태도를 직접 설문하여 측정하려고 시도했다. 정당일체감 연구가 정당에 대한 개인의 태도를 기초로 하는 것처럼 지역주의 역시 지역에 대한 태도를 매개하지 않는다면 개인의 지역주의 태도의 정치적 선택에 대한 연구는 미시적 근거가 취약하다. 지역주의를 출신지나 거주지를 통해 측정하는 간접추론은 방법론적으로 정밀하지 않다. 부정확한 측정에 기반한 개인의 정치적 선택과 지역에 대한 태도 사이의 관계는 제한적일 수밖에 없다. 지역주의에 대한 태도를 묻는 측정변수들은 지역주의라는 잠재 변수에 의해 영향을 받는 것으로 가정된다. 김기동과 이재묵의 연구(2022a)는 지역 정체성 측정을 사회정체성 연구에서 널리 쓰이는 방법을 따랐으며, 본 연구도 이러한 방법을 따른다(Greene 1999; Huddy et al. 2015; Mason 2018). 이들 연구는 네 개의 설문 문항을 활용해 정체성을 측정하려 했다. 본 연구가 의존한 조사에서 출신지역 정체성은 네 가지 설문으로 측정된다.[6] 첫째, 정당일체감이 특정 정당에 대한 친소감을 통해 드러나는 것

---

[6] 지역 정체성은 다음의 네 가지 문항을 이용하여 측정되었다: (1) "선생님께 그 지역[출신이라는/거주자라는] 사실이 얼마나 중요합니까?", (2) "그 지역 [출신이라는/거주자라는] 표현이 선생님을 얼마나 잘 표현합니까?", (3) "그 [출신/거주] 지역에 대해서 이야기하실 때, 선생님께서는 '그들'이라는 표현 대신 '우리'라는 표현을 얼마나 자주 사용하십니까?", (4) "선생님께서는 스스로가 그 지역 [출신이라는/거주자라는] 것을 평소에 어느 정도로 생각하십니까?" 네 가지 설문의 응답 간의 내적 일관성을 측정하는 알파값은 0.843이다. 0.7 이상이면 일관성이 높고 0.6 이하면 일관성이 낮다고 판정된다.

과 마찬가지로 지역의 중요성을 어떻게 인식하는가는 지역주의의 영향을 가늠하는 데 중요한 단서이다. 두 번째, 지역이 개인에게 어떤 의미를 갖는 지를 보기 위해 지역과 개인의 관계에 대한 설문이다. 세 번째, 출신지역이 집단 정체성을 형성하는 정도를 파악하고자 '우리'에 대한 인식을 설문한 다. 국내 심리학자들은 오래 전부터 지역 정체성을 위와 비슷한 개념을 기 반으로 설문해 왔다. 사회 정체성의 관점에서 본다면 이념도 하나의 정체성 이다(Mason 2018b). 본 연구의 또 다른 관심은 이념 정체성 변수를 구축하는 것이다. 많은 연구가 이념성향을 측정하기 위해 의존해 온 응답자 스스로가 응답한 이념성향(self-placement)은 구체적 정책 내용을 갖지 않는 점에서 정책적 차이를 밝히는 데 한계가 있다. 본 연구는 이념에 대해서도 네 가지 설문 문항을 통해 이념적 정체성을 측정했다. 이념적 정체성의 내적 일관성 (알파=0.775)은 지역 정체성의 그것(0.843)보다는 낮으나 여전히 높았다.

2. 영호남 지역감정 양극화

지역감정은 특정 지역 및 사람에 대해 느끼는 감정이다. 지역은 출신 또 는 거주지를 의미한다. 인구이동과 산업화 경험으로 개개인의 거주지와 출 신지가 불일치하는 경우가 적지 않다. 〈그림 5〉가 보여 주듯이, 응답자 구 성이 인구비례에 따르는 만큼 호남 거주(9.7%)는 양친이 호남 출신(22.3%)인 경우에 비해 크게 낮다. 경상도 역시 전라도에 비해 그 차이는 작지만 거주 지(25.1%)는 출신지(34.8%)에 비해 낮다. 한편, 수도권 거주(49.2%)는 서울 출 신(16.2%)에 비해 매우 높다. 응답자의 부모 출신 분포는 거주지에 비해 지 역 정체성을 더 잘 반영하며 유권자의 현실적 정치지형을 잘 보여 준다.

앞에서 논의된 바처럼 지역 정체성과 정서적 양극화를 매개하는 변수

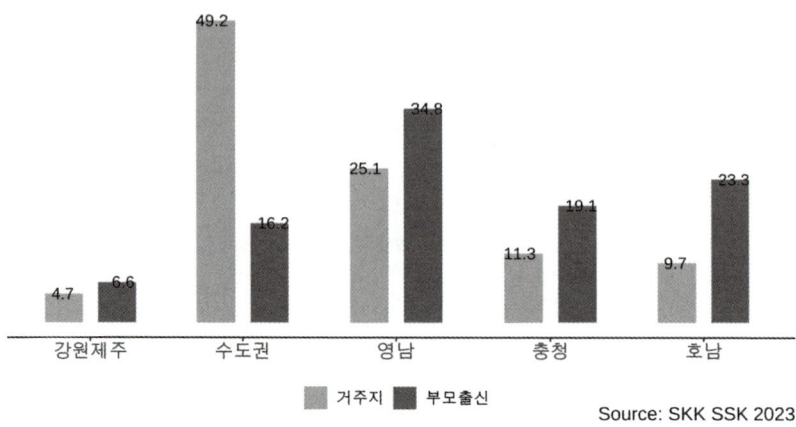

Source: SKK SSK 2023

〈그림 5〉주거지와 출신지 비중, %

는 지역감정 양극화이다. 지역감정 양극화는 호남과 영남 출신 개인이 자기 지역 사람과 상대지역 사람에 대한 호감도의 차이로 측정된다. 구체적으로, 경상도 출신 개인이 거주지와 관계없이 경상도 사람에 대한 감정온도에서 전라도 사람에 대한 감정온도를 뺀 절댓값이다. 전라도 출신 개인이 전라도 사람에 대한 호감도에서 경상도 사람에 대한 호감도를 뺀 절댓값이다. 이 절댓값이 클수록 지역감정 격차가 크다는 뜻이다. 그러나 응답자 가운데 부모가 경상도와 전라도 출신은 전체 인구에서 차지하는 비중이 약 58%로서 40%이상이 누락된다. 더구나 시지정당 분포에서 약 20%를 차지하는 무당층이 누락되는 관계로 최종 응답자 수는 327명으로 감소한다. 정당을 지지하지 않는 응답자는 정당에 대해 호감도가 없거나 미미하기 때문에 정서적 양극화에 영향을 주지 않으며 방법론적으로 이들의 누락은 불가피하다(Druckman and Levendusky 2019; 장승진·서정규 2019; 김기동·이재묵 2022a).

3. 정서적 양극화

정서적 양극화는 본 연구의 종속변수다. 이 변수는 더불어민주당 지지자와 국민의힘 지지자가 각각 자신이 지지하는 정당과 상대 정당에 대한 호감도의 격차를 절댓값으로 측정한 것이다. 즉, 지지정당이 있는 개인을 대상으로 자기당 편애와 반대당에 대한 반감의 정도를 측정한 것이다. 이는 2012년 아옝가 외(Iyengar et al. 2012)가 사용한 이후 널리 이용되어 왔다(Iyengar et al. 2019; Lelkes 2016; Lelkes and Westwood 2017; Westwood and Peterson 2022). 국내의 정서적 양극화에 대한 연구도 동일하게 측정해 종속변수로 사용되어 왔다(장승진·서정규 2019; 김기동·이재묵 2022b).

4. 이념과 정책선호

정서적 양극화를 이념이나 정책의 대립으로 보는 이론은 이념적 극단과 정책선호의 일관성에 주목한다. 이념이 극단적일수록 그리고 정책선호가 일관된 개인일수록 그렇지 않은 개인에 비해 당파성이 강하다(Bougher 2017). 이념이나 정책선호가 정서적 양극화에 영향을 준다는 기존 연구결과를 바탕으로 본 연구도 이념의 강도, 정책 일관성과 쟁점강도 등 변수를 포함한다. 정책 일관성은 콘버스(Converse 1964)가 지적한 바처럼 일반대중은 다양한 정책에 대해 일관되지 않다는 특성을 반영하기 위한 것이다. 따라서, 제약이 강한 개인일수록 제약을 받지 않는 유권자에 비해 '우리'와 '그들'을 더 분명히 구분한다(Kinder and Kalmoe 2017).[7] 이념강도는 이념정체

---

7 이념적 일관성은 두 가지 요소, 즉 정체성과 이념과의 결부(sorting) 및 이념적 제약(constraints)을 뜻한다(Lelkes 2016).

성을 측정하는 또 다른 방식이다(Mason 2015). 이는 응답자 스스로가 밝힌 이념척도에 기초한다. 0(가장 진보)에서 10(가장 보수)까지의 구간에서 응답자가 스스로 선택하는 이념을 반으로 접은 후 0과 1 구간으로 다시 조정한다. 조정 후 0과 10이 가장 극단적인 이념성향을 밝힌 응답자에게 1의 값을, "중도"인 5를 선택한 응답자는 0을 부과한다.

5. 정치 관여

정서적 양극화에 영향을 주는 요인으로는 정치 관여(deep involvement)의 역할이 널리 인정되어 왔다(Krupnikov and Ryan 2022; Rogowski and Suther-land 2016).[8] 관련 문헌은 전통적으로 정치에 대해 깊은 관심을 가진 유권자는 광범한 정치과정에서 역할을 할 것이라고 보았다(Berelson, Lazarsfeld, and McPhee 1954; Campbell, et al. 1960).[9] 정치 관여층은 정치에 관심이 별로 없는 사람에 비해 정치에 관심이 많은 개인을 의미한다. 개개인이 갖는 정치적 관심의 양을 측정하기 위해 설문조사에 포함된 "귀하는 정치에 얼마나 관심이 있으십니까?"의 설문을 이용한다. 또한 정보를 얻기 위해 소셜 미디어 등 온라인매체의 활용정도에 대한 설문도 변수로 측정한다.[10] 미디어노출의 빈도는 당파적 정보에 내한 손쉬운 접근을 의미하는 것이라면 온

---

8 정치 관여가 정서적 양극화에 대해 미치는 영향에 대한 상세한 논의는 Krupnikov and Ryan (2022) 참조. 이들은 당파적 분리가 아니라 정치가 삶에 중심이라고 생각하는, 즉 정치에 깊이 관여된 사람과 그렇지 않은 사람의 분리에 주목한다.

9 1954년의 전통적 문헌은 정치관여층은 다음과 같이 기술했다. "고도의 이해를 갖는 유권자들은 더 투표하고 캠페인에 대해 더 많이 알며 그리고 더 많이 읽고 듣고 더 참여한다. 그러나 그들은 덜 설득되며 바꾸려 하지 않는다"(Berelson, Lazarsfeld, and McPhee 1954, 314).

10 이는 다음 설문 "귀하께서는 이번 대통령 선거와 관련된 정보를 얻기 위해 SNS나 유튜브 등의 온라인 매체를 얼마나 활용하셨습니까?"이며 그에 대한 응답은 1) 매우 많이 활용했다 2) 활용하는 편이었다 3)별로 활용하지 않았다 4) 전혀 활용하지 않았다 등이다.

라인 매체의 의존도 차이는 당파적 감정을 강화시킬 수 있다. 이는 다시 정서적 양극화를 증대시킨다(Iyengar et al. 2019, 135). 정치적 관심이 많은 사람일수록 그렇지 않은 사람에 비해 당파적 감정이 강하기 쉬우며 이는 다시 자신의 지지정당이나 그 지지자에 대해 관대한 반면 반대정당 및 그 지지자에 대해 냉랭할 가능성이 높다. 2016년 국회의원 선거 당시 정서적 양극화를 종속변수로서 주목한 연구는 정치 관심도와 정치 지식에 대한 유권자의 차이가 정서적 양극화의 차이에 미치는 효과를 최대 12%라고 보고하였다(장승진·서정규 2019, 19). 정책선호의 일관성은 정치적 관심과 같은 방향으로 움직인다. 정치 관여층은 여러 가지 정책에 대해 일관된 태도를 갖는다 (Abramowitz and Sauders 2008; Baldassari and Gelman 2008; Achen and Bartels 2016).

IV. 회귀분석

본 연구에서 지역주의는 널리 알려진 바와 같이 영남과 호남 간에 형성되는 현상이다. 한국의 지역주의는 "영호남의 지역주의로 대표되고" 있다는 주장을 부정하기 어렵다(최장집 1991; 서경주 2002; 이갑윤·박정석 2011; 김용철·조영호 2015; 노기우·정민석·이현우 2018). 민주화 직후의 지역주의 문헌은 영호남 지역갈등과 관련 "대구경북지역은 호남을 철저히 배제하면서 다른 지역을 포섭"하여 생긴 것이라고 주장했다(김종철 1991, 25). 경상도와 "전라도와의 갈등은 경상도의 지역패권주의로 인해 피할 수 없다"고 평가되었다(남영신 1991, 33). 지역주의를 정치적 동원의 관점으로 본 연구는 한국선거에서 "가장 큰 영향을 미치는 것은 지역"이라고 평가했다(강명세 2001; 손호철 2017,

45). 여기서 지역은 바로 영호남을 의미한다. 현실적으로 영호남 외 다른 지역을 대표하는 정당은 현재 존재하지 않는다.

사회 정체성의 이전이라는 관점에서 볼 때도 본 논문의 회귀분석의 대상은 응답자의 부모가 영호남 출신으로 한정된다.[11] 즉, 부모 모두가 경상도 또는 전라도인 응답자 들이다. 출신지를 대상으로 삼은 이유는 사회적 정체성의 관점에서 보면 출신지 응답자(23.3%)는 소수의 거주지 응답자(약 9.7%)에 비해 가족소통이란 사회화 과정을 통해 지역 정체성을 전수했을 것으로 추정되기 때문이다(Jennings and Niemi 1981; Green et al. 2002; Achen and Bartels 2016).

통계분석은 두 종류 회귀모형을 제시한다. 첫 번째는 지역감정 양극화(모형 1)와 정서적 양극화(모형 2~5)를 각각 독립적으로 분석한다. 전통적 지역주의 문헌이 강조한 것과 마찬가지로 지역 정체성은 일단 영호남 감정 양극화에 영향을 줄 것으로 가정된다. 두 번째, 영호남 감정 양극화는 정치적으로 정서적 양극화에 영향을 준다고 가정된다. 지역 정체성은 영호남 감정의 양극화를 거쳐 정서적 양극화로 이어진다. 두 개의 종속변수, 즉 지역 간 호감도 차이를 측정한 지역감정온도 격차와 양대 정당간 호감도 격차인 정서적 양극화이다. 지역감정온도 격차를 예측하는 변수는 관심 변수인 지역 정체성과 이념극단성 외 기본적 인구학 변수 등이다. 한편, 정서적 양극화의 예측은 지역감정온도 격차, 지역정체성, 이념극단성, 및 정책선호 일관성 등이다.

〈표 2〉는 회귀분석의 다섯 모형을 출신지 응답자 집단에 적용한 결과이

---

11 김기동 외(2022) 연구는 출신지와 거주지의 정체성의 당파적 정체성에 대한 예측력을 비교하면서 출신지가 더 크다고 보고했다. 이들은 종속변수인 정서적 양극화는 본 연구와 동일하나 예측변수로는 정당일체감(지지정당), 거주지, 출신지 등에 주목한다.

다. 모든 회귀 값 추정은 예측변수의 최솟값에서 최댓값으로 증가할 때 종속변수에 미치는 효과를 의미한다. 첫 번째 모형과 나머지 네 모형의 종속변수는 각각 지역감정온도 격차와 정서적 양극화이다. 영호남지역 양극화 모형 (1)에 의하면, 지역감정 양극화는 세 가지 요인으로 설명된다. 첫 번째, 지역 정체성이 핵심적 역할을 한다. 그것이 최솟값 0에서 최댓값 1로 이동 시 영호남 지역감정 양극화를 0.51점 정도 움직인다. 두 번째로 관계가 높

〈표 2〉 영호남 정체성, 영호남양극화와 정서적 양극화

	지역 양극화 모형 (1)	정서적 양극화 모형 (2)	정서적 양극화 모형 (3)	정서적 양극화 모형 (4)	정서적 양극화 모형 (5)
지역 정체성	0.51 *** (0.06)	0.05 (0.06)		−0.17 ** (0.06)	−0.35 *** (0.07)
영호남 양극화			0.38 *** (0.05)	0.44 *** (0.05)	0.07 (0.11)
지역정체성 × 양극화					0.65*** (0.09)
나이	0.09 (0.07)	0.22 *** (0.07)	0.18 ** (0.06)	0.19 ** (0.06)	0.21 *** (0.06)
최종학력	0.03 (0.07)	−0.20 ** (0.07)	−0.21 *** (0.06)	−0.21 *** (0.06)	−0.23 *** (0.06)
월소득	0.05 (0.05)	0.14 ** (0.05)	0.13 ** (0.05)	0.12 * (0.05)	0.13 ** (0.05)
정치관심	0.08 (0.08)	0.14 (0.08)	0.13 (0.07)	0.10 (0.07)	0.07 (0.07)
이념 극단성	0.04 ** (0.01)	0.07 *** (0.01)	0.05 *** (0.01)	0.05 *** (0.01)	0.05 *** (0.01)
정책 극단성	0.20 * (0.08)	0.19 * (0.08)	0.11 (0.07)	0.11 (0.07)	0.10 (0.07)
N	327	327	327	327	327
R2	0.27	0.24	0.37	0.39	0.41

*** p<0.001; ** p<0.01; * p<0.05.

은 변수는 정책극단성이다. 정책극단성이 최솟값에서 최댓값으로 변할 경우 영호남 지역감정의 양극화는 0.20점 상승한다. 세 번째는 이념적극단성이다. 응답자의 이념이 중도인 0에서 극단인 1로 움직일 경우 영호남 지역감정 격차는 약 0.04점 높다. 그러나 인구학 요인은 어느 것도 영호남 지역감정 양극화를 설명하지 못한다.

모형 (2)부터 모형 (5)의 종속변수는 모두 정서적 양극화이다. 모형 (2)는 정서적 양극화에 대해 지역 양극화를 제외하고 지역 정체성을 포함한 다른 요인으로 회귀분석한 결과이다. 여기서 지역 정체성은 아무런 역할을 하지 않는 반면 나이(0.22), 학력(-0.20) 소득(0.14) 그리고 이념극단성(0.07) 등이 정서적 양극화와 통계적으로 유의미한 관련을 갖는다. 모형 (3)은 지역정체성은 지역양극화에 반영된다는 가정에 의해 지역 정체성 변수를 제외한 결과이다. 모형 (3)에서 가장 예측력이 높은 변수는 영호남 지역 양극화 변수다. 영호남 지역감정 양극화가 0에서 1로 상승할 때 민주당과 국민의힘에 대한 호감도 차이는 0.38점 높아진다. 두 번째로 관계가 강한 변수는 최종학력이다. 최저학력 응답자에 비해 최고학력의 응답자의 정서적 양극화는 0.21점 낮다. 세 번째는 지역정체성 요인이다.

모형 (4)는 지역정체성과 영호남 지역감정 양극화를 모두 포함한다. 모든 계수는 0에서 1 사이로 조정되어 최솟값에서 최댓값으로 전환할 때 정서적 양극화의 증감으로 해석된다. 영호남감정 격차는 0.44(se=0.05)로서 여전히 가장 크게 정서적 양극화 정도를 설명한다. 다음으로, 계수 크기를 비교하면 최종학력(0.21, se=0.06), 나이(0.19, se=0.06), 지역정체성(-0.17, se=0.06), 월소득(0.12, se=0.05), 그리고 이념극단성(0.05, se=0.01) 등의 순서이다.

모형 (5)는 지역정체성과 영호남 지역감정 양극화를 상호작용시킨 변수를 포함한 결과이다. 이는 앞에서 서술한 이론적 가정과는 달리 지역정체성이 지역감정 양극화와 상호작용하여 정서적 양극화에 미치는 효과를 보기 위한 것이다. 상호작용 변수는 최솟값에서 최댓값으로 이동하면 정서적 양극화는 0.65점 상승한다. 한편, 지역정체성이 최소에서 최대로 바뀌면 정서적 양극화는 0.35점 낮아진다. 상호작용 변수가 포함된 모형 (5)에서 지역양극화의 역할은 통계적으로 중요하지 않게 된다. 다른 인구학적 변수는 모형 (2)와 크게 다르지 않다. 정치관심 변수는 일관되게 통계적으로 중요하지 않은 것으로 나타났다. 나이, 최종학력, 그리고 월소득 등의 인구학적 요인들은 약간 상승하거나 감소하지만 모형 (2)나 모형 (3)과 크게 다르지 않다.

〈그림 6〉은 〈표 2〉의 회귀분석 모형 (4)와 상호작용 변수가 포함된 모형 (5)를 시각적으로 비교한 것으로 직관적 이해를 돕는다. 상호작용 변수가 포함된 모형 (5)에서는 지역양극화 변수의 설명력은 사라지고 대신 지역정체성은 부정적으로 방향이 바뀌며 상호작용 요인은 정서적 양극화 정도를

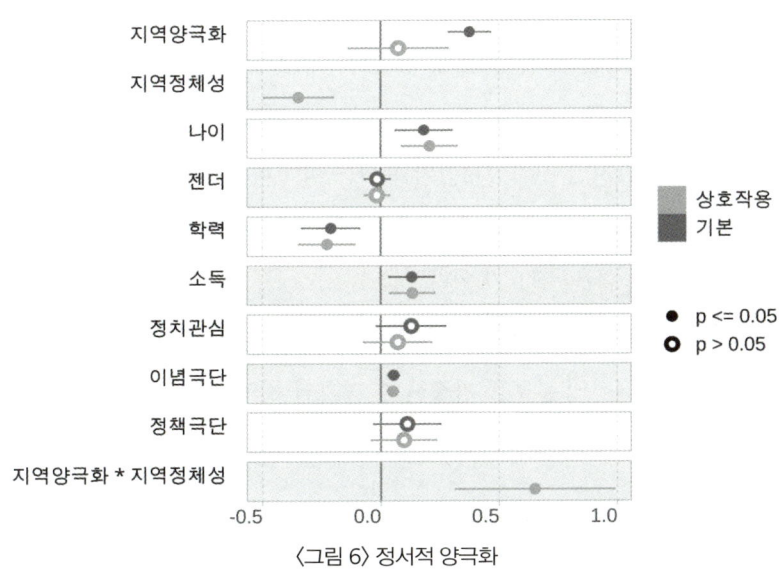

〈그림 6〉 정서적 양극화

가장 강력하게 설명하는 것으로 나타난다.

회귀분석 모형에서 상호작용 변수의 효과는 두 변수가 서로를 견제한다는 점에서 직관적으로 파악하는 것이 쉽지 않다.[12] 상호작용 변수가 정서적 양극화에 미치는 효과는 〈그림 7〉을 통해 보다 직관적으로 이해할 수 있다. 두 변수의 상호작용은 두 가지 해석이 가능하다(Gelman, Hill, and Venturi 2021). 다시 말해, 한 변수를 고정하고 다른 변수가 종속변수에 미치는 한계효과를 파악하는 것이다.

〈그림 7-A〉는 영호남 지역감정 양극화가 일정한 값에 고정될 때 지역정체성이 정서적 양극화에 미치는 한계효과이다. 수평 축은 영호남 지역감정 양극화의 분포이다. 지역감정 양극화가 가장 낮은 0일 경우가 가장 빈도수가 높으며 오른쪽으로 갈수록 양극화가 높아지는 빈도수는 대체로 감소한다. 95% 신뢰구간에서 지역정체성의 한계효과는 영호남 지역감정 양극화가 0.75 이상일 때 0에서 완전히 벗어난다. 이는 지역정체성이 정서적 양극화에 대해 효과를 가지려면 영호남감정 격차가 이미 상당한 수준에 있어야 한다는 점을 의미한다. 다시 말해, 정서적 양극화를 예측하는 것은 지역정체성이 아니라 영호남 지역감정 양극화이다. 응답자의 영호남 지역감정 양극화가 0.25미만이면 지역정체성의 효과는 마이너스에 머물러 있다. 이처럼 부의 효과는 본 연구의 가설이나 널리 알려진 지식과 부합하지 않는 점에서 신중하게 해석될 필요가 있다.

이 점은 〈그림 7-B〉에서 변수만 바꾸면 동일하다. 〈그림 7-B〉는 수평축에서 지역정체성의 분포를 가정한 후 영호남 지역감정 양극화가 정서적 양극화에 미치는 효과를 제시한다. 수평축의 지역정체성은 영호남 지역감

---

12 상호작용 해석의 난점에 대해서는 German and Hill(2007) 참고.

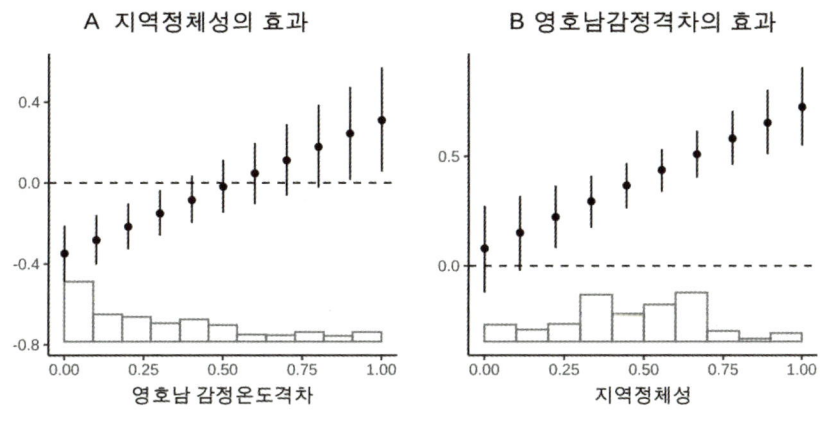

〈그림 7〉 정서적 양극화의 조건효과: 영호남 출신

정 양극화와 달리 비교적 중간 값에 많은 빈도가 모여 있다. 지역정체성이 어느 지점에 있든 영호남 지역감정 양극화가 커지면 정서적 양극화도 역시 강해진다. 구체적으로, 지역정체성이 0.25 이상인 응답자의 경우 영호남 지역감정 양극화의 증가는 수직축의 0과 교차하지 않는다. 아래에서는 지역정체성이 영호남 지역감정 양극화를 통해 정서적 양극화에 관계하는 가설을 검증한다.

구조방정식의 매개모형

구조방정식은 이러한 매개모형을 통계분석으로 처리하는 데 적합하다. 구조방정식 모형은 두 개의 방정식이 유기적으로 구성된다. 하나는 지역정체성이 주요 독립변수로서 영호남 지역감정 양극화를 설명하는 것이다. 두 번째, 여기서 얻은 영호남 지역감정 양극화는 다시 독립변수로 작용하여 정서적 양극화를 설명한다(부록 A 참조). 〈그림 8〉은 구조방정식 모형으로

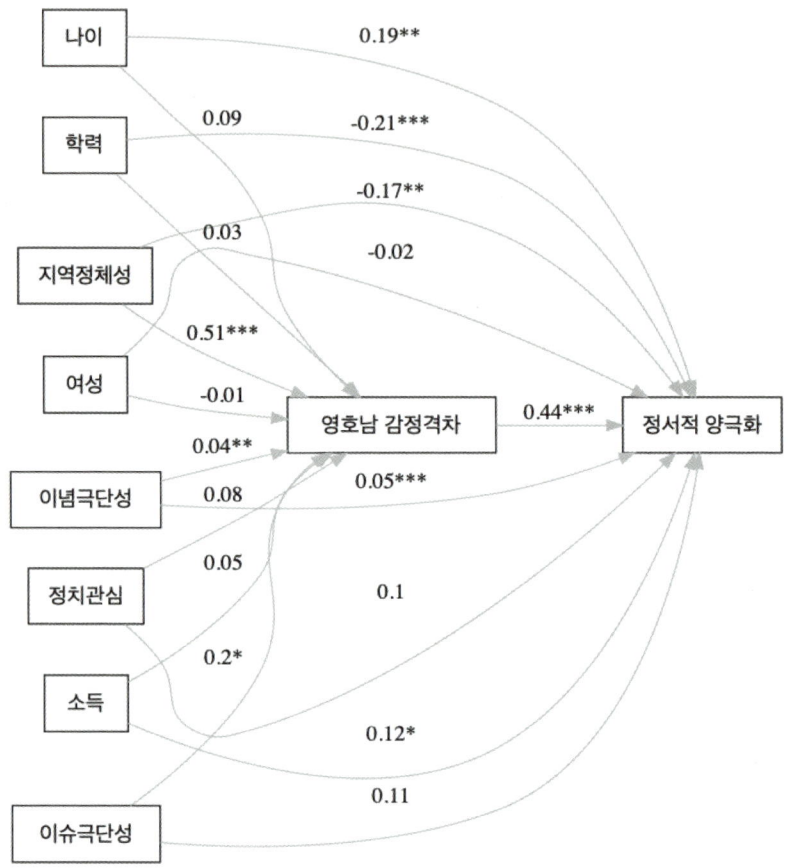

〈그림 8〉 지역 정체성과 영호남 감정격차가 정서적 양극화에 미치는 영향

***, **, *는 p값이 각각 0.001, 0.01, 0.05 미만임을 의미한다.

얻은 결과를 시각화한 것이다.

〈그림 8〉에서 별(*) 표시가 없으면 통계적으로 0.05(p-value) 수준에서 유의미하지 않다는 뜻이다. 예를 들어, 나이와 학력, 여성, 및 소득은 영호남 감정온도격차(지역감정 양극화)에 영향을 미치지 않는다. 지역정체성, 여성 및 이슈극단성은 정서적 양극화에 통계적으로 유의미한 영향을 미치지 않

는다. 지역정체성은 직간접적으로 정서적 양극화에 영향을 준다. 첫 번째, 지역정체성은 영호남 감정격차에 통계적으로 유의미한 영향을 준다(0.50, se=0.06). 영호남 감정격차는 다시 정서적 양극화에 통계적으로 유의미한 영향을 미친다(0.44, se=0.05). 따라서, 매개효과는 약 0.22(=0.50×0.44)이다. 나이는 정서적 양극화에 통계적으로 유의미한 영향을 미친다. 가장 젊은 이와 최고 연상자의 정서적 양극화 차이는 0.24이다. 최종학력에서 가장 저학력과 고학력자의 정서적 양극화 차이는 −0.16이다. 다시 말해, 고학력자의 정서적 양극화는 저학력자의 정서적 양극화에 비해 약 0.20 낮다(se= 0.06). 소득은 정서적 양극화를 강화시키며 최저소득자와 최고소득자의 차이는 0.12이다(se=0.05).

V. 결론 및 함의

본 연구는 국제비교에서도 매우 심각한 것으로 나타난 한국의 정서적 양극화의 원인을 설명하고자 했다. 지역주의 문제가 정치적으로 심각해지기 시작한 것은 민주화 이행 이후였다. 지역주의는 그 정확한 원인이 무엇이든 엄청난 정치적 결과를 낳는다는 점에서 지금까지도 한국정치의 가장 큰 균열구조를 형성한다. 본 연구는 지역정체성을 사회정체성의 하나로 가정하여 그것이 정서적 양극화에 미친 영향을 이해하고자 했다. 개인이 지역주의에 대해 갖는 태도는 지역정체성에 기반한다. 지역정체성이 강한 사람은 자기 출신이나 거주지에 대한 애착이 강하고 종종 다른 지역에 대해 배타적일 가능성이 높다. 특히, 영호남이 각기 지배적 정당과 밀착되어 있어 지속적으로 정치엘리트의 전략적 동원 대상이 되어 왔다는 사실을 생각하면 상대 지역에 대해 우호적이기 어렵다는 것은 쉽게 이해된다. 본 연구는 지역정체성의 정치적 영향을 중시하는 점에서 응답자 본인의 현재 거주지보다는 부모의 출신지역이 사회화에 영향을 주었을 것으로 간주했다. 지속적 인구이동으로 특히 호남의 거주인구는 출신인구의 절반에도 미치지 않는다. 그러나 거주지를 기준으로 해도 사례수는 줄어들지만 출신지를 기준으로 한 분석과 대동소이 했다.

본 논문의 통계분석 결과는 다음과 같이 정리된다. 우선, 지역정체성은 영호남 간 호감도 차이, 즉 영호남 지역감정 양극화 정도를 설명하는 데 핵심적 역할을 한다. 정서적 양극화에 가장 큰 영향을 미치는 요인은 영호남 지역감정 양극화이다. 정서적 양극화를 두 번째로 중요하게 설명하는 변수는 학력이다. 학력이 높은 사람일수록 정서적 양극화는 낮은 것으로 나타났다. 나이도 정서적 양극화를 설명하는 주요 변수 중 하나이다. 이념적 극단성도 정서적 양극화와 부분적으로 관계가 있는 것으로 나타났다.

본 연구는 관련 문헌이 정서적 양극화의 원인으로 제기해 온 이념적 양극화 가설도 검토했다. 이념적 극단성, 이슈의 일관성, 그리고 이슈의 극단성 등 정책이나 이념을 반영하는 변수들이 정서적 양극화와 맺는 관련성은 지역감정 양극화에 비해 훨씬 약한 것으로 나타났다. 이러한 비교는 이엥거 외(2019)가 지적한 바처럼 정치적 양극화는 일부가 주장하는 것처럼 이념적 양극화나 정책에 기반한 양극화와는 다르며, 사회 정체성에서 비롯된 것임을 보여 준다. 자신이 지지하지 않는 정당과 그 지지자에게 적대적인 이유는 이념이나 정책적 차이라기보다 자기집단의 의식에서 비롯되는 '그들'과 '우리'의 구분일 수 있다.

본 연구가 다루지 못해 앞으로 보다 깊은 논의가 필요한 부분도 있다. 지역정체성은 지역감정의 양극화를 설명하는 데 핵심적 역할을 하나 정서적 양극화와의 관계는 부정적인 것으로 나타났다. 본 연구가 제시한 가설의 예상과는 달리 지역정체성이 정서적 양극화에 부의 영향을 미치는 것은 향후 보다 세밀한 논의가 필요하다. 또한, 이론적 시야에서 엄밀한 인과관계를 논의하려면 경험적으로 실험연구나 패널 조사를 통해 보다 엄격하게 검토될 필요가 있다.

참고문헌

가상준. 2016. "정책영역별로 본 국회 양극화." 『OUGHTOPIA』 31(1): 327–354.

강명세. 2001. "지역주의는 언제 시작되었는가?" 『한국과 국제정치』 17(2): 127–158.

강원택. 2012. "제19대 국회의원의 이념 성향과 정책 태도." 『의정연구』 18(2): 5–38.

김기동·이재묵. 2021. "한국 유권자의 당파적 정체성과 정서적 양극화." 『한국정치학회보』 55(2): 57–87.

_____. 2022a. "한국 유권자의 지역정체성과 지역주의 태도." 『한국정치학회보』 56(1): 123–160.

_____. 2022b. "지역정체성, 당파적 정체성, 그리고 정서적 양극화." 『한국정당학회보』 55(2): 5–47.

김용철·조영호. 2015. "지역주의적 정치구도의 사회심리적 토대: '상징적 지역주의'로의 진화?" 『한국정당학회보』 14(1): 93–128.

김종철. 1991. "지역감정을 어떻게 볼 것인가?" 김종철, 최장집 편. 『지역감정연구』. 학민사: 서울.

남영신. 1992. 『지역패권주의 연구』. 학민사: 서울.

문우진. 2017. "지역주의 투표의 특징과 변화: 이론적 쟁점과 경험분석." 『의정연구』 23(1): 81–111.

민경환. 1991. "사회심리적으로 본 지역감정." 김종철, 최장집 편. 『지역감정연구』. 학민사: 서울.

박윤희·김민수·박원호·강신구·구본상. 2016. "제20대 국회의원 당선자 및 후보자의 이념성향과 정책태도." 『의정연구』 22(3): 117–157.

손호철. 2017. 『촛불혁명과 2017년체제』. 서강학술총서.

윤광일. 2012. "지역주의와 제19대 총선." 『대한정치학회보』 20(2): 113–138.

이갑윤·박정석. 2011. "지역민 호감도가 정당지지에 미치는 영향." 『한국과 국제정치』 27(3): 131-158.

장승진·서정규. 2019. "당파적 양극화의 이원적 구조: 정치적 정체성, 정책선호, 그리고 정치적 세련도." 『한국정당학회보』 18(3): 5-29.

장승진·장한일. 2020. "당파적 양극화의 비정치적 효과." 『한국정치학회보』 54(3): 153-173.

정동준. 2018. "2018년 지방선거 이후 유권자들의 정치양극화: 당파적 배열과 부정적 당파성을 중심으로." 『OUGHTOPIA』 33(3): 143-180.

최장집. 1991. "지역감정의 이데올로기적 기원." 김종철 최장집 편 『지역감정연구』 학민사: 서울.

Abramowitz, A. I. and Kyle L. Saunders. 2008. "Is Polarization a Myth?" *Journal of Politics.* 70(2).

Abramowitz, A. I., & Webster, S. 2016. "The Rise of Negative Partisanship and The Nationalization of US Elections in The 21st Century." *Electoral Studies.* 41, 12-22.

Achen, Christopher A., and Larry M. Bartels. 2016. *Democracy for Realists. Why Elections Do Not Produce Responsive Government.* Princeton University Press.

Ahler, D. J., & Sood, G. 2018. "The Parties in Our Heads: Misperceptions about Party Composition and Their Consequences." *Journal of Politics,* 80(3), 964-981.

Baldassari, Delia and Andrew Gelman. 2008. "Partisans without Constraint: Political Polarization and Trends in American Public Opinion." *American Journal of Sociology.* 114(2).

Berelson, Bernard R., Lazarsfeld, Paul F., and William N. McPhee. 1954. *Voting. A Study of Opinion Formation in a Presidential Campaign.* Chicago: University of Chicago Press.

Bougher, Lori D. 2017. "The Correlates of Discord: Identity, Issue Alignment, and Political Hostility in Polarized America." *Political Behavior.* 39: 731-762.

Davenport, L. 2016. "Beyond Black and White: Biracial Attitudes in Contemporary US Politics." *American Political Science Review.* 110(1), 52-67.

Egan, P. 2020. "Identity as a Dependent Variable: How Americans Shift Their Identities to Better Align with Their Politics." *American Journal of Political Science.* 64(3), 699-716.

Gelman, Andrew, Hill, Jennifer, and Aki Venturi. 2021. *Regression and Other Stories.* New York: Cambridge University Press.

Green, D., Palmquist, B., & Schickler, E. 2002. *Partisan hearts and minds.* London: Yale University Press.

Greene, S. 1999. "Understanding Party Identification: A Social Identity Approach." *Political Psychology.* 20(2), 393-403.

Hetherington, Marc J., and Jonathan Weiler. 2009. *Authoritarianism and Polarization in American Politics.* New York: Cambridge University Press.

Iyengar, S., Lelkes, Y., Levendusky, M., Malhotra, N., & Westwood, S. J. 2019. "The Origins and Consequences of Affective Polarization in The United States." *Annual Review of Political Science.* 22, 129-146.

Iyengar, S., Sood, G., & Lelkes, Y. 2012. "Affect, Not Ideology: A Social Identity Perspective on Polarization." *Public Opinion Quarterly.* 76(3), 405-431.

Iyengar, S., & Westwood, S. J. 2015. "Fear and Loathing across Party Lines: New Evidence on Group Polarization." *American Journal of Political Science.* 59(3), 690-707.

John V. Kane & Ian G. Anson. 2023. "Deficit Attention Disorder: Partisanship, Issue Importance and Concern about Government Overspending." *Political Behavior.* 45

Jennings, M. Kent, and Richard G. Niemi. 1968. "The Transmission of Political Values from Parents to Child." *American Political Science Review.* 62(1): 169-184.

Kalmoe, Nathan P., and Lilliana Mason. 2022. *Radical American Partisanship. Mapping Violent Hostility, Its Causes, and the Consequences for Democracy.* Chicago: University of Chicago Press.

Kinder, Donald R., and Kalmoe, Nathan P. 2017. *Neither Liberal Nor Conservative: Ideological Innocence in the American Public.* Chicago: University of Chicago Press.

Kingzette, Jon, Druckman, James N., Klar, Samara, Krupnikov, Yanna, Levendusky, Matthew, and John Barry Ryan. 2021. "How Affective Polarization undermines support for democratic norms." *Public Opinion Quarterly.* 85(2): 663-67.

Klar, S. 2018. "When Common Identities Decrease Trust: An Experimental Study of Partisan Women." *American Journal of Political Science.* 62(3), 610-622.

Krupnikov, Yanna, and John Barry Ryan. 2022. *The Other Divide: Polarization and Disengagement in American Politics.* New York: Cambridge University Press.

Kuziemko, I., & Washington, E. 2018. "Why Did The Democrats:ose the South? Bringing New Data to an Old Debate." *American Economic Review.* 108(10),

2830-2867.

Lelkes, Yphtach. 2016. "The Polls-Review. Mass Polarization: Manifestations and Measurements." *Public Opinion Quarterly.* 80: 392-410.

Levendusky, Matthew. 2009. *The Partisan Sort.* Chicago: University of Chicago Press.

Lodge, M., & Taber, C. S. 2013. *The Rationalizing Voter.* Cambridge: Cambridge University Press.

Margolis, M. 2018. *From Politics to the Pews: How Partisanship and the Political Environment Shape Religious Identity.* Chicago: University of Chicago Press.

McCoy, Jennifer, and Somer, Murat. 2019. "Toward a Theory of Pernicious Polarization and How It Harms Democracies: Comparative Evidence and Possible Remedies," *The ANNALS of the American Academy of Political and Social Science* 681(1): 243-71.

McCoy, Jennifer, Rahman, Tahmina, and Somer, Murat. 2018. "Polarization and the Global Crisis of Democracy: Common Patterns, Dynamics, and Pernicious Consequences for Democratic Politics." *American Behavioral Scientist.* 62(1): 16-42.

Robison, J., & Moskowitz, R. 2019. "The Group Basis of Partisan Affective Polarization." *Journal of Politics.* 81(3), 1075-1079.

Somer, Murat, and McCoy, J. 2019. "Transformation Through Polarizations and Global Threats to Democracy," *The ANNALS of the American Academy of Political and Social Science.* 681(1): 8-22.

_____. 2018. "Deja Vu? Polarization and Endangered Democracies in the 21st Century." *American Behavioral Scientist.* 62(1): 3-15.

Svolik, Milan. 2019. "Polarization versus Democracy." *Journal of Democracy.* 30(3): 20-32.

Tajfel, H. 1970. "Experiments in intergroup discrimination." *Scientific American.* 223 (5), 96-102.

Westwood, Sean J., and Erik Peterson. 2022. "The Inseparability of Race and Partisanship in the United States." *Political Behavior.* 44: 1125-1147.

〈부록 A〉

표 3. 지역정체성, 지역감정격차, 및 정서적 양극화

변수	계수추정값	z	p-value
정서적 양극화			
지역정체성	−0.152	−2.926	0.003
지역 감정격차	0.458	9.371	0
나이	0.147	3.178	0.001
여성	−0.047	−1.014	0.311
학력	−0.163	−3.493	0.0005
소득	0.119	2.425	0.015
이념극단성	0.243	4.800	0.00000
이슈극단성	0.084	1.657	0.097
지역 감정격차			
지역정체성	0.410	9.263	0
나이	0.068	1.201	0.230
여성	−0.050	−0.972	0.331
학력	0.039	0.723	0.469
소득	0.063	1.168	0.243
이념극단성	0.216	4.571	0.00000

자료: 성균관대학교 SSK 한국리서치 조사 2023

제5장

정서적 양극화의 시각에서 분석한 제21대 국회의원 선거 결과[1]

강명세(서울대학교) · 남윤민(공주대학교)

I. 서론

정치적 양극화는 21세기 정치의 가장 특징적 모습이다. 미국정치학은 특히 양극화에 대해 매우 우려하며 그 원인과 결과를 분석하기 위해 대규모 노력을 기울여 오고 있다.[2] 정서적 양극화는 미국과 같은 양당제 국가에서뿐만 아니라 유럽의 다당제 민주주의 국가에서도 나타나고 있다(Reiljan 2020; Westwood 2018). 이러한 정서적 양극화의 확산은 민주주의의 기능과 안정성을 위협하며(Druckman, Green, & Iyengar 2023), 장기적으로는 민주주의 후퇴를 초래할 수 있다는 우려가 제기되고 있다(Orhan 2022). 민주주의에서 선거는 유권자가 정책에 기반하여 합리적으로 선택하는 과정이며 이러한 선택은 정부의 책임성과 정책의 반응성을 보장하는 핵심적인 역할을 한다(Przeworski, Stokes, & Manin 1999). 하지만 최근 정서적 양극화로 인

---

[1] 본고는 『미래정치연구』 제13권 제1호(2023)에 게재된 논문을 수정한 것임.

[2] 최근 연구는 Druckman, Klar, Krupnikov, Levendusky, and Ryan 2024; Pierson and Schickler 2024 참고

해 선거에서 유권자가 정책에 대한 평가보다 상대 정당에 대한 부정적 감정을 투표에 반영하는 경향이 점점 커지고 있다(Medeiros & Noel 2014; Caruana et al. 2015; Mayer 2017; Bankert 2020; Garzia & Ferreira da Silva 2022). 이렇게 선거 과정에서 정서적으로 양극화된 유권자가 많아지면 정당들이나 정치인들은 합의를 추구할 동기를 상실하게 되고 정치적 교착 상태가 민주주의의 뉴노멀이 될 수 있다(Abramowitz & Webster 2016: 22).

그렇다면 한국에서 정서적 양극화는 선거에서 어떠한 영향을 주고 있는가? 본 연구는 제21대 국회의원 선거가 치러진 이후에 실시한 2021년 KGSS 설문조사를 활용하여 정서적 양극화가 제21대 총선에서 후보 지지에 어떠한 영향을 주었는지 분석하였다. 본 연구가 이용한 2021 한국종합사회조사(Korea General Social Survey, KGSS)는 주요 정당에 대한 감정 온도를 묻는 문항을 포함하여 한국에서 정서적 양극화을 이해하는 데 귀중한 경험적 자료를 제공하고 있다.[3]

특히 본 연구는 제21대 총선의 결과를 분석한 기존의 연구와 다르게 정서적 양극화가 정책적 차이와 독립적으로 나타난 점에 주목하였다. 제21대 국회의원 선거에 관한 선행연구가 제시했던 방역 대처를 포함한 다양한 정책 관련 변수들을 통제한 후 반대정당에 대한 적대감과 정당일체감이 후보 지지에 어떠한 영향을 미쳤는지 살펴보았다.

본 장의 제21대 국회의원 선거 결과 분석은 한국 유권자의 투표 행태에서 정부의 방역 대응, 저소득층 지원, 기본소득 등 주요 정책에 대한 회고적 평가보다 상대 당에 대한 적개심이 더 강력한 영향을 미쳤음을 발견하였

---

3 2021년 이전의 KGSS 조사에서는 주요 정당에 대한 감정 온도를 측정하지 않았다. 미국의 선거연구조사(ANES)는 정서적 양극화의 대표적 지표인 대통령후보 온도는 1968년부터, 미국의 정당온도는 1978년부터 측정을 시작하여 지금까지 계속하고 있다.

다. 구체적으로, 미래통합당에 대한 높은 적대감은 민주당 후보에 대한 선택 가능성을 높였으며, 반대로 민주당에 대한 적대감이 강할수록 미래통합당 후보에 대한 지지가 증가하는 경향이 관찰되었다. 특히 이러한 상대 정당에 대한 적대감은 지역주의의 영향보다도 후보 선택에 강력한 결정 요인으로 작용하고 있었다. 이는 한국 민주주의에서 '우리'에 대한 지지보다는 '그들'에 대한 적대감이 투표 기준으로 자리 잡아가고 있음을 실증적으로 보여 준다. 이러한 결과는 한국의 민주주의에서 선거가 지지하는 정당이 좋아서가 아니라 싫어하는 정당을 배제하기 위한 투표가 뉴노멀로 자리 잡을 수 있다는 우려를 불러일으킨다.

본 장은 논의는 다음과 같은 순서로 구성되어 있다. 제2절은 정서적 양극화의 개념과 제21대 국회의원 선거 결과에 관한 기존의 연구들을 검토하고 본 연구의 차별점을 제시하였다. 제3절은 본 연구가 사용하는 자료를 소개하고 정서적 양극화 등 주요 변수 측정에 대해 논의하였다. 제4절은 로짓분석 결과를 제시하며 직관적 이해를 높이기 위해 논의를 시각화하였다. 제4절에서는 로짓분석의 결과를 소개하고 민주당과 미래통합당 후보 선택의 요인으로 정책선호와 반대정당에 대한 적대감 그리고 정당일체감 등이 주요 정당 후보 선택에 미친 영향을 주요 변수의 한계효과(marginal effects)를 중심으로 비교 검토하였다. 마지막으로 제5절의 결론에서는 본문의 정서적 양극화 논의를 종합하고 정서적 양극화에 대한 국내연구의 발전 방향을 제시하였다.

II. 이론적 논의

1. 왜 정서적 양극화인가?

대중의 정서적 양극화는 미국정치학의 오랜 연구주제였으며 트럼프 당선 이후 더욱 두드러진 정치적 현상이 되었다.[4] 미국의 연구에서는 정서적 양극화를 "공화당이나 민주당에 대해 일체감을 갖는 사람들이 반대정당을 부정적으로 보고 같은 정당의 지지층을 긍정적으로 보는 경향"으로 정의한다(Iyengar and Westwood 2015, 691). 이처럼 정서적 양극화는 지지 정당에 대한 편향적 지지뿐만 아니라 반대정당에 대한 배타적 태도에 대한 것으로 관련 연구들은 정서적 양극화가 개인의 정치적 선택에 중요한 역할을 한다는 논의까지 발전하였다(Iyengar, Sood, and Lelkes 2012; Huddy, Mason, and Aaroe 2015; Mason 2015 2018).

미시간 학파는 1950~1960년대 미국의 선거 민주주의를 설명하기 위해 당파성에 주목하고 당파성이 정치적 행동을 설명하는 데 가장 핵심적인 역할을 한다고 주장하였다. 이후 당파성 논의는 투표 행태를 설명하는 전통적 이론으로 발전하였다(Campbell et al. 1960). 정당일체감은 종교나 인종 등을 포함한 집단정체성과 태도의 산물에 대한 것으로 미시간 학파의 기여는 정체성이 대중의 충성과 정치적 견해를 형성하는 가장 안정적 요인이라는

---

4 미국에서의 정치 양극화 관련 논의는 광범하며 최근의 저술은 다음과 같다: Druckman et. Al. (2024); Pierson and Schickler (2024); Curry and Lee (2020); Gerber and Schickler, eds (2017); Sides, Tausanovitch, and Vavreck(2022); McCarty (2019); Wolak(2020). 유럽에서도 대중적 양극화에 대한 연구가 증가하고 있다: Gidron, Adams and Horne (2020); Boxell, Gentzkow, and Shapiro (2020); Reiljan (2020); Ward and Tavits (2019); Westwood, Iyengar, Walgrave, Leonisio, Miller, and Strijbis (2018).

점을 제시했다는 점이다(Green, Palmquist, and Schickler 2002). 정서적 양극화 논의는 전통적인 미시간 학파가 간과했던 사회심리적 차원에 주목하여 그 논의를 더욱 정교화하였다(Iyengar et al. 2019).

특히 전후 나치의 극단적 행태에 대한 설명을 시도했던 사회심리학자들의 연구는 전통적 투표이론에 대한 시야를 확장시켰다. 이들 중에서도 가장 큰 영향력을 끼친 연구는 집단적 갈등에 주목했던 타즈펠과 터너의 연구였다(Tajfel and Turner 1979). 그들에 의하면 인간의 심리는 내집단(in-group)과 외집단(out-group)을 구분하여 내집단 구성원에게는 호의적인 반면 외집단에게는 차별적이라는 실험 결과를 제시했다. 개인은 나아가 상대적으로 내집단의 손실에 비해 외집단의 피해가 크다면 감수하는 상대적 이익을 추구한다는 것을 발견하였다.

이처럼 사회심리학은 정치적 정체성 논의가 가능할 수 있는 미시적 근거를 구축했다. 사회적 정체성 이론은 인간에는 사회심리적으로 내집단 편애와 외집단에 대한 배타적 태도가 공존한다고 보았다(Tajfel and Turner 1979). 나아가 내집단 편애보다 외집단에 대한 적대감이 정서적 양극화를 주도한다고 주장하였다(Lelkes, Sood, and Iyengar 2017). 정서적 양극화는 과거 양극화 이전에는 상호교차(cross-cutting)하고 있는 다양한 정체성이 공존하는 다원주의에서 정치적 당파성으로 중첩되어 하나의 메가 정체성(mega-identity)이 구축되는 현상이다(Levendusky 2009; Mason 2015). 정서적 양극화 주장에 따르면 당파성은 개인으로 하여금 정치엘리트의 신호(cues)에 대해 분노와 혐오(anger and antipathy)와 같은 부정적인 감정 반응을 불러일으킨다(Mason 2018). 이러한 감정적 반응은 궁극적으로 당파적 정체성에서 오는 것이며 정책적 차이와 독립적이며 나타난다(Green, Palmquist, and Schickler 2002; Iyengar et al. 2012; Webster 2020).

2. 제21대 국회의원 선거 결과에 관한 기존 연구 검토

투표이론에 정서적 양극화가 중요함에도 불구하고 국내 연구들은 선거 결과의 해석에 있어 정서적 양극화에 크게 주목하지 않았다. 최근 한국에서도 정서적 양극화에 관한 연구가 꾸준히 증가하고 있다. 기존의 연구들은 정서적 양극화의 양상을 설명하기 위해 정서적 양극화의 결정 요인을 탐구하거나 정서적 양극화가 초래하는 정치적 혹은 비정치적 효과를 살펴보았다(가상준 2020; 김기동·이재묵 2021; 2022; 장승진 2019; 장승진·서정규 2019; 장승진·장한일 2020). 정서적 양극화가 유권자의 투표 행태에 어떠한 영향을 주는지 분석한 연구들도 존재하지만(가상준 2023; 강명세 2022a; 2023) 정서적 양극화의 요인으로 지난 제21대 국회의원 선거 결과를 논의한 연구는 아직 없었다.[5]

제21대 국회의원 선거 결과에 대한 해석에서 선행연구는 크게 두 부류로 나눌 수 있다(강명세 2022a). 일부는 민주당 압승의 요인으로 회고적 평가의 관점에서 방역 평가나 야당 심판 요인에 주목하는가 하면 다른 일부는 정당일체감이 회고적 평가를 제어한다는 가설을 제시했다. 제21대 총선 결과를 논의한 다수 연구는 방역 평가가 민주당 압승을 이끌었다는 점을 주장했다. 신정섭(2020)은 방역 평가에 호의적일수록 민주당 후보를 지지한다는 점을 제시하면서 지난 총선 결과는 "정부의 대응을 평가하여 합리적으로 투표 결정을 한다."는 즉 회고적 투표였다고 주장한다(155). 그러나 그의 평가는 정당일체감 요인을 포함하지 않은 모형에 의존하는 점에서 정당일체감이 방역 평가에 미친 효과를 알 수 없다.

---

5   가상준(2021)의 연구는 제21대 국회의원 선거 결과에서 정서적 양극화를 논의하였지만, 정서적 양극화는 선거 결과가 아닌 사전투표 유권자의 특징을 설명하고 있다.

길정아·강원택(2020)은 방역 평가가 정당일체감의 제어를 받는 점에 주목하고 "대통령의 코로나 대응평가에 당파적 고려가 반영"되었다는 절충적 가설을 제시하였다(103). 그들은 제21대 총선에서 주요 정당 지지자들에게는 투표 선택에 코로나 대응평가의 영향력이 제한적으로 나타났음을 발견하였다. 박선경(2020)은 민주당 압승은 코로나 감염증 위기에서 투표변경(vote switching) 때문에 가능했다는 점을 제시했다. 그의 연구는 코로나 방역 평가와 야당 심판론의 상호작용 효과를 통해 이전 제20대 총선에서 민주당을 지지하지 않던 유권자들에게는 코로나 방역 평가보다 야당 심판이 더 큰 투표 선택의 요인이 되어 민주당 후보를 지지하게 되었음을 보여주었다. 강명세(2022b)는 당파성과 방역 평가의 상호작용에 주목하고 무당파가 방역 정책의 평가에 따라 민주당 후보를 지지하게 만들었음을 발견하였다. 한편 장승진(2020)은 제21대 총선에서 일차적인 선택 대상은 여야 정당에 대한 유권자의 회고적 평가이지만 대통령에 대한 회고적 평가 또한 중요한 요인임을 발견하였다. 여야 정치행태에 부정적인 유권자는 대통령의 국정운영에 기대어 정치적 선택을 했다는 것이다. 이처럼 제21대 총선 결과를 분석하는 다수 연구는 회고적 관점에서 대통령의 방역 대처와 정당일체감의 영향에 초점을 맞췄다.

이처럼 제21대 국회의원 선거 결과에 관한 기존의 연구들은 회고적 평가와 정당일체감 등 두 가지 요인에 초점을 맞추고 있었다. 하지만 지역주의 요소도 지난 총선 결과의 해석에서 간과할 수 없다. 한국 정치에서 지역주의에 관한 논의는 여전히 논쟁적이다. 일부는 지역 균열의 존재를 인정하는 한편(문우진 2017; 윤광일 2012; 이갑윤·박정석 2011; 허석재 2019), 다른 쪽에서는 노무현 당선 이후 지역주의는 약화되었다고 평가하거나(강원택 2003; 최준영·조진만 2005) 아예 없다는 주장도 제기되었다(최준영 2008). 최근의 연구에서는 지역정체성의 시각에서 당파적 태도는 출신지와 거주지 지역정체성에 따라 다르며 지역정체성의 정서적 양극화에 대한 효과는 지역과 지지 정당에서 각각 다르게 작동한다는 점을 제시했다(김기동·이재묵 2022). 제21대 총선 결과에서도 지역주의는 여전히 주목받는 요인이었다(강명세 2020). 정동준(2020)은 수도권 유권자의 제21대 총선에서의 투표 경향을 선거적 책임성과 정치적 정체성으로 분석하였다. 수도권 유권자에게 선거는 책임성의 도구로 사용하는 정도가 높았지만, 수도권에 거주 중인 영호남 출신의 유권자들은 수도권에 오래 거주했다고 하여도 출신 지역의 당파성은 여전히 높게 나타나고 있었다. 그는 출신지와 부모로부터의 사회화가 여전히 지역주의 투표를 이끄는 중요한 요인임을 제시하였다.

본 연구는 기존의 연구를 바탕으로 방역 평가와 같은 정책효과와 정당일체감 그리고 지역주의가 제21대 국회의원 선거 결과에 어떠한 영향을 미쳤는지 살펴볼 것이다. 나아가 본 연구는 기존의 연구가 간과했던 정서적 양극화에 주목하여 반대정당에 대한 부정적 감정이 유권자의 선택에 어떠한 영향을 주었는지 분석하였다. 본 연구는 정서적 양극화 현상으로 반대정당에 대한 부정적 감정이 기존의 연구가 주목했던 정책효과나 지역주의 정체성과 독립적으로 제21대 국회의원 선거 결과에 결정적 영향을 미쳤으며 정당일체감 못지않게 선거 결과에 중요한 요인이었음을 보여 줄 것이다.

III. 자료와 연구설계

본 연구가 활용한 자료는 2021년 8월 31일부터 11월 5일 사이에 1,205명을 상대로 실시한 한국종합사회조사(KGSS)이다. KGSS는 국내 다른 조사와는 달리 2003년부터 매년 또는 격년 단위로 정기적으로 조사를 실시해 오고 있다. 2021년 KGSS는 제21대 총선 결과를 분석하는 데 네 가지 측면에서 유용성을 갖는다. 첫째, 2021년 KGSS는 본 연구의 주요 독립변수인 정서적 양극화를 측정하기 위해 정당 온도 설문을 최초로 포함하여 정서적 양극화가 선거 결과에 미치는 영향을 논의할 수 있게 하였다. 둘째, 2021년 KGSS는 기본소득제도의 도입에 대한 선호의 문항을 포함하고 있다. 기본소득에 대한 많은 관심에도 불구하고 이전의 KGSS에서는 기본소득제에 대한 문항이 포함되지 않았었다. 기본소득제도는 진보세력이나 민주당 등이 주의를 기울이는 정책영역이다. 2021년 KGSS는 기본소득 도입과 관련하여 두 가지 문항을 제시하였다. 하나는 단순히 기본소득 도입에 대한 의견을 묻는 것이고 다른 하나는 기본소득이 조세에 기반할 때 그에 대한 의견을 묻는 것이다. 셋째, 2021년 KGSS는 정부 역할에 대한 풍부하고 대조적인 설문이 포함되어 관련 정책이 후보 지지에 미치는 영향을 가늠하게 해 준다.[6] 특히 정부 지출규모에 대한 문항은 정부 역할이나 재분배정책에 대한 대중적 선호를 파악하는 데 가장 널리 이용되어 온 자료이다(Boix 2003; Cameron 1978; Gilens 1999; Wilensky 1975). 넷째, 2021년 KGSS는 정부의 방역 대처에 관한 평가 문항을 포함하고 있어 코로나19 재난 위기에서 정부의 방역 대처가 정서적 양극화나 정당일체감과 어떻게 결합되어 제21대 총선 투표에 영향을 미쳤는지 파악할 수 있게 해 주었다.

본 연구의 종속변수는 21대 국회의원 선거에서 선택했던 정당 후보이다. 21대 국회의원 선거 당시 더불어민주당과 미래통합당 후보의 지지 여부를 각각 1(=지지한다)과 0(=지지하지 않는다)의 이분 변수로 코딩하였다.

---

6 국제사회조사(ISSP)는 정부역할 모듈은 1985, 1990, 1996, 그리고 2006년 네 차례 조사를 실시했다.

본 연구의 중요한 독립변수는 정서적 양극화이다. 2021년 KGSS는 더불어민주당과 국민의힘[7] 등 주요 정당에 대한 정당 온도 설문 방식으로 "좋아하거나 싫어하는 느낌"을 0(아주 싫어한다)부터 10(아주 좋아한다)까지 11점 척도로 조사했다. 정서적 양극화는 다양한 방식으로 측정할 수 있지만 주로 정당 온도 설문 방식이 많이 활용되고 있다(Druckman & Levendusky 2019). 본 연구도 정서적 양극화의 측정을 정당에 대한 감정 온도를 묻는 설문에 기반하고 있다. 기존의 연구들은 주로 내집단(in-group)으로 지지하는 정당과 외집단(out-group)으로 지지하지 않는 정당(들)의 감정 온도 차이로 정서적 양극화를 측정하였다(가상준 2020; 장승진 2019; 장승진·서정규 2019; 장승진·장한일 2020). 본 연구에서는 내집단의 편애보다 외집단에 대한 적대감이 정서적 양극화를 주도한다는 주장(Iyengar et al. 2012; 2017)에 따라 상대적 거리가 아닌 정당에 대한 절대적 감정 온도로 정서적 양극화의 측면인 반대정당에 대한 부정적 감정을 측정하였다. 본 연구에서는 해석의 편의를 위해 정당의 감정 온도를 0과 1사이의 값으로 재코딩했다.

본 연구의 또 다른 독립변수들은 정당일체감, 정부 정책의 효과, 이념 성향이다. 정당일체감은 "어느 정당을 지지하고 계십니까?" 설문에 기반하여 민주당, 미래통합당, 그리고 무당파 등 3개 범주의 변수로 구성하였다. 민주당 후보 지지 여부가 종속변수일 때는 민주당을 준거 집단으로, 미래통합당 지지 여부에는 미래통합당을 준거 집단으로 하였다.

정책의 효과를 분석하기 위해 2021년 KGSS에서 방역 대처에 대한 평가, 저소득지원정책, 그리고 기본소득제도 등에 대한 문항을 활용하였다. 방역

---

[7] 국민의힘은 제21대 총선 이후 2020년 9월 2일 미래통합당에서 현재의 당명으로 바꾸었다. 국민의힘이 인적 구성이나 정책 노선에서 제21대 총선 당시의 미래통합당을 계승한 것으로 가정한다.

대처는 "정부가 신종 코로나 감염증 대응을 잘하고 있다고 보십니까, 아니면 잘못하고 있다고 보십니까?"의 설문에는 '잘하고 있다(1)', '잘못하고 있다(2)', '어느 쪽도 아니다(3)' 등의 세 가지 응답이 제시되는데 편의상 '잘하고 있다'를 높은 순으로 하고 0에서 1 사이 구간으로 재코딩하였다.

저소득지원정책은 다음의 두 가지 문항을 활용하였다. '정부는 실업자들도 어느 정도의 생활 수준을 유지할 수 있도록 해야 한다.'와 '정부는 가난한 사람에게 주는 혜택을 줄여야 한다.'의 질문에 각각 '매우 찬성(1)'에서 '매우 반대(5)'까지 응답하였다. 두 문항은 저소득지원 방향에 맞게 응답을 합하고 0(지원반대)에서 1(지원찬성) 사이의 값으로 재코딩하였다.

문재인 정부가 최저임금 인상과 소득주도성장을 추진한 이후 재분배에 관한 관심이 크게 늘었고 이후 대표적 보편적 복지제도인 기본소득제도는 많은 관심을 받았다. 특히 문재인 정부는 2020년 4월 코로나19 감염병 위기의 경제적 고통을 해소하는 차원에서 전 국민을 대상으로 한 재난지원금 정책을 실시했다. 당시 기본소득당이 생겨나고 이재명 경기도지사와 김경수 경남도지사는 재난기본소득을 주장할 정도로 국민적 요구가 높았다. 당시 민주당의 잠재적 대선후보로 거론되던 이재명 경기도지사는 기본소득을 포함한 기본사회를 핵심 정책으로 제시하기도 했다. 2021년 KGSS는 기본소득세와 관련하여 두 가지 문항을 포함하고 있다. 우선 기본소득 도입에 대해 질문을 하고 연이어 세금 조달을 전제한 후 기본소득 도입에 대해 질문한 후 기본소득에 대한 태도를 '매우 반대(1)'부터 '매우 찬성(5)'까지 5점 척도로 측정하였다. 해석의 편의상 5점 척도를 0(매우 반대)에서 1(매우 찬성) 사이로 재코딩하였다.

이념 성향은 '자신이 정치적으로 어느 정도 진보적 또는 보수적이라고 생각하십니까?'의 질문에 '매우 진보(1)'부터 '매우 보수(5)'까지 5점 척도로 측정하였다.

분석을 위한 통제변수로 나이, 성별, 학력, 월 가구소득(만 원), 거주지역 등을 포함하였다. 지역은 서울과 경기는 수도권, 광주와 전라남북도는 호남, 대전과 세종 및 충청남북도는 충청, 대구와 부산 그리고 울산 및 경상남북도는 영남, 나머지는 기타지역으로 재분류하고 수도권을 준거 지역으로 하였다.

IV. 분석 결과

1. 로짓모형 결과

종속변수 즉 민주당이나 미래통합당 후보에 대한 지지 여부는 1(지지한다)과 0(지지하지 않는다)의 이분 변수이며 따라서 분석에는 로지스틱 회귀분석을 사용하였다. 제21대 총선 결과의 분석의 초점은 정서적 양극화이지만 선행연구의 논의를 따라 방역 대처, 정부지출, 저소득지원, 기본소득도입 등 정책에 대한 선호가 후보 지지에 어떤 영향을 주었는지도 논의하였다.

〈표 1〉의 로지스틱 회귀분석 결과는 네 가지 모형을 포함하는데 처음 세 모형은 민주당 후보 지지 여부를 종속변수로 하였다. 모형 ⑴은 기본모형으로 정서적 양극화 변수를 제외하고 정책변수와 통제변수만 포함하였다. 모형 ⑵는 기본모형에 정서적 양극화 변수를 추가하였고, 모형 ⑶은 모형 ⑵에 다시 정당일체감 변수를 추가하였다. 마지막 모형 ⑷는 모형 ⑶과 동일한 변수를 포함하였지만, 미래통합당 후보 지지 여부를 종속변수로 하였다. 〈표 1〉의 모든 모형 변수는 표준편차 2단위로 표준화되어 가변수처

럼 해석할 수 있으며 상호 비교가 가능하다. 로짓함수는 비선형이기 때문에 승산비(odds ratio) 또는 확률로 해석할 수 있다. 그러나 승산(odds) 및 승산비(odds ratio)는 해석이 직관적이지 않기 때문에 본 연구에서는 직관적으로 파악하기 쉬운 확률적 해석을 따른다(Gelman, Hill, and Vehtari 2022, 220–221).

〈표 1〉의 모형 (1)은 가장 기본적 모형으로 민주당 후보 지지의 예측변수는 정책의 효과와 통제변수에서 사회인구학적 요인과 거주지역 등에 국한하였다. 정부 정책의 효과로는 방역 대처가 통계적 유의성 0.1% 수준에서 약 15.8% 포인트 높았다. 즉 방역 대처를 지지하는 유권자는 방역 대처에 비관적인 유권자에 비해 민주당 후보를 지지 가능성이 약 15.8% 높은 것이다. 그리고 저소득지원에 대한 선호가 민주당 후보 지지에 통계적 유의성 5% 수준에서 긍정적으로 반응하였다. 저소득지원정책을 적극 지지하는 유권자는 반대하는 유권자에 비해 민주당 후보를 지지할 가능성은 약 10% 상승하였다.

모형 (1)에서 정책이나 정부 성과에 대한 평가보다 민주당 지지에 강한 영향력을 행사하는 요인은 이념 성향이었다. 이념 성향의 평균(2.95)에서 표준편차(0.97)가 낮은 진보적 유권자는 표준편차 하나 많은 보수적 유권자에 비해 민주당을 지지할 가능성은 약 43% 높았다.[8] 그러나 모형 (1)에서 가장 중요한 요인은 거주지역이었다. 호남 거주 유권자의 민주당 후보 지지 확률은 수도권 유권자에 비해 약 67% 포인트 높았다. 충청거주 유권자는 수도권 유권자에 비해 약 41% 포인트 높았다. 영남 유권자의 민주당 지지 가능

---

8 로짓함수에서 계수에 대한 손쉬운 해석은 계수를 4로 나누면 예측변수 한 단위가 변할 때 y=1(여기서는 민주당후보 지지)이 될 수 있는 가능한 최대의 차이가 나오며 해석에 편리하다 ("divide-by-4 rule", Gelman and Hill 2007, 82). 선형결합의 크기가 변하면 기울기가 변하는 로짓함수에서 logit(0.5)=0일 때 기울기가 가장 가파르다.

<표 1> 정당 후보 지지의 예측요인(종속변수: 민주당 또는 미래통합당)

	(1) 민주당 후보	(2) 민주당 후보	(3) 민주당 후보	(4) 미래당 후보
정서적 양극화				
미래통합당 적대감		2.45*** (0.29)	1.99*** (0.35)	−0.96** (0.29)
민주당 적대감		−2.97*** (0.29)	−1.99*** (0.37)	1.42*** (0.29)
정당 일체감				
민주당				−1.88*** (0.40)
미래통합당			−2.28*** (0.39)	
무당파			−1.41*** (0.36)	−1.07** (0.33)
정책의 효과				
방역대처	0.63*** (0.18)	−0.10 (0.23)	0.78 (0.56)	0.45 (0.26)
저소득지원	0.40* (0.19)	0.45 (0.23)	0.64* (0.29)	−0.60* (0.25)
기본소득	0.26 (0.18)	−0.16 (0.23)	−0.30 (0.27)	−0.04 (0.24)
이념성향	−1.70*** (0.20)	−0.86*** (0.25)	−0.26 (0.33)	−0.15 (0.26)
방역대처×민주당				−1.06 (0.72)
방역대처×미래통합당			−1.29 (0.67)	
방역대처×무당파			−0.57 (0.74)	0.51 (0.62)
통제변수				
여성	0.25 (0.17)	0.20 (0.22)	0.15 (0.26)	−0.36 (0.23)
나이	−0.83*** (0.25)	−0.90** (0.31)	−0.90* (0.37)	0.63 (0.32)
최종학력	−0.25 (0.23)	−0.41 (0.29)	−0.21 (0.34)	−0.36 (0.29)
월 가구소득	0.07 (0.20)	−0.15 (0.25)	−0.18 (0.31)	0.07 (0.26)
충청	1.63*** (0.33)	1.49*** (0.41)	1.37** (0.42)	−1.57** (0.52)
호남	2.69*** (0.51)	1.84** (0.58)	1.69** (0.58)	−2.71* (1.08)
영남	−0.84*** (0.21)	−0.59* (0.26)	1.02 (0.61)	−0.37 (0.52)
기타지역	0.10 (0.42)	0.84 (0.56)	−0.45 (0.28)	−0.04 (0.23)
상수	0.07 (0.12)	0.10 (0.14)	1.50*** (0.30)	−0.21 (0.23)
N	850	841	733	733
AIC	855.09	606.37	457.06	567.32
Pseudo R2	0.45	0.67	0.74	0.55

*** p<0.001, ** p<0.01, * p<0.05 / 가변수를 제외한 모든 변수는 표준화(n,sd=2)

성은 수도권 유권자에 비해 21% 포인트 낮았다. 사회인구학적 요인 가운데 유일하게 나이 변수가 통계적으로 0.1% 수준에서 유의미하게 음의 관계로 민주당 후보 지지와 상관관계가 있었다. 즉 나이가 어릴수록 민주당을 지지하지 않는 것으로 나타났다.

모형 (2)는 기본모형에 정서적 양극화의 측면인 민주당과 미래통합당에 대한 적대감을 포함하였다. 이때 모형 (1)과 몇 가지 중요한 차이가 나타난다. 가장 큰 차이는 기본적 모형 (1)에서 민주당과 미래통합당에 대한 적대감 변수들을 추가하면 방역 대처, 저소득지원 등 정책적 요인 효과의 통계적 유의미성이 사라진다는 점이다. 둘째, 이념 성향 효과는 통계적으로 여전히 0.1% 수준에서 유의미하나 계수는 −1.70에서 −0.86으로 크게 줄어들었다. 민주당 후보 지지와 관련 진보성향 유권자와 보수성향 유권자의 차이는 약 21.5%였다. 셋째, 거주지역 효과에서 호남 거주의 효과는 통계적으로 1% 수준 그리고 영남 거주의 효과는 5% 수준에서 여전히 유의미하였지만, 거주지역 효과의 크기는 충청, 호남 및 영남 등 모두에서 감소했다. 넷째, 가장 중요한 현상은 미래통합당에 대한 적대감이 민주당 후보 지지에서 가장 중요해진다는 점이다. 미래통합당에 대한 적대감은 평균(5.45)에서 표준편차(2.41)를 더하면 미래통합당을 아주 싫어하는 유권자(7.86)이고 표준편차를 빼면 미래통합당에 호의적인 유권사(3.04)이다. 다른 조건이 같을 때 미래통합당을 아주 싫어하는 사람이 민주당 후보를 지지할 가능성은 미래통합당을 좋아하는 사람에 비해 약 61% 높았다. 즉 제21대 총선에서 민주당 후보 지지요인을 설명하는 다양한 변수 중 정서적 양극화의 측면인 반대정당에 대한 적대감이 가장 강한 영향력을 가지고 있었다.

모형 (3)은 모형 (2)에 정당일체감을 추가하고 코로나19 질병 재난 위기를 감안하여 정부의 코로나19 재난대처에 대한 방역 평가에 정당일체감이 얼마나 개입하는지를 파악하기 위해 두 변수의 상호작용을 추가했다. 이는 정부의 방역 대처에 대한 평가에 정당일체감이 영향을 준다는 기존의 연구에 따른 것이다(길정아·강원택 2020). 정서적 양극화을 나타내는 정당에 대한 감정은 정당일체감과 밀접히 연관되지만 동일한 것이 아니다. 논리적으로 정당에 대한 감정은 정당일체감에서 나온다. 정당일체감은 오랜 세월을 거쳐 형성되며 정당일체감이 안정적인 개인은 자신의 정당에 대해서는 편애하는 동시에 반대정당에 대해 부정적이다(Iyengar et al. 2012; 2019). 이 때문에 정당일체감이 개입할 경우 정당에 대한 감점의 효과에 변화가 생기는지에 주목할 필요가 있다.

민주당 지지자를 준거로 할 때 무당파는 통계적 유의미성 1% 수준에서 미래통합당 지지자는 0.1% 수준에서 민주당 후보를 지지하지 않았다. 무당파 유권자가 민주당 후보를 지지할 가능성은 민주당 지지자에 비해 약 35% 포인트 낮았다. 한편 미래통합당 지지자는 민주당 지지자에 비해 민주당 후보를 지지할 확률은 약 58% 포인트 낮았다. 다만 코로나19 질병 재난 위기에 대한 정부의 방역 대처 효과와 정당일체감 간의 상호작용은 통계적으로 유의미하지 않았다. 본 연구의 분석 결과는 신정섭(2020) 등의 선행연구와 다르게 방역 대처 효과는 민주당 후보 지지에 영향을 주지 않은 것으로 나타났다.

모형 (3)과 모형 (4)는 각각 민주당 후보와 미래통합당 후보 지지를 종속변수로 하며 동일한 설명변수를 사용하였다. 따라서 이 두 모형을 비교하면 정당별 후보 지지에 미치는 요인이 어떻게 다른지 이해할 수 있다. 민주당 후보 선택에 가장 강력한 예측요인은 미래통합당 지지(b=-2.28)였다. 그 다음으로 미래통합당에 대한 적대감(b=1.99)이었다. 한편 미래통합당 후보 선택에 가장 강력한 예측요인은 민주당 지지(b=-1.88)와 민주당에 대한 적대감(b=-1.42) 순이었다. 이처럼 민주당 후보와 미래통합당 후보에게 공통적으로 나타나는 강력한 요인은 각 정당에 대한 일체감과 반대정당에 대한 부정적 감정 즉 정서적 양극화였다. 모형 (3)과 모형 (4)에서 주목할 점은 여전히 제21대 총선에서 지역주의는 중요한 설명력을 가지고 있었다. 비록 영남지역은 양당 후보 선택에 통계적으로 유의미한 수준에 미달하였지만 호남지역은 양당 후보 선택에 유의미한 예측요인이었다.

2. 민주당 후보와 미래통합당 후보 지지요인 비교

〈그림 1〉은 〈표 1〉의 모형 (3)과 (4)를 바탕으로 저소득지원정책, 정당일체감, 그리고 반대당에 대한 적대감 등이 민주당과 미래통합당 후보 지지에 미친 효과를 비교하고 있다. 각 변수의 효과를 비교하기 위해 다른 요인을 평균값에 고정한 뒤 얻은 한계효과를 지지확률로 계산하여 이를 시각화한 것이다. 그래프는 95% 신뢰구간의 띠를 둘렀고 신뢰구간 주위의 숫자는 지지확률을 표시했다.[9] 〈표 1〉에서 계수의 규모가 크고 통계적으로 유의미한 경우 해당 변수가 한 단위 변하면 그에 따라 후보 지지 확률이 크게 변화한다. 〈그림 1〉의 왼쪽 열 그림 3개는 민주당 후보 지지, 오른쪽 열의 그림 3개는 미래통합당 후보 지지이다.

〈그림 1〉의 A와 B는 저소득지원 정책이 민주당과 미래통합당 후보 지지에 미치는 효과의 비교이다. A에 따르면 저소득지원을 반대하는 유권자도

---

[9] 〈그림 1〉에서 방역 대처 평가(A)와 기본소득도입(B) 효과는 이들 변수가 통계적으로 유의미하지 않지만, 주요 효과와의 비교를 위해 포함했다. 〈그림 1〉의 B는 기본소득 도입에 대한 찬반이 민주당 후보 지지에 미치는 효과를 보여 주는데 찬성과 반대에 따른 지지확률의 차이는 약 9% 포인트이다. 차이가 10% 포인트 미만인 것은 〈표 1〉에서 본 바처럼 통계적 유의성이 없다는 점에서 알 수 있다.

민주당 후보를 지지할 확률은 63%였고 저소득지원에 찬성하는 유권자의 민주당 후보 지지 가능성은 92%였다. 민주당 후보 선택에서 저소득지원에 대한 정책적 선호는 반대와 찬성의 차이가 29%(=92%-63%)로 나타났다. 한편 B에서 나타난 미래통합당 후보 지지에서는 저소득지원에 반대하는 유권자가 미래통합당 후보를 지지할 가능성이 69%라면 저소득지원에 찬성하는 유권자가 미래통합당 후보를 지지할 가능성은 26%에 불과했다. 미래통합당 후보 선택에서 저소득지원에 대한 정책적 선호는 반대와 찬성의 차이가 33%(=69%-26%)로 나타났다. 저소득지원정책에 대한 개인적 선호 변화에 따라 민주당 후보와 미래통합당 후보를 지지하는 큰 차이가 없었다. 즉 저소득지원과 같은 정책 이슈는 지난 20대 총선에서 후보 선택에 중대한 요인은 아니었다.

〈그림 1〉 C와 D의 민주당과 미래통합당에 대한 정당일체감의 효과는 유사하게 나타나지만, 정당일체감이 각 정당 후보에 미치는 효과의 크기는 차이가 있었다. 민주당에 정당일체감을 갖는 민주당 지지자는 민주당 후보를 지지할 확률이 81%였지만 미래통합당에 정당일체감을 갖는 미래통합당 지지자가 미래통합당 후보를 지지할 확률은 45%에 불과하였다. 반면 민주당 지지자가 미래통합당 후보를 선택할 확률은 9%로 낮았지만 미래통합당 지지자가 민주당 후보를 선택할 확률은 31%에 이르렀다. 아무 정당도 지지하지 않는 무당파가 민주당 후보를 지지할 확률은 52%나 되었던 반면에 무당파가 미래통합당 후보를 지지할 확률은 23%로 낮게 나타났다. 이처럼 민주당 지지자는 물론 무당파조차 민주당 후보를 지지할 확률이 높았지만, 미래통합당 후보는 무당파는 물론이고 미래통합당 지지자들에게 조차 선택받을 확률이 과반에 이르지 못했다. 이는 지난 제21대 총선에서는 민주당의 압승을 가능하게 했던 요인이라고 할 수 있다. 이러한 결과는

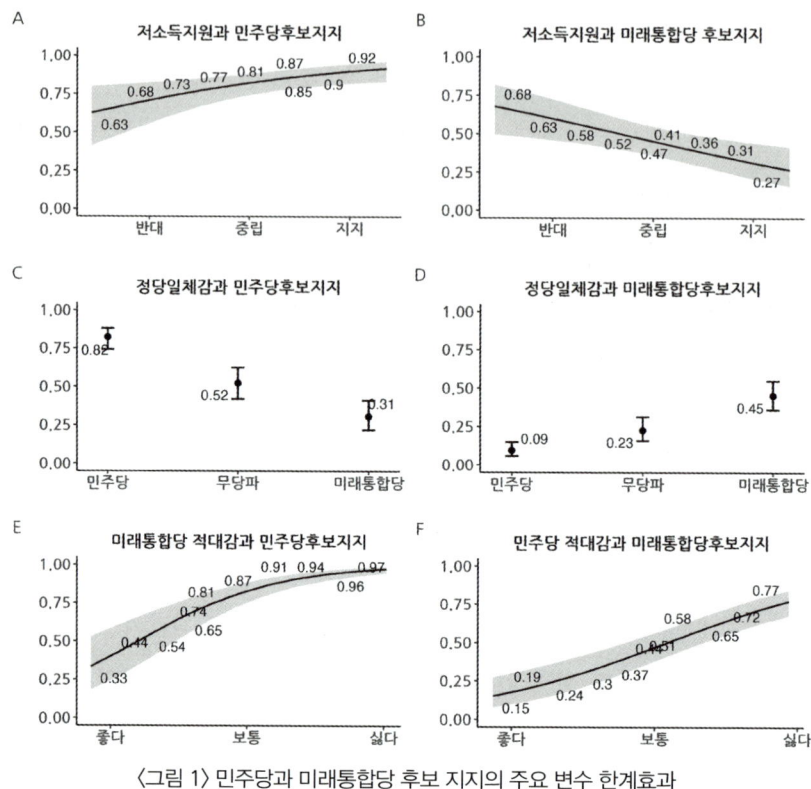

〈그림 1〉 민주당과 미래통합당 후보 지지의 주요 변수 한계효과

제21대 총선에서 민주당 압승에는 야당 심판론이 가장 핵심 요인이며 방역 평가는 부차적이었고 무당층의 민주당 지지가 민주당 압승 요인이라는 일부 연구의 주장을 뒷받침하고 있다(박선경 2020; 장승진 2020).

〈그림 1〉의 E는 미래통합당에 대한 적대감이 호의적에서 중립을 지나 적대적으로 바뀔 때 민주당 후보 지지의 변화를 보여 준다. F는 민주당에 대한 적대감이 높아질 때 미래통합당 후보 지지에 미치는 변화를 보여 준다. E의 그래프 기울기는 F의 기울기보다 가파르게 상승하고 있음을 알 수 있다. 미래통합당에 정서적으로 호의적인 유권자가 민주당 후보를 지지할 가

능성은 33%인데 비해 미래통합당에 중립적 유권자의 지지 확률은 87%로 급상승하였다. 중립적 유권자에서 미래통합당에 적대적인 유권자의 민주당 후보 지지 확률은 약 10% 포인트 상승하여 97%에 도달하였다. 한편 민주당에 대한 적대감이 미래통합당 후보 지지에 주는 변화를 보면 민주당에 호의적인 유권자의 후보 지지는 약 15%, 중립적 유권자는 약 30% 포인트 상승하여 44%에 이른다. 민주당에 적대감이 있는 유권자가 미래통합당 후보를 지지할 확률은 약 78%였다. 미래통합당 후보 지지 변화는 민주당 후보 지지와는 달리 완만한 증가세를 보인다. 이러한 반대정당에 대한 적대감의 기울기 차이를 통해 미래통합당에 부정적으로 느끼는 유권자는 민주당 후보를 적극적으로 지지했다면 민주당에 부정적인 유권자가 미래통합당 지지는 상대적으로 소극적이었다는 점을 알 수 있다. 즉 정서적 양극화의 측면으로 반대 정당에 대한 부정적 감정이 민주당 후보 지지에서 더 강력하게 작용하였다.

〈그림 1〉에서는 하나의 변수가 그 외 변수를 평균값에 고정한 다음 해당 변수가 민주당과 미래통합당 후보 지지에 미치는 한계효과를 직관적으로 보여 주지만, 또 다른 주요 변수의 변화로 인해 생기는 민주당과 미래통합당 후보 지지의 확률변화를 볼 수 없다는 한계가 있다. 〈그림 2〉는 〈그림 1〉의 이러한 한계를 보완하였다. 즉 〈표 1〉의 모형 (3)과 (4)에서 통계적으로 유의미한 효과를 나타낸 4개 변수인 반대정당에 대한 적대감, 정당일체감, 저소득지원, 그리고 거주지역 등이 민주당과 미래통합당에 미치는 영향을 구체적으로 비교하기 위해 각 당에 대한 각 변수의 효과를 시각화하였다.

〈그림 2〉의 왼쪽 열 4개 그림(A, C, E, G)은 민주당 후보, 오른쪽 열 4개 그림(B, D, F, H)은 미래통합당 후보 지지에 대한 그래프이다. 그림 속 그래프

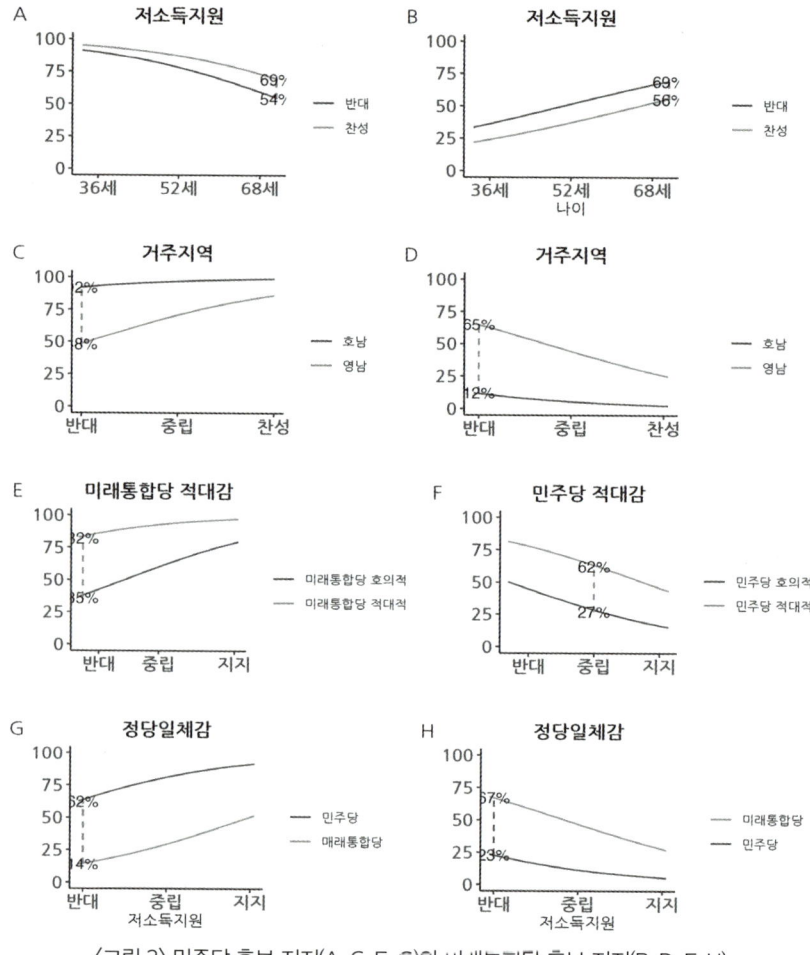

〈그림 2〉 민주당 후보 지지(A, C, E, G)와 미래통합당 후보 지지(B, D, F, H)

라인에 나타난 숫자는 가장 격차가 큰 지지확률을 뜻한다. 저소득층지원이 후보 지지에 주는 효과는 나이를 수평축으로 하였지만, 거주지역, 반대정 당에 대한 적대감, 및 정당일체감이 후보 지지에 주는 효과는 정책적 차이 를 고려하여 저소득지원에 대한 선호를 수평축으로 하였다. 앞의 〈표 1〉 모 형 (3)과 (4)에서 나타난 것과 같이 저소득지원은 정책 변수 중 유일하게 통계적으로 유의미한 변수였다.

〈그림 2〉의 A와 B는 저소득지원정책에 대한 선호가 나이에 따라 민주당 후보와 미래통합당 후보 지지에 미치는 효과가 어떻게 변하는지를 보여 준다. A에 따르면 나이가 많을수록 저소득지원정책이 민주당 후보 지지에 주는 영향은 격차가 커진다. 68세 집단이 저소득지원을 지지하는 경우와 반대하는 경우 민주당 후보 지지는 각각 69%와 54%였다. 한편 B에서 보듯이 미래통합당 후보 지지에서 저소득지원정책에 대한 선호는 나이와 무관하게 일정하게 차이를 보인다. 미래통합당 후보 지지에 대해 저소득지원 요인은 나이와 독립적으로 관계를 갖는 것이다.

〈그림 2〉의 C와 D는 거주지역이 후보 지지에 미치는 효과를 비교하고 있다. 거주지역 효과는 특히 영남 거주자들에게 저소득지원에 대한 선호에 따라 크게 달라지고 있다. C의 민주당 후보 지지를 보면 호남지역의 민주당 후보 지지자들은 저소득지원에 대한 선호와 독립적으로 민주당 후보를 지지하고 있다. 한편 영남지역에서는 저소득지원에 찬성할수록 민주당 후보 지지가 상승한다. D에 의하면 미래통합당 후보 지지에서 호남지역은 저소득지원 요인과 무관하게 지지가 낮다. 저소득지원을 반대하는 영남의 유권자는 미래통합당 후보에게 55%의 지지를 보내지만, 저소득지원을 찬성할수록 지지는 크게 하락하였다. 즉 지역주의는 호남지역의 민주당 후보 지지에 강력하게 나타나며 영남지역은 정책의 선호에 따라 지역주의가 희석되고 있다.

〈그림 2〉의 E와 F는 정서적 양극화의 측면인 반대정당에 대한 적대감이 각각 민주당과 미래통합당 후보 지지에 미치는 효과를 비교하고 있다. E에 의하면 미래통합당에 대해 적대적인 유권자는 저소득지원과 무관하게 민주당 후보를 지지하였다. 한편 미래통합당에 호의적인 유권자는 저소득지

원을 지지할수록 민주당 후보에 대한 지지가 상승하였다. F의 미래통합당 후보 지지는 이와는 대조적 모습을 보인다. 민주당에 대한 적대감이 크면 미래통합당 후보를 지지하는데 저소득지원을 지지할수록 미래통합당 후보 지지는 약화되었다. 민주당에 호의적인 유권자가 미래통합당 후보를 지지할 가능성 또한 민주당에 적대적 유권자와 같이 저소득지원에 찬성할수록 미래통합당 후보 지지 또한 낮아지고 있었다. 저소득지원에 따른 민주당 호의적인 유권자와 적대적 유권자의 미래통합당 후보 지지 예측확률 곡선들은 거의 평행선이라는 것은 저소득층 지원에 관한 입장에 따라 미래통합당 후보 지지 확률은 민주당 호의적인 유권자와 적대적 유권자 모두에게 비슷하게 변화한다는 것을 의미한다. 이를 통해 저소득지원에 대한 선호는 민주당 후보 지지에서보다 미래통합당 후보 지지에 영향을 주고 있음을 알 수 있다. 반면 반대당에 대한 적대감은 미래통합당 후보 지지보다 민주당 후보 지지에서 강한 설명력을 지니고 있는데 특히 미래통합당에 적대적인 민주당 후보 지지자들에게는 저소득지원 선호와 독립적으로 반대당에 대한 적대감이 강력한 설명력을 지니고 있음을 알 수 있었다.

〈그림 2〉의 G와 H는 정당일체감이 각각 민주당 후보와 미래통합당 후보 지지에 미치는 효과를 보여 준다. G에서 보듯이 민주당 지지자는 미래통합당 지지지에 비해 지소득지원 신호와 평행하여 민주당 후보를 지지한다. 저소득지원을 반대, 중립 및 지지에 따른 민주당 후보 지지는 62%, 81%, 및 92%였다. 최댓값과 최초값 차이는 30% 포인트였다. 한편 미래통합당 지지자의 민주당 후보 지지 가능성은 14%, 29% 및 52%였다. 미래통합당 지지자라도 저소득지원을 지지하면 민주당 후보 지지 가능성은 52%까지 상승하였다. H의 미래통합당 후보 지지는 약간 다른 양상을 보인다. 미래통합당 지지자의 미래통합당 후보 지지는 저소득지원을 반대, 중립 및

찬성일 때 각각 67%, 46%, 및 26%였다. 최댓값과 최솟값 차이는 41% 포인트였다. 민주당 지지자는 저소득지원정책에 대한 선호와 무관하게 민주당 후보 지지 가능성은 최대 23%에 불과했다. 민주당에 대한 정당일체감은 미래통합당 후보 지지에 강력한 억제력을 행사하는 것으로 해석할 수 있다.

민주당 후보 지지에 대한 미래통합당에 대한 적대감과 정당일체감 변수를 비교해 보면 미래통합당에 대한 적대감은 저소득지원에 대한 선호와 무관하게 높은 수준에서 민주당 후보를 지지하게 만들고 있었다. 저소득지원에 대한 반대, 중립 및 지지의 수준에 대해 미래통합당에 적대적인 유권자의 민주당 후보 지지 가능성은 큰 변화 없이 높은 수준인 각각 82%, 92%, 97%였다. 반면 저소득지원에 대한 반대, 중립 및 지지의 수준에 대해 민주당에 대한 정당일체감을 가진 유권자가 민주당 후보를 지지할 가능성은 각각 62%, 81%, 92%로 비교적 낮은 수준에서 점점 높아지고 있었다. 이는 정책선호가 개입될 때 미래통합당에 대한 적대감이 민주당 후보 지지에 미치는 효과가 민주당에 대한 정당일체감이 민주당 후보 지지에 주는 효과보다 더 강하다는 점을 의미한다. 즉 정서적 양극화의 측면으로 미래통합당에 대한 부정적 감정이 민주당 일체감보다 민주당 후보 지지에 더 강력한 효과를 내는 것이다.

V. 결론: 정서적 양극화 논의의 시급성

최근 대중의 정서적 양극화는 세계적 관심사이다. 특히 반대정당에 대한 부정적 태도가 개인의 정치 선택은 물론 고용, 진학 심사, 심지어 결혼 상대의 선택에도 영향을 준다고 보고된다. 기존 연구가 서로 약간의 차이는 있으나 주로 방역 평가나 야당 심판이 민주당의 압승을 가져왔다는 점을 제시했다(길정아·강원택 2020; 박선경 2020; 신정섭 2020; 장승진 2020; 강명세 2022b). 이와는 달리 본 연구는 대중의 정서적 양극화 요인이 제21대 국회의원 선거에서 유권자의 후보 선택에 미친 효과에 주목했다. 본문에서 논의했던 것처럼 정부의 방역 대처, 저소득층지원, 기본소득 등 중요한 정책변수는 후보 지지에 영향을 주지 못했다. 하지만 본 연구의 분석이 보여 주는 바 미래통합당에 대한 적대감이 높을 경우 민주당 후보를 선택할 가능성은 크게 상승했으며 마찬가지로 민주당에 대한 적대감이 높을수록 미래통합당 후보에 대한 지지는 높게 나타났다.

그동안 정당일체감이 개인의 정당 또는 후보 선택에 대해 중대한 효과를 준다는 것은 널리 알려져 왔다. 정서적 양극화를 측정하는 지표의 하나인 자기정당에 대한 편애와 반대정당에 대한 적대감의 차이는 개인적 삶의 과정 속에서 만들어진 안정적인 정당일체감에서 비롯된다. 정당일체감과 정서적 양극화는 상호 밀접하지만 동일한 것은 아니다. 특히 반대정당에 대한 부정적 편향은 정책적 또는 이념적 차이보다도 후보 선택에 중대한 효과를 낳는다는 연구성과가 서구 민주주의국가를 대상으로 많이 축적되어 있다(Webster & Abramowitz 2017; Iyengar et al. 2019; Bolsen & Thornton 2021; Hernandez, Anduiza, & Rico 2021). 한국 정치에서 특정 정당에 대한 편향성은 지역주의에서 비롯되었을 가능성이 높지만 본 연구의 분석과 같이 정당에 대한 적대감은 지역주의 영향보다도 후보 선택에 더 강력한 힘을 발휘하고 있었다.

본 연구 결과는 민주주의 논쟁과 관련 민주주의 현실주의론을 제기한 에어컨과 바르텔즈(2016) 논의를 뒷받침한다. 합리적 유권자 가설이 기초하는 민주주의 이상론에 의하면 선거는 정부의 책임성을 보장하는 메커니즘이다. 집권당과 정부는 정책적 성과를 통해 재집권을 도모하는 한편 유권자는 정책에 대해 총체적으로 평가함으로써 정부의 책임성, 나아가 민주주의에 대한 지지를 보낸다. 여기서 유권자의 정서나 감정이 낄 자리는 협소하다. 반면 정체성 가설은 유권자는 다양한 정체성을 가지며 정치적 선택에서는 정당일체감이 핵심적 역할을 한다고 본다. 본 연구의 분석 결과와 같이 회고적 평가 이론이 후보 선택에 중대한 영향을 미친다고 가정하는 정책효과 요인은 후보 선택에 유의미한 역할을 하지 않았다.

다양한 정체성이 상호 중첩하여 메가 정체성(mega identity)으로 굳어질 경우 대중의 정서적 양극화는 더 심각해진다. 본 연구 결과는 정당 온도로 측정된 정서적 양극화의 측면으로 반대정당에 대한 적대감이 정당일체감과 함께 후보 선택에 가장 중요한 요인이라는 점을 확인했다. 이처럼 제21대 국회의원 선거 결과는 현재 한국 대중의 정서적 양극화의 단계를 확인시켜 주었다. 그러나 정서적 양극화의 관점에서 선거 결과를 분석하는 연구가 아직 부족한 것이 현실이며 이에 대한 기초조사가 부족한 것도 현실이다. 한국에서 대중의 정서적 양극화를 낳은 원인과 결과에 대해 학계 및 사회단체의 관심과 연구가 절실하다. 부족한 연구를 감안할 때 현 단계에서는 다양한 정체성에 대한 정교한 개념 수립에 입각하여 상세하고 풍부한 설문을 통해 경험적 측정에 노력해야 한다. 누가 왜 반대정당에 대해 부정적 태도를 보이는지를 이해하기 위해서는 다년간에 걸친 패널 자료의 축적도 필수적이다.

참고문헌

가상준. 2020. "정당 간 양극화가 투표율 상승을 견인하고 있는가?." 『한국정당학회보』 19권2호, 101-129.

가상준. 2021. "2020년 국회의원선거에서 사전투표 유권자의 특징과 투표선택." 『한국정치학회보』 55집2호, 89-108.

가상준. 2023. "2022년 대통령 선거 투표 참여와 정서적 양극화: 부정적 투표(Negative Voting)를 중심으로." 『OUGHTOPIA』 37권2호, 113-144.

강명세. 2020. "정체성의 관점에서 본 대통령선거의 후보선택요인: 제14-19대를 중심으로." 『의정논총』 15권1호, 126-165.

강명세. 2022a. "한국의 정서적 양극화: 제20 대선결과의 이론적 및 경험적 논의." 『비교민주주의』 18권2호, 29-65.

강명세. 2022b. "민주당은 어떻게 제21대 국회의원선거에서 압승할 수 있었나?" 『연구방법논총』 7권2호, 29-62.

강명세. 2023. "재난정치 하 양극화 정치와 유권자의 후보 선택: 미국 2020년 대선" 『국제정치연구』 26권1호, 1-24.

강원택. 2003. 『한국의 선거 정치: 이념, 지역, 세대와 미디어』. 서울: 푸른길.

길정아·강원택. 2020. "제21대 국회의원선거에서의 회고적 투표: 대통령의 코로나 대응 평가와 당파적 편향." 『한국정당학회보』 19권4호, 101-140.

길정아·하상응. 2019. "당파적 편향에 따른 책임귀속: 여야간 갈등인식과 정당호감도를 중심으로." 『의정연구』 15권1호, 46-78.

김기동·이재묵. 2021. "한국유권자의 당파적 정체성과 정서적 양극화." 『한국정치학회보』 55권2호, 57-87.

김기동·이재묵. 2022. "지역적 정체성, 당파적 정체성, 그리고 정서적 양극화." 『한국정당학회보』 21권2호, 5 47.

문우진. 2017. "지역주의 투표의 특성과 변화: 이론적 쟁점과 경험분석." 『의정연구』 23권1호, 81-111.

박선경. 2020. "21대 총선은 코로나19로 결정된 선거인가?: 코로나19 대응평가와 야당심판론에 의한 투표 변경 분석" 『현대정치연구』 제13권 제3호: 85-118.

신정섭. 2020. "코로나19가 제21대 국회의원 선거 투표선택에 미친 영향." 『한국정치연구』 29권3호, 155-182.

윤광일. 2019. "지역균열의 유지와 변화: 제19 대선의 경험적 분석." 『한국과 국제정치』 27권3호, 131-158.

이갑윤·박정석. 2011. "지역민 호감도가 정당지지에 미치는 영향."『한국과 국제정치』, 29권3호, 131-158.

장승진. 2020. "유권자들은 총선에서 누구를 언제 심판하는가?: 제21대 총선에서 나타난 조건부 회고적 투표."『한국정치학회보』54권4호, 83-105.

장승진. 2021. "당파적 양극화 속 새로운 정치적 대상에 대한 이념적 인식."『한국정치학회보』55권4호, 71-90.

장승진·서정규. 2019. "당파적 양극화의 이원적 구조: 정치적 정체성, 정책선호, 그리고 정치적 세련도."『한국정당학회보』18권3호, 5-29.

정승진·장한일. 2020. "당파적 양극화의 비징치적 효과."『한국정치학회보』54권5호, 153-175.

정동준. 2020. "수도권 지역의 선거적 책임성과 당파성의 사회화."『21세기정치학회보』30권3호, 73-98.

최준영. 2008. "지역감정은 존재하는가? 지역감정에 대한 간접 측정기법을 중심으로."『현대정치연구』1권1호, 199-222.

최준영·조진만. 2005. "지역균열의 변화가능성에 대한 경험적 고찰: 제17대 국회의원선거에 나타난 이념과 세대 균열의 효과를 중심으로."『한국정치학회보』39권3호, 375-394.

허석재. 2019. "지역균열은 어떻게 균열되는가? 역대 대선에서 나타난 지역 이념 세대의 상호작용."『현대정치연구』12권2호, 5-37.

Achen, Christopher A., and Larry M. Bartels. 2016. *Democracy For Realists: Why Elections Do Not Produce Responsive Government*. Princeton University Press.

Bankert, Alexa. 2021. "Negative and positive partisanship in the 2016 U.S. Presidential Elections." *Political Behavior* 43(4), 1467-1485.

Bartels, Larry M. *Unequal Democracy: The Political Economy of the New Gilded Age*. New York. Russell Sage Foundation.

Boix, Carles. 2003. *Democracy and Redistribution*. Cambridge University Press.

Bolsen, Toby, and Judd Thornton. 2021. "Candidate and party affective polarization in U.S. presidential elections: The person-negativity bias?" *Electoral Studies* 71.

Boxell, Levi, Matthew Gentzkow, and Jesse M. Shapiro. 2020. "Cross-Country Trends in Affective Polarization." No. w26669. *National Bureau of Economic Research*.

Cameron, David 1978. "The Expansion of Public Economy: A Comparative Analysis." *American Political Science Review* 72, No. 4,1243-1261.

Campbell, Angus, Philip E. Converse, Warren E. Miller, and Donald E. Stokes. 1960.

The American Voter. New York: John Wiley.

Caruana, Jason, McGregor, R. Michael, & Stephenson, Laura B. 2015. "The Power of the Dark Side: Negative Partisanship and Political Behaviour in Canada." *Canadian Journal of Political Science* 48(4), 771-789.

Converse, Philip E. 1964. "The Nature of Belief System in Mass Politics." In David E. Apter, ed., *Ideology and Discontent,* 206-261. Glencoe, IL: Free Press.

Curry, James M., and Frances E. Lee. 2020. *The Limits of Party. Congress and Lawmaking in A Polarized Era*. University of Chicago Press.

Druckman, James, N., and Matthew S. Levendusky. 2019. "What Do We Measure When We Measure Affective Polarization?" *Public Opinion Quarterly* 83, No. 1, 114-122.

Druckman, James N., Green, Donald P., & Iyengar, Shanto. 2023. "Does Affective Polarization Contribute to Democratic Backsliding in America?" *The ANNALS of the American Academy of Political and Social Science* 708(1), 137-163.

Druckman, James N., Klar, Samara, Krupnikov, Yanna, Levendusky, Matthew, and John Barry Ryan. 2024. Partisan Hostility and American Democracy. University of Chicago Press.

Garzia, Diego, & Ferreira da Silva, Frederico. 2022. "Negativity and Political Behavior: A Theoretical Framework for the Analysis of Negative Voting in Contemporary Democracies." *Political Studies Review* 20(2), 282-291.

Gelman, Andrew, and Jennifer Hill. 2007. *Data Analysis Using Regression and Multilevel/Hierachical Models*. Cambridge University Press.

Gelman, Andrew, Jennifer Hill, and Aki Vehtari. 2021. *Regression and Other Stories*. Cambridge University Press.

Gerber, Alan S., and Eric Schickler. 2017. *Governing in A Polarized Age: Elections, Parties, and Political Representation in America*. Cambridge University Press.

Gilens, Martin. 1999. *Why Americans Hate Welfare: Race, Media, and the Politics of Antipoverty Policy*. Chicago: University of Chicago Press.

Gidron, Noam, James Adams, and Will Horne. 2020. *American Affective Polarization in Comparative Perspective*. Cambridge University Press.

Green, D., Palmquist, B., and Schickler, E. 2002. *Partisan Hearts and Minds: Political Parties and the Social Identities of Voters*. Yale University Press.

Hernández, Enrique, Eva Anduiza, and Guillem Rico. 2021. "Affective Polarization and the Salience of Elections." *Electoral Studies* 69.

Huddy, Leonie, Lilliana Mason, and Lene Aaroe. 2015. "Expressive Partisanship: Campaign Involvement, Political Emotion, and Partisan Identity." *American Political Science Review*, 109, No. 1, 1-17.

Iyengar, S., G. Sood, and Y. Lelkes. 2012. "Affect, Not Ideology: A Social Identity Perspective on Polarization." *Public Opinion Quarterly* 73, No. 3, 405-431.

Iyengar, S., S. Westwood. 2015. "Fear and Loathing Across Party Lines: New Evidence on Group Polarization." *American Journal of Political Science* 59, No. 3, 690-707.

Iyengar, S., Y. Lelkes, M. Levenduskry, N. Malhorta, and S. J. Westwood. 2019. "The Origins and Consequences of Affective Polarization in the United States." *Annual Review of Political Science* 22, 129-146.

Kalmore, Nathan P., and Lilliana Mason. 2022. *Radical American Partisanship. Mapping Violent Hostility, Its Causes, and the Consequences for Democracy.* Cambridge University Press.

Krupnikov, Yanna., and John B. Ryan. 2022. *The Other Divide: Polarization and Disengagement in American Politics.* Cambridge University.

Lelkes, Yphtach. 2021. "Policy Over Party: Comparing the Effects of Candidate Ideology and Party on Affective Polarization." *Political Science Research and Methods* 9, No. 1, 189-196.

Lelkes, Yphtach. Gaurav Sood, and Shanto Iyengar. 2017. "The Hostile Audience: The Effect of Access to Broadband Internet on Partisan Affect." *American Journal of Political Science* 61, No. 1, 5-20.

Mason, Lilliana. 2015. "I Disrespectfully Agree: The Different Effects of Partisan Sorting on Social and Issue Polarization." *Annual Journal of Political Science* 59, No. 1, 128-145.

Mason, Lilliana. 2018. *Uncivil Agreement: How Politics Become Our Identity.* Chicago: University of Chicago Press.

Mayer, Sebastian J. 2017. "How Negative Partisanship Affects Voting Behavior in Europe: Evidence from an Analysis of 17 European Multi-party Systems with Proportional Voting." *Research & Politics* 4(1).

McCarty, Nolan. 2019. *Polarization: What Everyone Needs to Know.* Oxford University Press.

Medeiros, Mike, & Noël, Alain. 2014. "The Forgotten Side of Partisanship: Negative Party Identification in Four Anglo-American Democracies." *Comparative Political Studies* 47(7), 1022-1046.

Orhan, Yunus Emre. 2022. "The Relationship between Affective Polarization and Democratic Backsliding: Comparative Evidence." *Democratization* 29(4), 714-735.

Pierson, Paul, and Schickler, Eric. 2024. Partisan Nation. The Dangerous New Logic of American Politics in a Nationalized Era. University of Chicago Press.

Przeworski, Adam, Stokes, Susan C., & Manin, Bernard (eds). 1999. *Democracy, Accountability, and Representation.* Cambridge Studies in the Theory of Democracy. Cambridge University Press.

Reiljan, Anres. 2020. "'Fear and Loathing across Party Lines' (also) in Europe: Affective polarization in European Party Systems." *European Journal of Political Research*, 59, No. 2, 376-396.

Rogowski, Jon. C., and Joseph L. Sutherland. 2016. "How Ideology Fuels Affective Polarization." *Political Behavior* 38, No. 2, 485-508.

Sides, John, Telser, Michael, and Lynn Vavreck. 2018. *Identity Crisis: The 2016 Presidential Campaign and the Battle for the Meaning of America.* Princeton University Press.

Sides, John, Chris Tausanovitch, and Lynn Vavreck. 2022. *The Bitter End: The 2020 Presidential Campaign and the Challenge to American Democracy.* Princeton University Press.

Tajfel, Henry, and J. C Turner. 1979. An integrative theory of intergroup conflict. In W. G. Austin and S. Worchel, eds., *The Social Psychology of Intergroup Relations.* Books/Cole.

Ward, Dalston G., and Margit Tavits. 2019. "How Partisan Affect Shapes Citizens" Perception of the Political World." *Electoral Studies* 60, 1-9.

Webster, Steven W. 2020. *American Rage: How Anger Shapes Our Politics.* Cambridge: Cambridge University.

Webster, Steven W. and Alan I. Abramowitz. 2017. "The Ideological Foundations of Affective Polarization in the U.S. Electorate." *American Politics Research* 45, No. 4, 621-647.

Westwood, Sean J., Shanto Iyengar, Stefaan Walgrave, Rafael Leonisio, Luis Miller, and Oliver Strijbis. 2018. "The Tie that Divides: Cross-National Evidence of the Primacy of Partyism." *European Journal of Political Research* 70, No. 2, 542-522.

Wilensky, Harold L. 1975. *The Welfare State and Inequality: Structural and Ideological Roots of Public Expenditure.* University of California.

Wolak, Jennifer. 2020. *Compromise in An Age of Party Polarization.* Oxford University Press.

제6장

환경 문제에 대한 인식과
원자력 에너지에 대한 태도[1]

박규희(한국개발전략연구소) · 양준석(연세대학교)

I. 서론

정치적 양극화는 전 세계 민주주의의 중대한 위기로 대두되어 왔다. 많은 민주주의 국가에서 정치 세력 간의 이념적 극단주의와 적대감이 증가하는 현상이 목도되고 있으며(Graham & Svolik 2020), 이는 정책 교착상태와 정치적 불안정 및 정치 폭력을 증가시키고 있다. 더불어 포퓰리즘과 국수주의 정서의 부상으로 정치적 양극화는 더욱 악화되어, 민주주의 후퇴의 주범이 되고 있다(Fossati et al. 2021; Hübscher et al. 2023; Konstantinidis et al. 2019).

한국도 이러한 정치양극화와 이로 인한 민주주의 퇴행 현상의 예외 지역이 아니다(Lee 2024). 1987년 민주화 이후 크게 신장된 한국의 민주주의는 현재 심각한 정치양극화에 직면해 있다. 유권자들의 이념 성향 분포에서 좌우 양극단이 늘어나지는 않았으나, 진보와 보수 유권자들이 각각 지지정

---

[1] 본고는 『동서연구』 제35권 제1호(2023)에 게재된 논문을 수정한 것임.

당에 따라 결집하고 있으며, 상대 정당에 대한 비호감도가 높아지고 있다. 또한 정당과 진영이 서로를 비난하는 '내로남불' 현상이 일반화되었다(강명세 2022; 박현석 외 2024).

본 연구에서는 한국의 경제 성장과 사회 안정 및 국민 복지 차원에서 가장 중요한 이슈 중 하나이면서도, 극심한 정치양극화의 영향을 받는 정책 이슈인 에너지 공급 정책, 특히 원자력 정책에 대한 대중 여론을 경험적으로 분석함으로써, 정치양극화에 따른 정쟁의 대상이 된 주요 정책이 비정치적인 인식에 따라 영향을 받을 수 있는지 고찰해 보고자 한다. 전 세계가 당면한 시급한 과제 중 하나인 기후 변화 대응은 에너지 공급원을 다변화하고 석유·석탄 등 화석연료를 대체하는 노력이 필요하다. 화석 연료를 대체할 에너지원으로 신재생에너지가 주목받고 있지만, 원전이 더 현실적인 해답으로도 논의되고 있다(송경재 2023). 원자력을 찬성하는 측은 원자력 발전이 기후변화와 화석연료 공급 감소 상황을 동시에 대응하기 위한 효과적인 방안이라고 주장한다(Nuclear Energy Institute 2018; Kessides 2012; Bian et al. 2021). 반면, 원자력에너지에 부정적인 견해를 갖는 전문가들은 원자력 발전으로 인한 환경적인 비용을 강조한다(Roh & Geong 2021; Lee et al. 2022). 또한 핵폐기물 처리의 어려움(Huang et al. 2013; Green 2005)과 노후 원자로의 해체 비용(Grubert & Zacarias 2022)을 고려하면 원자력 발전은 친환경적이라 할 수 없다고 비판한다.

이렇듯 원자력 에너지에 대한 찬반 대립의 중심에 원자력 발전이 환경에 가지는 함의가 있다. 특히 한국의 경우, 원자력 에너지 정책이 에너지 안보 문제 해결에 있어 중요한 정책 이슈로 급부상하면서, 에너지 정책 방향에 있어 중요한 역할을 수행하는 대중들 역시 이러한 대립 양상에 대해 인지하고 있으며(권순환·이태동 2022), 따라서 대중들의 원전에 대한 태도 역시

각자의 환경 인식과 밀접하게 연관되어 있을 것으로 추측할 수 있다. 하지만 동시에, 원자력 발전이 한국의 경우 특히 보수 정당은 지지하고 진보 정당은 반대하는 양상이 뚜렷한 정치 이슈가 된 만큼, 환경인식이 원자력 정책 선호에 미치는 영향이 개인의 지지 정당에 따라 달라질 수 있는 여지가 충분하다.

이를 위하여 본 연구는 2021년 한국종합사회조사(KGSS) 데이터를 활용한다. 해당 조사에서 대중들의 환경에 대한 인식이 환경 문제에 대한 우려는 물론 환경 분야에 대한 정부 지출, 환경 문제 개선을 위한 비용 감수 여부 등 다양한 측면에서 측정된 환경 인식 관련 문항들을 이용하여 주성분분석(Principal Component Analysis)을 실시했으며, 그 결과 응답자의 다층적인 환경 문제에 대한 인식을 포괄적으로 측정한 '환경 인식지표'를 구축하여 주요 독립변수로 활용했다.

분석 결과는 환경에 대한 인식이 원자력에 대한 태도 형성에 유의한 영향을 미치는 주요 요인임을 보여 준다. 환경 인식지표가 높을수록 원전 축소 정책을 지지하였으며 원전의 안전성에 대한 우려가 커지는 경향이 있음을 확인했다. 또한 환경 인식과 원자력 에너지에 대한 태도 간 음(–)의 상관관계가 정치적인 논의에 의해 정책 선호가 형성될 여지가 상대적으로 적은 무당파 응답자에게서 더 명확해진다는 증거를 찾았다.

또한 본 연구의 결과는 응답자의 지지 정당에 따라 환경에 대한 인식과 원자력 에너지에 대한 태도가 달라진다는 점을 분명히 나타낸다. 진보나 보수 정치 성향을 보이는 응답자의 경우 이러한 관계가 유의미하게 나타나지 않았으나, 무당파 응답자의 경우 환경 인식이 높아질수록 원전 정책의 축소를 찬성하고 원자력의 안전성에 대한 우려가 유의하게 높아지는 것으로 확인되었다. 이는 무당파가 강한 정치 성향을 보이는 이들에 비해 원자력에 대한 의견이 한 방향으로 견고하게 자리 잡혀 있지 않다는 점을 시사한다(Franchino 2014). 현재 민주주의 체제에서 무당파는 정책 태도가 가장 중요한 행위자로 부상했으며, 따라서 무당파의 정책 태도는 해당 정책의 방향성과 정책입안자들의 태도 변화 여부를 파악하는 데 있어 그 중요성이 크다는 측면에서(Seo & Chung 2016; Yoo 2022; Railey & Hedberg 2022), 본 연구의 결과는 한국의 당파성과 정책 선호에 관한 연구에 공헌한다.

II. 선행 연구 검토 및 이론적 배경

1. 한국에서의 원자력 정책에 대한 논쟁과 환경 문제와의 연계성

지구온난화 문제 해결의 필요성이 증가함에 따라 탄소배출을 줄이고 화석연료를 청정한 에너지원으로 전환해야 한다는 의식이 전 세계적으로 확산되어 왔다. 이에 원자력 에너지 역시 화석연료를 대체할 수 있는 주요 에너지원으로 거론되어 왔으며, 실제로 미국, 중국, 영국, 일본, 프랑스 등 여러 국가에서 원전 확대를 통해 기후 변화 문제에 대처하고자 하는 움직임을 보인다(노동서·이대연 2018). 이러한 친원전 정책을 행하는 국가들은 공통적으로 원자력에너지의 경제성과 특히 친환경적 속성을 강조한다. 현실적으로 보았을 때 원자력 발전을 사용하지 않고 풍력이나 태양광 등의 신재생에너지만을 사용해서는 기한 내에 탄소 배출감축 목표를 달성할 수 없으며, 원자력에너지가 태양광과 같은 대표적인 신·재생에너지에 비해서도 탄소배출량이 적다는 것이다(Viklund 2004). 하지만 독일, 이탈리아, 대만, 스위스 등에서는 탈원전을 시도해 오고 있으며, 많은 전문가가 원전 사고로 인한 환경 파괴 가능성(Roh & Geong 2021; Lee et al. 2022), 핵폐기물 처리의 어려움(Huang 2013; Green 2005), 원자력 발전의 연료인 우라늄의 채굴과 농축이 환경에 미치는 악영향(McBeth et al. 2022) 등을 거론하며 원자력에너지의 친환경성에 의문을 제기하고 있다.

한국의 경우, 1978년 고리원전 1호기 완공으로 21번째 원전 보유국이 된 이래로, 에너지기본계획 등에서 원자력의 이산화탄소 감축 효과, 경제적 비용 측면의 효율성, 공급 안전성 등 원자력 확대를 정당화하는 전략을 유지했다(김수진 2018). 그러나 문재인 대통령이 당선되며, 2017년부터 한국의 원자력 정책은 그 이전의 경로 의존성에서 분명하게 벗어났다고 평가받는다(박수경·장동현 2019). 문재인 정권은 기존 정권과 달리 환경성과 안전성을 중점으로 한 에너지 정책을 설계할 것을 강조했다(김지주·권상희 2020). 정권은 탈원전에 초점을 맞춘 에너지 전환 정책을 발표했으며, 2018년 6월에는 신규원전 4기 백지화와 월성 1호기 조기 폐쇄를 결정했다.

하지만 한국에서는 원자력 발전을 둘러싸고 찬성과 반대 입장이 강하게 대립해 왔으며, 이는 여전히 현재진행형이다. 특히 그 과정에서, 국제적으로 원전을 둘러싼 주요 논쟁 지점이 그러하듯이, 환경 관련 측면이 찬반 대립 논쟁의 중요한 이슈가 되고 있다. 원자력 에너지에 대해 긍정적인 태도를 가진 사람들은 원자력 발전의 환경적인 악영향은 미미하며, 이는 다른 국가의 행보를 통해 간접적으로 증명된 바 있다고 주장한다. 예컨대, 일부 학자들은 주요한 탄소 배출국들이 2030년까지 원전을 적극 활용하려는 결정은 합리적이고, 오히려 한국에서 탈원전을 행하는 것이 과학과 사실에 기반하지 않은 판단이며(선정민·김은경 2021), 중국, 러시아, 일본과 같은 주변국이 원전을 확대하는 상황에서 원자력의 안전성 우려는 무의미하다고 주장한다(최민경 2021). 특히 원자력 발전 확대를 찬성하는 측은 2050년까지 탄소중립을 달성하기 위해서는 원전이 필요함을 강조한다. 태양광·풍력의 발전량은 자연조건에 의지하기에 예측이 힘들어, 일정 기간은 원전을 병행해야만 한다는 것이다. 예컨대, 송영길 더불어민주당 대표 등도 재생에너지만으로는 완전한 탄소중립이 어렵기에 상당한 기간 동안은 수소와 원자력 등을 혼용하는 종합적인 에너지 정책이 불가피하여, 원전을 확대해야 함을 피력했다(이한듬 2021). 관련하여, 국제원자력기구(IAEA)가 COP26 행사장 부스에서 원자력이 탄소중립 달성에 필수적이라는 홍보 활동을 펼쳤다는 사실이 빈번히 인용된다(선정민·김은경 2021).

한편 많은 수의 대중은 원자력에 대해 부정적으로 인식한다. 구체적으로, 한국인은 대체로 원자력을 기후 위기를 심화시키는 해로운 에너지원으로 인식하는 경향이 있다(Chung & Kim 2018). 특히 한국에서는 원전 사고가 가져올 사회적 및 환경적 악영향이 흔히 부각된다. 이는 후쿠시마 원전 사고가 인접국에서 발생했고(Chung & Kim 2018), 그 원전 오염수 배출 문제가 아직도 빈번히 논란의 대상이 되고 있기 때문이다(김지연·박성진 2023). 원전 사고는 기본적으로 장기적인 존재감을 가지며, 그러한 원전 사고를 인지하는 것은 원자력 발전소가 가지는 잠재적인 위험성을 대중이 되새기게 한다(Bian et al. 2021). 또한 사람들은 오염물질에 대해 장기간에 걸쳐 노출되고 그러한 누출에 대해 개인적으로 대처하기 어려울 경우 해당 물질에 대해 보다 높은 위험 인식을 가지게 된다(Yeo et al. 2014).

한국에서의 원자력 에너지 정책 논의 양상을 파악하는 데 있어 중요한 맥락 중 하나는 문재인 정권 시기에 아시아 국가에서는 드물게 공론조사(deliberation)가 행해졌다는 점이다. 구체적으로, 한국에서는 2017년 신고리 원전 5호기와 6호기 관련 정책에 대한 공론조사가 시행되었다. 정식 명칭은 '신고리 원전 5·6호기 공론화 시민참여형 조사'였으며, 시민참여단 478

명이 그 대상이었다. 해당 프로그램은 크게 두 부분으로 구성된다. 핵심 프로그램의 경우, 공론화의 의도 및 절차에 대한 오리엔테이션, 자료집 학습, 논쟁 지점에 관련된 e-러닝 수강, 합숙 토론회로 이루어졌다. 보조 프로그램의 경우, 지역순회 토론회, 텔레비전 토론회, 미래세대 토론회를 시청하는 것으로 구성되었다(Kim & Park 2022). 다수의 기존 문헌에서는 공론조사가 특정 정책에 대한 응답자의 입장을 바꿀 정도의 영향력이 있음을 보여 왔다(Luskin et al. 2007). 또한 공론조사 이후에 참여자들은 그 이전보다 많은 정보를 지니게 되며, 조사에서의 학습 과정에서 의사 변화를 보이는 경우가 빈번하다고 파악된다(권영선·이현우 2021). 실제로 한국에서 원자력과 관련하여, 공론화를 통해 대중의 참여를 유도한 이후로 원자력 수용도가 유의미하게 증가했음이 확인된 바 있다(Lee et al. 2022).

공론조사가 시행되었다는 점은 한국에서 원자력 발전 정책이 여러 가지 대립 의견이 난립해 온 난제일 뿐 아니라 원자력 에너지 정책 수립에 있어 대중 여론이 중요하게 인식되고 있음을 보여 준다. 또한 원자력과 같은 에너지 이슈는 대부분의 유권자에게 익숙하지 않은 대상인 경우가 많지만, 한국의 경우 공론조사로 인해 원자력 에너지 문제에 대한 정보가 미디어 등을 통해 많이 생산되면서, 원자력 에너지 정책과 그것이 환경에 미치는 영향이 대중들이 상대적으로 잘 인지하고 있는 정책 이슈로 부상했다. 이에 본 연구는 설문조사 자료를 바탕으로 대중들의 원자력 에너지에 대한 태도 형성에 주요한 영향을 끼치는 요인이 무엇인지 탐구하고, 특히 환경에 대한 인식이 원자력 에너지 정책에 대한 태도에 미치는 영향을 경험적으로 분석한다.

2. 원자력 에너지에 대한 태도 결정 요인과 환경 인식

대중들의 원자력에 대한 태도를 설명하는 요인들을 분석하는 여러 연구는 개인 차원의 변인에 초점을 맞추고 있다. 구체적으로 원자력 기술에 대한 인식(Corner et al. 2011; Sjoberg 2004; 황성욱 외 2018; 박성민 외 2017)과 성별 등의 인구 통계적 요인(Kim et al. 2020; 김근식 2019), 소득, 정치 성향 등의 개인의 정치·경제적 요인(Kim et al. 2020)들이 중요한 설명력을 갖는다는 사실이 기존의 연구에서 발견되었다. 하지만 개인적 차원의 요인이 원자력에 대한 태도 형성에 미치는 영향에 대해 많은 연구가 행해지고 공감대가 형성되어 오고 있음에도 불구하고, 개인의 환경 요인과 원자력에 대한 입장 간 관계를 다룬 연구는 소수이며, 환경 요인은 빈번히 부차적인 요인으로 다뤄졌다. 환경 변수의 독립적인 효과를 확인하기보다는 원자력에 대한 반응에 설명력을 가지는 요인을 탐색하는 과정에서 하나의 가능성 또는 통제 변수로써 환경 변수가 활용되었다(Wang & Kim 2018; Woo et al. 2017; Whitfield et al. 2009). 예컨대, Woo et al.(2017)은 석탄, 원자력, 가스, 풍력, 태양열, 바이오매스에 대한 태도에 영향을 미치는 인구통계학적·인식·이념 요인을 규명하고자 했다. 이를 위해 6가지 기술 각각에 대해, 성별·연령대·가구 총소득·전기료·기술에 대한 인지도·기술에 대한 위험 인식·환경에 대한 관심도가 얼마나 영향력을 가지는지 탐구했다.

본 연구는 기존 연구에서 벗어나, 환경 인식이 원자력에 대한 태도에 가지는 설명력에 초점을 맞춘다. 특히 본 연구는 환경 인식 요인이 원자력에 대한 태도에 부적인 영향을 미칠 것으로 가정한다. 이는 첫째, 원자력은 환경 측면으로 부정적인 키워드와 연결성을 가지기 때문이다(Lee & Roh 2022). 원자력은 사람들의 마음속에서 핵폭발이나 핵무기와 연결되어 있으며, 미디어는 이러한 연결성을 증폭시킨다. 이렇듯 자연환경과 사회적 환경에 막대한 파괴를 가하는 대상과 연결성이 짙다는 것은 곧 개인이 높은 환경 인식을 가질수록 원자력에 부정적인 태도가 강해질 것으로 예측케 한다. 둘째, 한국에서는 원자력이 환경친화적이지 않다는 여론이 우세하다. 예컨대 Chung & Kim(2018)은 설문 결과 원자력이 기후변화를 심화시킨다는 것에 동의하는 응답자가 43%로 가장 많았으며, 한국원자력발전협회(KNEA)의 설문에서도 54.2%의 응답자가 원자력이 기후변화 문제 해결에 기여하지 않는다고 인식한다고 파악되었음을 나타낸 바 있다.

다만 환경 인식의 영향력을 파악하는 데 있어, 환경 인식과 정치 및 사회경제적 요인 간의 상관관계가 있음을 염두에 둬야 할 필요가 있다. 기존의 여러 선행연구에서 밝히고 있듯이, 환경에 대한 인식은 당파성, 소득 등 정치·경제적 변인과 밀접한 관계성을 가지고 있다(Macias 2016; McCright et al. 2016; Yen & Zampelli 2021). 하지만 이는 환경 인식이 정치 및 사회경제적 요인에 의해 모두 설명됨을 의미하는 것은 아니다. 실제로, Kenny & Langsaether(2022)와 같은 최근 연구들에서 개인 차원의 환경에 대한 인식은 당파성 등 정치적인 요소 및 경제 수준 등 사회경제적 요인들과 상관관계를 가지고 있음에도 불구하고, 환경 문제 자체에 대한 독립적인 판단과 가치관이 반영된, 즉 정치·경제적 요인 외에 독자적인 인식적 판단이 핵심 구성 요소로 파악되고 있음을 보여 주고 있다. 이를 바탕으로, 본 논문은 환경 인식이 정치 및 사회경제적 요인을 통제한 이후에도, 환경 문제에 대한 독립적인 인식의 결과로 원자력 에너지 태도와 역의 상관성을 가질 것으로 예상한다.

가설 1: 환경에 대한 인식이 높을수록 원자력에너지에 대해 부정적인 태도를 가질 것이다.

나아가 본 연구는 환경 인식과 원자력에 대한 태도 간 상관관계가 응답자의 정치 성향에 따라 달라질 수 있음을 주목한다. 정치 성향은 정책 이슈에 대한 휴리스틱으로 강하게 작동하여, 대중이 정부 정책에 대한 지지 또는 반대 입장을 가지게 유도한다(Yun et al. 2019; McBeth et al. 2022). 휴리스틱(heuristic)이란 특정한 상황이나 정책에 대해 판단을 효율적으로 빠르게 내리게 해 주는 심리적인 지름길(mental shortcut)이다. 대다수의 사람들은 주어진 정보를 정확하게 평가할 시간, 자원, 능력이 부족하기에 이 지름길에 의존할 때가 잦다(Lim & Moon 2021). 더욱이 원자력과 같은 논쟁적인 이슈에서 비논리적인 합리화(motivated reasoning)를 촉진하는 가장 강한 요인 중 하나인 지지 정당 입장이 막대한 영향을 끼치기 쉽다(Lee et al. 2022).

실제로 기존 문헌에서는 보수 정당 지지자일수록 원자력에 우호적인 태도를 가짐을 밝히고 있다(Corner et al. 2011; Lee 2020; 이형민·이진균 2021; Latre et al. 2019). 반대로, 많은 수의 기존 논문들이 진보 정당 지지자일수록 원자력에 부정적인 태도를 보일 가능성이 높았고(장하영·백경민 2019), 에너지 프로젝트가 진행되는 지역의 환경에 원자력이 미칠 피해를 더 우려하였으며(Clulow et al. 2021), 진보 성향 정당의 지지자는 원자력을 기후변화 대처의 안으로 인식하지 않고(Wang & Kim 2018) 원자력은 공공 안전에 해를 끼치는 위험한 기술이라고 인식(Sonnberger et al. 2021)하는 경향이 있음을 보여 주고 있다. 물론 예외적인 결과도 존재한다. Besley & Oh(2014)는 대다수 연구들과는 달리, 상대적으로 진보 성향인 사람일수록 원자력 에너지에 우호적인 태도를 가진다고 주장한 바 있다.

하지만 아직 지지 정당 여부에 따라 환경 인식이 원자력에 대한 태도 형성에 미치는 영향이 달라지는지 분석하는 연구는 부족한 실정이다. 상기하였듯이, 원자력 에너지의 경우, 개인이 정보를 처리함에 있어 본인이 지지하는 정당의 정책 입장의 영향을 특히 뚜렷하게 받는다. 이러한 점에서 미루어 보아, 확고한 지지 정당이 존재하는 사람들은 정치에 대한 인식이 원자력에 대한 태도에 강한 설명력을 갖는 한편 개인 차원의 환경 문제 인식과 같은 변수가 상대적으로 제한된 영향력을 가질 가능성이 크다.

반면 분명한 지지 정당이 없는 사람들, 즉 무당파는 정치 성향이라는 휴리스틱을 이용하지 않고 스스로 이슈에 대한 판단을 하며(Kim 2016), 주요한 이슈에 대한 행태를 결정할 때 당파적인 편향에서 자유로운 채, 자신의 인식과 이슈에 대한 평가에 기반하여 정치 행동을 하는 경향이 있다(Yoo 2022). 특히 한국의 경우, 무당파들은 외부의 단서보다는 이슈 자체에 기반하여 정치적인 행태를 결정하는 경향이 있다(Seo & Chung 2016). 이러한 측면에서 본 연구는 무당파의 경우, 지지 정당이 명확한 사람들에 비해, 환경인식 요인과 원자력에 대한 태도 간의 관계가 더 뚜렷하게 확인될 것이라예측한다.

무엇보다도, 본 연구에서 초점을 맞추고 있는 무당파의 정책 태도는 정치적, 정책적 함의가 크다는 점에서 검증의 대상으로써 연구의 필요성이 크다. 무당파의 수가 증가함에 따라 양대 정당들이 선거에서 승리하기 위하여 무당파를 흡수해야 할 동인이 커지며, 따라서 이들을 포섭하기 위한 정책을 통해 경쟁하는 양상을 보인다(Seo & Chung 2016). 특히 이는 무당파가 정치 참여에 적극적인 민주주의에 중요한 행위자로 그 지위가 공고히 되고있기 때문이다(Yoo 2022). 이러한 무당파를 포섭하기 위해 정당들이 경쟁한다는 측면에서 양극화가 완화될 수 있다는 점 역시 무당파의 정책 선호도가 가지는 중요성을 보여 주고 있다. 특히, Reiley & Hedberg(2022)는 무당파의 경우, 진보, 보수 정당 지지자 모두와의 교류가 잦기 때문에, 소셜 네트워크 차원에서도 양당 지지자 간의 정책 의견 차이를 좁힐 수 있는 연결고리 역할을 할 수 있음을 보여 주고 있다.

> 가설 2: 무당파 유권자의 경우, 명확한 지지 정당이 있는 유권자에 비해 상대적으로 환경에 대한 인식과 원자력에너지에 대한 태도 사이의 부적인 관계가 더 명확할 것이다.

III. 연구 설계

본 연구는 앞에서 제시한 가설들을 검증하기 위하여 2021년에 수행된 한국종합사회조사(KGSS) 데이터를 활용한다. KGSS 조사는 전국의 만 18세 이상 가구 거주자이고 한국어로 소통 가능한 성인 남녀를 모집단으로 두며, 지역확률표본추출 방법으로 잠정적인 응답자를 선정한다. 해당 조사는 한국의 정치, 사회, 경제, 문화, 보건 등 다양한 분야의 대중 인식을 파악하고 나아가 그 변화 양상을 측정하기 위하여 2003년부터 지속적으로 실시되고 있으며, 원자력 정책에 대한 대중 여론을 분석하는 연구에서도 활발히 사용되어 왔다(권순환·이태동 2022; Lim & Moon 2021; 장하영·백경민 2019). 특히 2021년 KGSS 조사는 다음 두 가지 측면에서 환경에 대한 인식과 원자력 에너지에 대한 인식 간 상관관계를 경험적으로 검증하는 데 중요한 효용성을 가진다.

첫째, 2021년 KGSS 조사는 환경 문제에 대한 다면적인 태도를 묻는 질문들을 포함하고 있어, 본 연구의 주요 독립변수인 환경 문제에 대한 인식을 포괄적으로 측정할 수 있게끔 한다. 대중들의 환경에 대한 인식이 환경 문제에 대한 우려는 물론 환경 분야에 대한 정부 지출, 환경 문제 개선을 위한 비용 감수 여부 등 다양한 측면에 걸쳐 평가될 수 있다. 특히, 사회 심리학 연구에서 특정 주제에 대한 인식 또는 태도를 분석하고 측정하는 데 있어, 인지(Cognition), 행동(Conation), 그리고 정서(Affection) 등의 세 가지 핵심 구성요소를 종합적으로 고려해야 한다는 점을 밝히고 있다(Eagly & Chaiken 1993; Fazio & Olson 2003). 인지 요소란 특정 주제에 대한 개인의 믿음, 사상, 지식을 지칭하며, 행동 요소는 해당 주제에 대한 행동 경향 및 의도에 해당한다. 정서 요소는 개인이 특정 주제에 가지고 있는 감정을 의미한다. 이 세 가지 요소가 상호 작용함에 따라 태도가 형성되며, 따라서 환경과 같은 이슈에 대한 개인의 인식을 이해하는 데 있어 이 세 가지 요소 모두를 파악할 필요가 있다(Maloney & Ward 1973; Sonnberger et al. 2021).

그럼에도 불구하고, 여러 선행 연구에서는 원자력에 대한 태도를 분석하는 데 있어서, 설문 데이터의 한계 등의 이유로, 환경 문제에 대한 인식을 구성하는 여러 가지 요소를 포함하여 포괄적으로 측정하기보다는 구체적인 사안 또는 측면에 집중하는 경향이 있었다. 예컨대, 환경에 대한 지식수준(Jang & Park 2020), 환경 NGO에 대한 신뢰(Roh & Geong 2021), 환경친화적인 소비 태도(Badora et al. 2021), 다른 생물들에 대한 우려(Whitfield et al. 2009), 온실가스 배출의 사회적 비용 인식(Lee & Roh 2022), 미세먼지의 사회적 비용 인식(Lee & Roh 2022) 등에 초점을 맞추고 있다.[2] 본 연구는 환경 문제와 관련된 다양한 질문들을 포함하고 있는 2021년 KGSS 조사를 활용하

---

2 최근 발표된 연구에서는 이러한 선행연구의 한계점을 인식하고, 여러 차원의 질문들을 활용하여 환경 또는 기후 변화 문제에 대한 포괄적인 지표를 구축하고자 노력하고 있다(Kenny & Langsaether 2022; Sonnberger et al. 2021).

여 응답자들의 인지 요소, 행동 요소, 정서 요소 모두를 종합하는 환경에 대한 인식 지표를 측정하고자 한다. 구체적으로 본 연구는 환경 문제에 대한 다양한 답변을 토대로 주성분 분석(Principal Component Analysis)을 실시하여 응답자의 '환경 인식'을 측정하는 종합 지표를 산출했다. 주성분 분석은 응답자들의 여러 가지 차원의 질문에 대한 답변을 끌어내는 잠재적 요인을 파악하는 기법의 일환으로, 다양한 차원에 걸쳐서 분포한 답변을 가장 잘 설명할 수 있는 공통 성분, 이른바 주성분(Principal Component)을 종합 지표로 추출해내는 비지도 학습 기법이다(Wold et al. 1987).

주성분 분석에 활용된 구체적인 질문 내용들과 답변, 그리고 기술 통계값들은 다음 〈표 1〉에 정리되어 있다. 질문 1~3은 각각 환경 문제에 대한 위협 인식 및 환경 문제 해결에 있어서 집단행동 문제에 대한 인식을 묻고 있으며, 환경 문제에 대한 전반적인 인지 요소를 측정하기 위한 질문으로 활용한다. 질문 4~8은 환경 문제 해결을 위한 의지 및 실질적인 이행 여부를 묻고 있다는 점에서 행동 요소를 파악하기 위한 질문으로 사용한다. 마지막으로 질문 9는 환경 문제에 대해 얼마나 우려하고 있는지 묻는다. 특정 문제에 대한 우려가 감정 및 공포 등과 밀접히 연관되어 있다는 점에서 우려에 대한 질문을 통해 응답자의 정서를 파악할 수 있음을 주장하는 선행 연구를 근거로(Sonnberger et al. 2021), 환경 인식 지표의 정서 요소를 측정하기 위한 질문으로 활용한다. 모든 답변은 5점 척도로 측정되었으며, 주성분 분석으로 구축한 지표가 높은 점수일수록 환경 문제에 대한 인식이 높거나 또는 더 적극적인 대처 태도를 의미할 수 있도록 질문 1과 8을 제외한 모든 질문들에 대한 답변을 역조작화했다.[3] 각 질문에 대한 응답의 기술 통계량

---

3 "선택할 수 없음"을 선택한 답변은 주성분분석 과정에서 결측값(missing value)로 처리하였다.

을 계산한 결과, 특정 질문에 대한 응답이 극단적으로 이질적인 평균 및 표준편차 값을 가지지 않음이 확인된다. 질문 1~9에 대한 답변 간 크론바흐 알파(Cronbach's alpha) 계수 값은 높은 수준의 내적 신뢰도를 의미하는 0.7 이상으로 확인되었다. 또한 요인 분석을 하는 데 있어 충분한 변수들 간 상관관계 존재 유무를 검정하는 카이저 메이어 올킨(Kaiser-Meyer-Olkin) 값은 0.75로 요인 분석을 실시할 수 있을 수준인 것으로 판단되며, 바틀렛 구형성 검정(Bartlett test) 결과 역시 유의확률이 0.01 이하로써 변수 선정에 무리가 없음을 보여 주고 있다. 측정된 환경 인식지표의 평균값과 표준편차는 각각 0과 1.69이며, 〈그림 1〉의 히스토그램(histogram)에 보이듯 정규분포를 따른다. 추가적으로 정당 지지 여부에 따라 구분한 세 가지 집단—보수정당 지지자, 진보정당 지지자, 그리고 무당파—각각을 대상으로 환경 인식지표에 대한 히스토그램을 확인하였다. 〈그림 2〉에 나타나듯이, 정당 지지여부에 따라 환경 인식지표의 도수 분포가 체계적으로 달라진다는 증거는 확인하지 못하였다. 무엇보다도 여러 선행 연구들에서 밝히고 있듯, 정당 지지 및 환경 인식지표 간 상관관계가 있지만, 동시에 각 정당 지지 그룹 내에서도 환경 인식에 대한 충분한 분산(variation)이 있으며 정규 분포를 따르는 것으로 보인다.

둘째로, KGSS 조사의 경우, 본 연구의 종속변수인 원자력에너지에 대한 태도를 두 가지 측면—원자력 에너지 발전 정책과 원자력 에너지의 위험성—에 대해 분리하여 측정한다. 한국의 경우, 원자력에너지를 둘러싼 사회적 논의가 원자력 발전의 위험성을 중심으로 진행되어 온 한편 원자력 에너지 확대 또는 축소 정책은 정치적 갈등 문제로 점철되는 양상을 보여왔기 때문에 응답자의 원자력 에너지에 대한 인식을 측정하는 데 있어서 발전 정책 및 안전성 각각을 고려할 필요가 있다(권순환·이태동 2022). 2021

<표 1> 주성분 분석에 활용된 질문 및 답변과 기술 통계값

		질문 내용	답변	평균	표준편차
인지 (cognition)	질문 1	환경문제는 나의 일상생활에 직접적으로 영향을 준다	1 (매우 동의) – 5 (매우 반대)	3.42	0.79
	질문 2	환경문제에서 오는 위험에 대한 많은 주장은 과장되어 있다	1 (매우 동의) – 5 (매우 반대)	3.20	0.89
	질문 3	다른 사람은 하지 않는데 나만 환경을 위해 무엇을 한다는 것은 아무런 의미가 없다	1 (매우 동의) – 5 (매우 반대)	2.88	0.94
행동 (conation)	질문 4	귀하는 환경을 보호하기 위해 훨씬 더 많은 비용을 지불할 의향이 얼마나 있으십니까?	1 (매우 의향이 있다) – 5 (전혀 의향이 없다)	3.25	0.90
	질문 5	귀하는 환경을 보호하기 위해 훨씬 더 많은 세금을 낼 의향이 얼마나 있으십니까?	1 (매우 의향이 있다) – 5 (전혀 의향이 없다)	3.05	0.96
	질문 6	귀하는 환경을 보호하기 위해 귀하의 생활수준을 낮출 의향이 얼마나 있으십니까?	1 (매우 의향이 있다) – 5 (전혀 의향이 없다)	3.00	0.95
	질문 7	환경 분야에 대해 정부가 지출을 얼마나 더 늘려야 혹은 줄여야 한다고 생각하십니까? 만약 귀하가 "훨씬 더 늘려야"라고 말한다면, 그것은 세금인상이 필요할 수 있다는 점을 염두에 두십시오.	1 (훨씬 더 늘려야) – 5 (훨씬 더 줄여야)	3.75	0.81
	질문 8	나는 돈이나 시간이 더 들더라도 환경을 위해 좋은 것이면 한다	1 (매우 동의) – 5 (매우 반대)	3.38	0.76
정서 (affection)	질문 9	전반적으로, 귀하는 환경 문제에 대해서 어느 정도 걱정을 하십니까?	1 (전혀 걱정을 안한다) – 5 (매우 걱정을 한다)	3.74	0.83

년 KGSS의 경우 원자력 에너지 발전 정책에 대해 "귀하께서는 우리나라 원자력발전 정책이 어떠한 방향으로 나아가야 한다고 생각하십니까?"와 같이 물었으며, 답변은 ① 원자력 발전 확대 ② 원자력 발전 현상 유지 ③

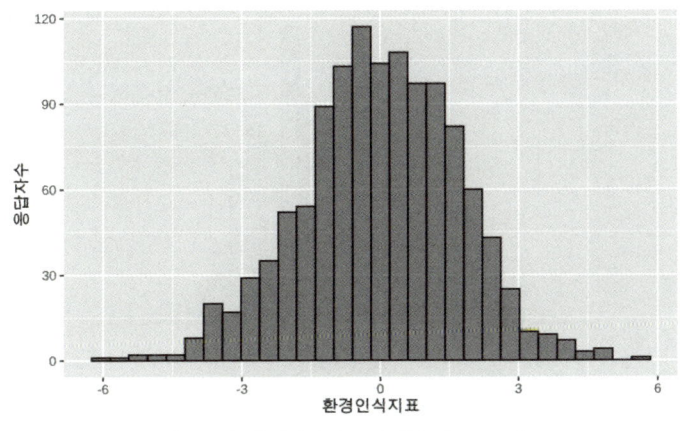

〈그림 1〉 환경인식지표에 대한 히스토그램

원자력 발전 축소의 3점 척도로 측정되었다. 원자력 에너지의 위험성에 대한 인식의 경우, "귀하는 일반적으로 다음 각 사항이 환경에 어느 정도 위험하다고 생각하십니까"라는 질문에 원자력 발전소에 대한 의견을 묻는다. 답변은 ① '절대적으로 위험하다'부터 ⑤ '전혀 위험하지 않다'까지 5점 척도로 측정되었다. 분석 결과의 직관적인 해석을 위하여, 원자력 에너지의 위험성에 대한 인식은 높은 값이 더 위험 인식이 높음을 나타내도록 역조작화하였다.[4]

추가적으로 해당 KGSS 조사가 실시되었던 2021년 당시 한국의 원자력 에너지 관련 상황 배경도 주목할 만하다. 먼저 월성 원전 1호기 폐쇄와 관련하여 정치권의 입김 등을 이유로 폐쇄의 타당성을 피력하는 산업부의 보고서가 조작되었다는 의혹이 거셌다. 또한 일본 정부가 후쿠시마 원전 오염수 방류 계획을 공표함에 따라 후쿠시마 원전 사고 및 원자력 에너지의

---

4 2021년 KGSS에서 원자력 정책 및 위험성에 대한 질문의 답변으로 "(-8) 모르겠다"와 "(-8) 선택할 수 없음" 역시 선택이 가능했으나, 본 연구의 경험적 분석에서는 결측값으로 처리하였다.

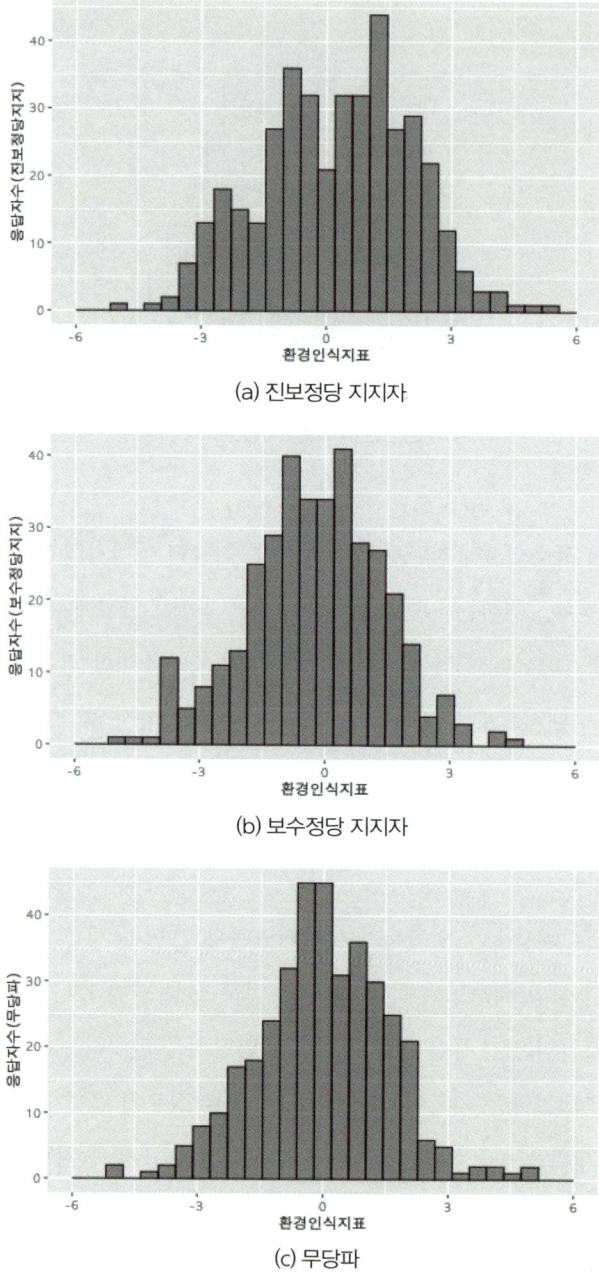

(a) 진보정당 지지자

(b) 보수정당 지지자

(c) 무당파

〈그림 2〉 환경인식지표에 대한 응답자의 지지 정당 여부에 따른 히스토그램

안전성에 대해 다양한 의견이 난립하던 상황이었다. 그뿐만 아니라, 유럽 연합(EU)을 중심으로 그린 택소노미에 대한 논의가 진행되는 데 있어, 원자력 발전이 친환경인지 여부가 중요한 이슈로 자리 잡았다. 이러한 점을 감안했을 때, 2021년 조사 당시, 대중들이 원자력에너지 정책 및 안정성에 대한 여러 가지 정보에 노출되었고, 따라서 원자력에너지에 대한 개개인의 인식이 상당 수준 형성되었을 수 있는 상황이었음을 추론할 수 있다.

본 연구의 두 가지 종속변수인 원자력 에너지 발전 정책에 대한 선호 및 위험성 인식이 모두 순서형 변수이기 때문에, 분석 모델로서 순서형 로지스틱 회귀분석(ordinal logistic regression)을 통해 응답자의 환경 인식과 원자력 에너지에 대한 태도 간 상관관계를 규명한다.[5] 표본 편향에 따른 분석 결과의 왜곡을 줄이기 위하여 가중치(weight) 변수를 보정하여 순서형 로지스틱 회귀분석을 수행하였다.

또한 통제 변수로서 환경에 대한 인식 외에 원자력 에너지에 대한 태도를 설명할 수 있는 여러가지 요인들이 분석에 포함되었다. 먼저 관련 선행 연구에서 기본적으로 고려된 성별, 연령, 혼인 상태, 소득 수준, 교육 수준, 건강 상태와 같은 응답자의 인구학적 특성 및 사회경제적 특성이 통제되었다(김근식·이선우 2018; Kim & Song 2018; Sung et al. 2022; Kim et al. 2022; Kim & Park 2022; Lee et al. 2022). 이뿐 아니라 상당수 기존 문헌이 정치적 성향이 원자력 에너지에 대한 태도를 설명하는 주요 요인이라 밝히고 있는 만큼, 응답자의 정치적 성향 및 인식을 측정하는 변수들을 통제하였다. 구체적으로, 기존의 여러 연구에서 보수 정치 성향을 가지는 사람일수록 진보 정치 성향을 가지는 사람보다 원자력 에너지 및 친화적인 정책에 대한 지

---

5 OLS 회귀분석(ordinary least squares regression)을 시행했을 때도 유사한 결과가 도출됨을 확인하였다.

지 의지가 강하고, 원자력 관련기관에 대한 신뢰도가 높고, 원자력 발전 기술에 대한 태도가 긍정적이라고 밝히고 있음에 따라, 이념 성향을 통제하였다(Lee 2020; 이형민·이진균 2021; 장하영·백경민 2019; 길우영 외 2019; Lee et al. 2022). 다만 원자력 에너지 정책이 정쟁화하고 각 정당 간 정책 태도가 상이하다는 측면에서 정치 성향보다도 정당일체감 등으로 대표되는 특정 지지 정당 여부에 따라 달라질 수 있음을 주목하고(권순환·이태동 2022), 정치 성향을 대신하여 응답자가 진보정당 또는 보수정당을 지지하는지, 혹은 지지 정당이 없는 무당파인지를 측정하여 통제하였다. 또한 정치나 정부에 대한 신뢰가 높아질수록 원자력 정책에 대한 수용적인 태도가 강화될 수 있다는 점에서(조우봉·목진휴 2016; 전영환 외 2016; 임다희 외 2016; Roh & Geong 2021; 이대웅 외 2018), 정치 만족도 및 중앙정부에 대한 신뢰도를 통제 변수로 포함하였다. 통제 변수로 활용된 질문 내용과 답변 또는 조작화 여부는 아래 〈표 2〉에 명시하였다.

상기한 사회·경제·정치적 통제 변인들은 환경에 대한 대중 인식과 상관성을 가질 수 있다는 점이 이론적·경험적으로 활발히 논의되어 왔으며, 실제로 아주 높은 수준의 다중공선성(multicollinearity)이 존재한다면 회귀분석 결과가 편향된 값을 도출할 수 있다. 이에 본 연구는 회귀분석에 앞서 독립변수들 간 높은 수준의 상관성이 예상될 때 추정 회계 계수의 산포 크기를 측정하는 분산 팽창 인수(VIF, Variance Inflation Factor)를 측정했다. VIF 측정값은 〈표 3〉에 정리하였다. 모든 변수에 있어, VIF 측정값이 1.1에서 2.2에 불과하며, 편향된 결과를 야기할 수 있는 수준으로 받아들여지는 측정값이 10보다 훨씬 낮은 수준으로 확인되었다. 즉 변수들 간 상관관계가 측정 계수값을 크게 왜곡하지 않는 수준에 그치는 것으로 나타났다.

<표 2> 분석에 통제변수로 활용된 질문 및 답변과 기술 통계값

변수	내용	답변	평균	표준편차
정치성향	귀하는 자신이 정치적으로 어느 정도 진보적 또는 보수적이라고 생각하십니까?	1 (매우 진보적) – 5 (매우 보수적)	2.95	0.97
성별	응답자의 성별	1 (남자) – 2 (여자)	1.58	0.49
나이	응답자의 연령	18 – 92	52.4	16.25
혼인상태	응답자의 혼인상태	1 (기혼) / 2 (사별) / 3 (이혼) / 4 (별거) / 5 (미혼) / 6 (동거)의 답변을 1 (기혼) 0 (나머지 혼인상태)로 조작함	0.67	0.47
소득	월평균 가구 소득	0 (소득 없음) – 11 (500만 원 이상)의 답변을 각 20 퍼센타일로 나누어서 총 5가지 층위 (1–5)로 조작함	2.91	1.48
교육수준	응답자의 최종 학력	0 (무학) – 7 (대학원 박사과정)	3.24	1.5
건강상태	전반적으로 귀하의 건강 상태는 어떻습니까?	1 (매우 좋다) – 5 (나쁘다)	2.93	1.1
정치만족도	귀하는 한국의 정치 상황에 대해 어느 정도 만족 또는 불만족하십니까?	1 (매우 만족) – 5 (매우 불만족)	3.66	0.97
중앙정부신뢰도	귀하는 이 기관들을 이끌어가는 사람들을 어느 정도 신뢰하는지 말씀해 주십시오: 중앙 정부 부처	1 (매우 신뢰) – 3 (거의 신뢰하지 않음)	1.71	0.6

<표 3> 독립변수 간 VIF 측정값

변수	VIF
환경인식지표	1.189454
정치성향(진보–보수)	1.126694
성별(여성)	1.133329
나이	2.275449
혼인 여부	1.625837
소득	1.791301

교육수준	2.237261
건강상태	1.587606
정치만족도	1.209311
중앙정부신뢰도	1.186784

IV. 분석결과

1. 환경 문제에 대한 인식과 원자력 에너지 정책에 대한 태도 간 상관 관계

〈표 4〉는 환경 인식지표로 측정된 응답자의 환경문제 및 대처에 대한 인식이 원자력 에너지 정책에 대한 태도(축소/유지/확대)에 영향을 미치는지 알아보기 위한 순서형 로지스틱 회귀분석(ordinal logistic regression) 결과를 제시한다. 〈표 4〉의 모형 (1)과 (2)는 응답자의 정치 성향을 측정하는 데 있어 "귀하는 자신이 정치적으로 어느 정도 진보적 또는 보수적이라고 생각하십니까?"라는 질문에 대해 5점 척도(1-매우 진보적 ~ 5-매우 보수적)를 기준으로 응답한 값을 사용하였다. 모형 (3)과 (4)에서는 정치 성향 대신 구체적인 지지 정당 여부에 따라 응답자를 3가지 그룹(진보정당 지지, 보수정당 지지, 그리고 무당파)으로 구분하고 각 그룹에 해당하는 더미 변수를 만들어 통제하였다. 더미변수의 함정(dummy variable trap)을 막기 위하여, 통계 모델에는 진보정당 지지를 기저그룹(baseline group)으로 삼고 포함하지 않았다. 또한 모형 (1)과 (3)은 사회·경제적 통제 변인들만 포함하였으며, 모형 (2)와 (4)에서 정치적 태도를 측정하는 변인들을 추가하였다.

〈표 4〉에 제시된 결과에 따르면, 모든 모형에서 환경 인식지표가 음의 추

정 계수값을 가지며, 그 값이 1% 유의 수준(significance level)에서 통계적으로 유의미한 것으로 나타났다. 환경 인식지표 값이 클수록 친환경적인 인식을 나타내며, 종속변수인 원자력 에너지 정책에 대한 태도가 높은 값을 가질수록 원전 확대에 가까운 의견을 의미함을 감안했을 때, 이 결과는 '환

〈표 4〉 순서형 로지스틱 회귀분석 결과: 환경인식지표와 원자력 에너지 정책에 대한 태도

	(1)	(2)	(3)	(4)
환경인식지표	−0.141*** (0.048)	−0.130*** (0.048)	−0.139*** (0.048)	−0.129*** (0.048)
정치성향(진보−보수)	0.295*** (0.072)	0.293*** (0.074)		
무당파			0.422** (0.170)	0.443** (0.172)
보수정당지지			0.512*** (0.171)	0.495*** (0.175)
성별(여성)	−0.448*** (0.143)	−0.441*** (0.145)	−0.425*** (0.142)	−0.410*** (0.145)
나이	−0.002 (0.006)	−0.002 (0.006)	0.003 (0.006)	0.003 (0.006)
혼인 여부	0.229 (0.179)	0.198 (0.178)	0.254 (0.182)	0.234 (0.181)
소득	−0.017 (0.059)	0.003 (0.059)	0.003 (0.059)	0.021 (0.059)
교육수준	0.096 (0.067)	0.081 (0.067)	0.074 (0.067)	0.062 (0.068)
건강상태	−0.014 (0.077)	−0.021 (0.078)	−0.009 (0.077)	−0.019 (0.078)
정치만족도		0.016 (0.079)		0.021 (0.077)
중앙정부신뢰도		−0.213* (0.128)		−0.194 (0.131)
N	1033	1023	1024	1012

* p<0.10, ** p<0.05, *** p<0.01
괄호 안의 숫자는 표준오차

경에 대한 인식이 높을수록 원자력 발전소 확대 정책을 찬성하는 인식이 약해질 것이다'는 가설 1을 뒷받침하는 증거로 해석할 수 있다.

또한 〈표 4〉의 결과는 진보성향에 비해 보수성향을 가질수록 친원자력 정책을 지지하는 경향이 강하다는 기존의 연구 결과를 뒷받침한다(e.g. Lee 2020; 이형민·이진균 2021; 길우영 외 2019). 모형 (1)과 (2)에 걸쳐서, 높을수록 보수성향을 가진 것으로 측정된 정치 성향 변수는 통계적으로 유의미한 양(+)의 계수값을 갖는 것으로 추정되었다. 즉 응답자가 보수 성향을 가질수록 원자력 에너지 확대 정책을 선호할 가능성이 높음을 의미한다. 모형 (3)과 (4)의 추정 결과 역시 정치적 성향, 구체적으로 지지 정당 여부가 원자력 정책에 대한 태도를 형성하는 데 있어 중요한 요소임을 밝힌 이전 연구들의 주장을 강화하는 증거를 제시한다(e.g. Corner et al. 2011; 장하영·백경민 2019; 권순환·이태동 2022). 무당파와 보수정당 지지 여부를 나타내는 각각의 더미 변수들의 추정 계수값이 양(+)인 것으로 나타났으며, 통계적으로 0과 유의미하게 다름을 보여 주고 있다. 이는 기저 그룹인 진보정당에 비해 원자력 확대 정책을 지지할 가능성이 높음을 시사한다.

한편 성별을 제외한 다른 사회·경제·정치적 통제변수들의 경우, 추정 계수는 0에 가까우며 통계적으로 유의미하지 않은 것으로 확인됐다. 중앙 정부 신뢰도의 경우, 음의 계수를 가지고 정치 성향을 같이 통제한 모델 (2)에서는 통계적으로 유의미한 결과를 보이지만, 지지 정당 여부를 통제한 모델 (4)에 따르면 유의미한 관계를 갖지 않는 것으로 보이는 등, 원자력 정책과의 상관관계를 보여 주는 명확한 경험적 증거는 찾지 못하였다. 성별의 경우, 기존 연구에서 제시하고 있듯이, 여성일수록 원자력 에너지 축소 정책을 선호하는 것으로 나타났다(김근식·이선우 2018; Kim & Song 2018; Sung et al. 2022).

<표 5> 순서형 로지스틱 회귀분석 결과:
환경인식지표와 원자력 에너지의 위험성에 대한 인식

	(1)	(2)	(3)	(4)
환경인식지표	0.115*** (0.040)	0.120*** (0.040)	0.135*** (0.041)	0.140*** (0.042)
정치성향(진보-보수)	−0.277*** (0.075)	−0.273*** (0.075)		
무당파			−0.418*** (0.160)	−0.410** (0.161)
보수정당지지			−0.428*** (0.163)	−0.438*** (0.167)
성별(여성)	0.436*** (0.130)	0.418*** (0.130)	0.444*** (0.131)	0.428*** (0.131)
나이	−0.003 (0.005)	−0.002 (0.006)	−0.007 (0.006)	−0.006 (0.006)
혼인 여부	−0.162 (0.167)	−0.190 (0.171)	−0.092 (0.168)	−0.126 (0.172)
소득	−0.001 (0.053)	0.016 (0.053)	−0.048 (0.054)	−0.029 (0.054)
교육수준	−0.089* (0.053)	−0.092* (0.054)	−0.078 (0.055)	−0.080 (0.056)
건강상태	−0.104 (0.072)	−0.108 (0.073)	−0.119* (0.072)	−0.122* (0.074)
정치만족도		−0.006 (0.068)		−0.023 (0.068)
중앙정부신뢰도		−0.138 (0.099)		−0.166* (0.100)
N	1072	1061	1063	1050

* p<0.10, ** p<0.05, *** p<0.01
괄호 안의 숫자는 표준오차

〈표 5〉는 원자력 에너지에 대한 위험성을 종속변수로 사용한 순서형 로지스틱 회귀분석 결과를 제시한다. 우선 환경 인식이 높을수록 원자력에너지의 위험성에 대한 인식도 높음을 보여줌으로써 가설 1을 지지하는 증거

를 제공한다. 환경 인식지표의 계수값은 모형에 따라 0.11에서 0.14 사이 양(+)의 값으로 추정되며, 통계학적으로는 유의수준 1%를 기준으로 유의미하였다.

다른 통제 변인들에 대한 결과를 보면, 원자력 정책에 대한 태도를 종속변수로 사용한 분석 결과〈표 4〉와 크게 다르지 않은 것으로 확인된다. 첫째로, 〈표 5〉의 결과는 역시 정치 성향 또는 지지 정당 여부가 원자력 에너지에 대한 태도에 중요한 설명 변수임을 재차 확인시켜주고 있다. 〈표 5〉에서 나타난 결과와 유사하게, 정치 만족도나 중앙정부 신뢰도와 같은 여타 정치에 대한 의견을 통제하고도 통계적으로 유의미한 결과를 나타낸다. 보수 이념을 가지거나 보수 정당을 지지하는 응답자일수록 원자력 에너지가 위험하지 않다고 생각하는 경향이 있음을 보여 주고 있다. 둘째로, 원자력 에너지에 대한 위험성에 있어서 여성이 남성보다 더 높은 인식을 가지고 있다는 점에서, 여성이 원자력 에너지 전반에 부정적인 태도를 가지는 경향이 있음을 알 수 있다. 셋째로, 이 외에 다른 변인들의 경우 통계적으로 유의미성이 검증되지 않았다. 교육 수준 또는 건강 상태가 일관적인 방향의 계수값이 추정되고 몇 가지 모형에서 0.1 유의수준에서의 통계적 유의미성이 확인되지만, 모형 전체에 있어서 발견되는 강건한 결과로 보기에는 증거가 약한 것으로 파악된다.

요컨대, 〈표 4〉와 〈표 5〉에 나타난 본 연구의 핵심적인 분석 결과는 환경 인식과 원자력 에너지에 대한 태도가 정적인 관계를 가지고 있다는 것이다. 높은 수준의 환경 인식지표를 가질수록 원자력 정책 축소를 지지하는 성향을 보이고 있으며, 동시에 원자력 에너지 위험성에 대한 인식이 높아진다는 점이 다양한 통계모형 결과에서 일관적으로 발견되었다. 즉 가설 1을 지지하는 분석 결과를 확인할 수 있었다. 특히 기존의 연구에서 원자력 에너지에 태도를 설명하는 주요 사회경제 및 정치적 변인을 통제한 상태에서도 환경에 대한 인식이 유의미한 효과를 가진다는 것 역시 주목할 만하다.

분석 결과의 강건성을 확인하기 위하여 여러 추가 분석을 실시하였다. 구체적으로, 첫째로, 가중치(weight) 변수를 보정하지 않은 표본을 대상으로 결과를 추정했다. 둘째로, 총 9개의 환경 인식을 묻는 질문들이 각각 보상적인 관계를 가질 수 있다는 가정하에, 주성분 분석이 아닌, 단순 평균값을 계산하여 지수로 활용했다. 각 질문에 대한 답변 척도가 다르기 때문에, 평균값 계산 전에 0에서 1 사이의 값으로 표준화(standardize)하였다. 셋째로, 원자력 에너지 정책에 대한 태도(확대/유지/축소) 및 원자력 에너지 위험성에 대한 답변을 바탕으로 여러 더미 변수들을 조작하여 종속변수로 활용했다. 구체적으로 원자력 에너지 정책 태도와 관련해서는 원자력 에너지 확대 의견을 나타내는 더미 변수와 축소 의견을 나타내는 더미변수로 조작하였으며, 원자력 에너지 안정성에 대해서는 위험하다는 응답과 위험하지 않다는 답변을 각각 더미변수로 만들었다. 분석모델로는 로지스틱 회귀모형을 사용했다. 추가 검증 결과는 〈표 6〉와 〈표 7〉에 보고되어 있으며, 원자력 에너지에 대한 태도 결정에 환경에 대한 인식이 중요한 영향을 미친다는 본 연구의 핵심 발견이 여러 가지 모형 및 지수화 방법 선택 등에도 강건함을 보여 주고 있다.

2. 지지 정당에 따른 환경과 원자력 에너지 인식 간 상관관계 차이 분석

다음으로 환경에 대한 인식이 원자력 에너지에 대한 태도에 미치는 영향이 지지 정당 여부에 따라 체계적으로 달라지는지 탐구한다. 구체적으로

<표 6> 강건성 검증 결과: 환경인식지표와 원자력 에너지 정책에 대한 태도

	가중치 제외	평균값 기반 환경인식지표	DV = 원자력 에너지 확대	DV = 원자력 에너지 축소
	(1)	(2)	(3)	(4)
환경인식지표	-0.124*** (0.040)		-0.082* (0.054)	0.152** (0.062)
환경인식지표 (평균값)		-0.491*** (0.147)		
정치성향 (진보-보수)	0.282*** (0.070)	0.287*** (0.074)	0.220** (0.098)	-0.373*** (0.094)
성별(여성)	-0.382*** (0.132)	-0.421*** (0.144)	-0.496*** (0.176)	0.378* (0.198)
나이	0.001 (0.006)	-0.002 (0.006)	-0.004 (0.008)	-0.002 (0.008)
혼인 여부	0.203 (0.156)	0.189 (0.177)	0.375 (0.249)	-0.050 (0.225)
소득	-0.015 (0.055)	0.004 (0.059)	0.076 (0.073)	0.099 (0.081)
교육수준	0.050 (0.058)	0.087 (0.067)	0.141* (0.084)	0.008 (0.089)
건강상태	-0.024 (0.067)	-0.007 (0.077)	0.119 (0.093)	0.193* (0.099)
정치만족도	-0.011 (0.070)	0.020 (0.078)	0.013 (0.099)	-0.015 (0.099)
중앙정부신뢰도	-0.195* (0.111)	-0.197 (0.126)	-0.300* (0.156)	0.121 (0.172)
N	1023	1037	1076	1076

* $p<0.10$, ** $p<0.05$, *** $p<0.01$
괄호 안의 숫자는 표준오차

가설 2에서 명시하고 있듯이, 확고한 지지 정당을 갖고 있지 않은, 이른바 무당파 응답자들에게서 환경 인식과 원자력 에너지에 대한 태도 간 음(-)의 상관관계가 더 명확히 발견되는지 검정한다. 이를 위하여 본 연구는 보수 정당 지지자, 진보정당 지지자, 그리고 무당파의 3가지 집단으로 응답자를

<표 7> 강건성 검증 결과: 환경인식지표와 원자력 에너지의 위험성에 대한 인식

	가중치 제외	평균값 기반 환경인식지표	DV = 원자력 에너지 확대	DV = 원자력 에너지 축소
	(1)	(2)	(3)	(4)
환경인식지표	0.120*** (0.035)		0.113*** (0.043)	-0.144** (0.073)
환경인식지표 (평균값)		0.393*** (0.124)		
정치성향 (진보-보수)	-0.277*** (0.064)	-0.264*** (0.075)	-0.228*** (0.075)	0.362*** (0.118)
성별(여성)	0.410*** (0.117)	0.410*** (0.130)	0.358** (0.143)	-0.726*** (0.227)
나이	-0.007 (0.005)	-0.003 (0.006)	-0.004 (0.006)	-0.002 (0.009)
혼인 여부	-0.298** (0.139)	-0.180 (0.170)	-0.171 (0.184)	0.355 (0.308)
소득	-0.001 (0.048)	0.024 (0.053)	0.036 (0.060)	-0.039 (0.088)
교육수준	-0.073 (0.051)	-0.100* (0.054)	-0.113* (0.064)	0.163* (0.095)
건강상태	-0.073 (0.060)	-0.119 (0.073)	-0.032 (0.073)	0.303** (0.123)
정치만족도	-0.011 (0.062)	-0.024 (0.068)	0.055 (0.077)	0.381*** (0.126)
중앙정부신뢰도	-0.164* (0.097)	-0.163 (0.099)	-0.101 (0.120)	0.364** (0.172)
N	1061	1078	1076	1076

* p<0.10, ** p<0.05, *** p<0.01
괄호 안의 숫자는 표준오차

구분하고, 집단별 부표본분석(Subsample analysis)을 실시했다. 지지 정당 여부에 따른 환경 인식의 영향 차이 분석을 위하여 환경 인식지표와 지지 정당 관련 변수 간 상호작용(Interaction)을 포함한 통계 모델 역시 고려할 수 있다. 하지만 본 연구는 환경 인식의 효과가 진보정당 지지, 무당파, 보수정당 지지에 따라 차등적으로 발견될 것임을 검정하기보다는, 무당파 응답자에게 환경 인식 효과가 더 두드러지게 나타나는지 경험적으로 확인하고자 하기에 부표본분석을 주요 분석 방법으로 활용한다. 또한 각 지지 정당 여부에 따라 환경 인식 외에 다른 사회경제적 변인의 역할이 달라질 것으로 예상할 수 있다는 측면에서도 부표본분석이 본 연구의 가설을 검정하는 데 있어 더 적합한 방법이다. 부표본분석을 시행하는 데 있어서, 본 연구의 기본 분석모형인 순서형 로지스틱 회귀모형을 추정했으며 앞선 분석과 동일한 종속변수, 독립변수 그리고 통제변수를 포함했다.[6]

〈그림 3〉과 〈그림 4〉는 각각 원자력 정책에 대한 태도와 안정성에 대한 인식을 종속변수로 추정한 분석 결과를 표시한다. 환경 인식지표의 영향이 지지 정당 여부에 따라 어떻게 달라지는지 더 명확히 파악하기 위하여 환경 인식지표의 추정 계수와 95% 신뢰구간을 각 집단별로 시각화하였다. 원자력 에너지 정책(〈그림 3〉) 및 안정성 인식(〈그림 4〉) 모두 진보정당 지지 및 보수정당 지지 집단에는 환경 인식지표가 통계적으로 유의미한 상관성을 가지고 있다는 증거를 찾지 못하였다. 지지 정당이 명확한 응답자들의 경우, 이미 정쟁의 핵심 주제 중 하나로 자리 잡게 된 원자력 에너지를 둘러싼 여러 이슈에 대해 본인들의 지지 정당의 정책 기조에 동조하는 태도를 형성하기 쉬우며, 따라서 환경 등 원자력 에너지가 직간접적인 영향을 미칠 수 있는 주제에 대한 인식이 원자력 에너지 태도에 제한된 영향력만 가짐을 의미한다고 해석할 수 있겠다.

반면에 무당파인 경우 환경 인식지표가 통계적으로 0과 유의미하게 다르다는 점을 확인할 수 있다. 무당파에 한해 환경 인식지표는 원자력 에너지

---

6 지지 정당 여부에 따른 부표본분석을 실시함에 따라 각 그룹에서 아주 낮은 수준의 분산도를 가질 것으로 예상되는 정치 관련 변수는 포함하지 않았다.

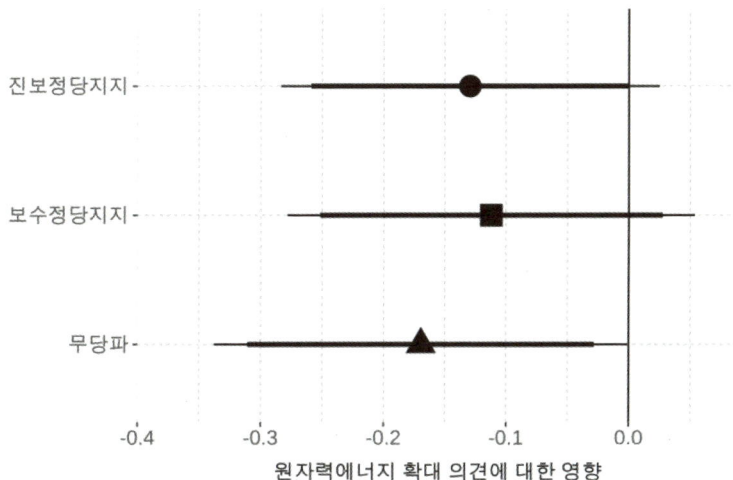

〈그림 3〉 원자력 에너지 정책 선호에 대한 지지 정당별 환경인식지표의 영향력 비교

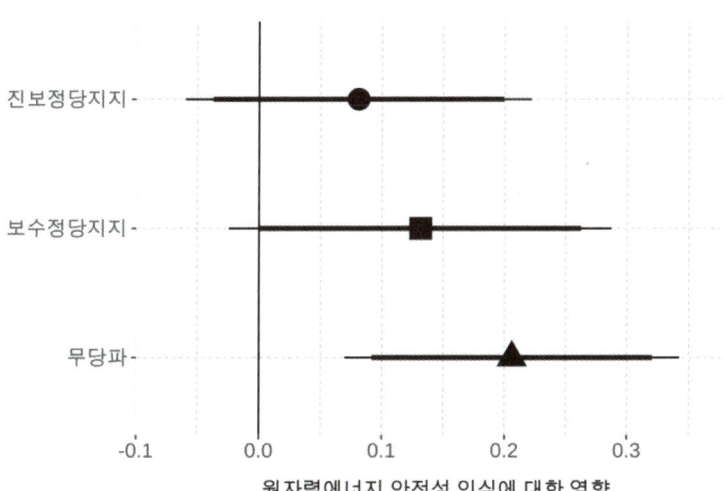

〈그림 4〉 원자력 에너지 안전성 인식에 대한 지지 정당별 환경인식지표의 영향력 비교

확대 정책에 대한 선호와 원자력 에너지 안정성 인식에 대해서 각각 음(-)과 양(+)의 관계를 보인다. 즉 환경 인식과 원자력에너지에 대한 태도 사이의 부적인 관계가 무당파에게 두드러진다는 가설 2를 뒷받침하는 결과로 해석할 수 있다.

V. 결론

본 연구는 응답자들의 환경 문제에 대한 여러 질문에 대한 답변을 토대로 포괄적인 '환경 인식지표'를 측정하고, 원자력 에너지 정책 및 안전성에 대한 의견에 어떠한 영향을 미치는지 분석했다. 그 결과, 대중들이 환경 문제에 대해 높은 인식을 가질수록 원자력 에너지 축소 정책을 지지할 가능성이 높으며, 또한 원자력에너지의 안전성에 대해 부정적인 태도를 가지는 경향이 있음을 밝혔다. 특히 기존 연구에서 초점을 맞추고 있는 정치적 성향을 비롯한 다양한 변수들을 통제한 경우에도 일관되게 나타났다는 점에서 환경 인식이 원자력 에너지에 대한 태도에 직접 영향을 미치고 있음을 추론할 수 있겠다.

이 연구 결과는 정치양극화 문제로 한국의 민주주의가 위기 상황을 겪고 있으며, 에너지 분야와 같이 경제, 안보, 사회, 복지 등 여러 주요 분야에 중대한 영향을 미칠 수 있는 사안에서 효율적인 정책이 나오기 어렵다는 우려가 큰 상황에서도, 환경에 대한 파급효과 등 해당 정책에 대한 비정치적인 인식이 해당 정책 선호에 영향을 미칠 수 있다는 점을 보여 준다. 이는 정쟁이 아닌 정책 자체의 효율성에 대한 논쟁을 바탕으로 중요 정책이 형성될 수 있는 여지가 있음을 보여 준다는 점에서 의의가 있다. 또한, 정치양극화로 인해 정당 간 온도차가 명확한 원자력 정책에서도 비정치적인 인식이 영향을 끼칠 수 있음을 보여줬다는 점도 주목할 만하다.

또한 본 연구는 환경 인식이 원자력에 대한 태도에 미치는 영향이 명확한 지지 정당이 없는 무당파에게 더 뚜렷하게 나타남을 보인다. 환경 인식이 원자력 정책 선호에 미치는 영향이 보수 정당 및 진보 정당 지지자에게 통계적으로 유의미하지 않은 것으로 나타났다는 점은 앞으로도 에너지 정책이 정쟁의 대상으로 남아 고착화될 가능성도 있음을 시사한다. 보수 및 진보 정당 지지자들에게 있어 환경과 같은, 정책에 대한 비정치적 고려는 상대적으로 중요한 요인이 되지 않고 있으며, 따라서 원자력 정책에 대한 이들 간의 논쟁도 정치의 영역에서만 이루어질 여지가 있다. 하지만 한국을 포함하여 많은 국가에서 중도 또는 지지 정당이 없는 유권자, 이른바 무당파의 비중은 커지고 있기에(Dalton 2013; Hill & Tausanovitch 2015), 이들의 정책 선호와 그 요인을 밝히는 연구는 중요한 의의를 가진다. 특히 무당파들이 선거 결과를 결정지을 수 있는 집단으로써 점점 민주주의 내 그 위치가 공고해지고, 정당들 간 무당파의 마음을 잡기 위한 정책을 양산해내는 추세를 감안했을 때(Seo & Chung 2016), 무당파의 정책 태도가 결국에는 원자력 에너지 정책의 방향성을 나타내는 지표가 될 수 있다.

참고문헌

강명세. 2024. 한국의 정서적 양극화: 제20대 대선결과의 이론적 및 경험적 논의. 비교민주주의연구, 18(2), 29–65.

권순환·이태동. 2022. "정당일체감이 원자력에너지 안전성과 확대 인식에 미치는 영향." 『한국정치연구』 31(3), 215–246.

권영선·이현우. 2021. "심의공론조사의 품질 결정요인 연구: 신고리 원전 5·6호기 공론화 시민참여형 조사를 대상으로."『의정논총』16(1), 171-199.

길우영·윤호영·이종혁. 2019. "원자력 이슈에 대한 심리적 요인과 커뮤니케이션 요인이 수용자 인식 변화에 미치는 영향: 온라인 대화 유형에 따른 비교 분석."『사회과학연구』30(3), 181-210.

김근식. 2019. "객관적 원자력 지식수준이 원자력 수용성에 미치는 영향에 대한 실증분석: 인터넷 사용자 인식을 중심으로."『行政論叢』57(3), 261-295.

김근식·이선우. 2018. "비선호시설 입지갈등 해소를 위한 인센티브 제도의 정책효과 분석: 원전 지역 지원정책을 중심으로."『行政論叢』56(3), 131-167.

김수진. 2018. "원자력 정치의 부재와 탈원전의 정책규범에 관한 고찰."『환경사회학연구 ECO』22(1), 139-170.

김지연·박성진. 2023. "일본 정부 "후쿠시마 오염수 방류 올해 봄이나 여름쯤 개시"(종합)."『연합뉴스』, https://www.yna.co.kr/view/AKR20230113053051073?input =1195m (2023/01/25 검색)

김지주·권상희. 2020. "사회적 갈등 이슈에 대한 뉴스 프레임 연구: 문재인 정부의 탈원전 정책을 중심으로."『한국방송학보』34(2), 5-43.

노동석·이대연. 2018. "주요국 탈원전 정책의 결정과정과 정책시사점 분석."『에너지경제 연구원 수시연구보고서』, 1-102.

박성민·장지상·김채복. 2017. "원자력발전 수용성에 영향을 미치는 요인에 관한 연구: 울진군 지역을 중심으로".『분쟁해결연구』15(3), 5-43.

박수경·장동현. 2019. "원자력 정책 변동에 관한 연구: 후쿠시마 원전 사고 전후를 중심으로".『한국콘텐츠학회논문지』19(6), 222-235.

박현석·박상훈·윤광일·이재묵. 2023. "정치 양극화의 실태와 개선방안." 국회미래연구소 연구보고서 23-12.

선정민·김은경. 2021. "[단독] 中·美·인도·러·日 '원전 확대해 탄소저감' 문서에 명시."『조선일보』, https://n.news.naver.com/mnews/article/023/0003651077?sid= 102 (2022/12/17 검색)

송경재. 2023. "빌 게이츠 "기후위기, 원전이 답"…"이대로 가면 1.5℃ 한도 목표 실패"."『파이낸셜뉴스』, https://www.fnnews.com/news/202301150609163753 (2023/01/25 검색)

이대웅·손주희·권기헌. 2018. "정부신뢰가 위험인식과 정책 수용성에 미치는 영향: 한국의 원자력발전소 사례를 중심으로."『韓國行政學報』52(1), 229-257.

이한듬. 2021. "'차세대 원전' 소형 모듈 원자로, 탄소중립 열쇠될까".『머니S』, https://moneys.mt.co.kr/news/mwView.php?no=2021070914338065529 (2022/12/17 검

색)

이형민·이진균. 2021. "사회적 가치 지향, 주관적 지식, 정치적 성향이 원자력 관리 기관 신뢰도, 원자력 발전 기술 태도, 친원자력 정책 지지 의도에 미치는 영향에 관한 연구."『홍보학연구』25(2), 102-134.

임다희·이소담·권기헌. 2016. "정책결정 과정 인식을 통한 원자력정책 수용성의 인과 구조: 원전 입지여부에 따른 집단 간 차이 분석을 중심으로."『韓國政策學會報』 25(2), 245-282.

장하영·백경민. 2019. "정치적 성향이 원자력 발전 수용성에 대해 미치는 영향: 2016년 KGSS 자료를 중심으로."『인문사회 21』10(4), 465-480.

전영환·목진휴·김병준. 2016. "위험인식 및 정부신뢰가 원자력 정책 수용성과 만족도에 미치는 영향에 대한 연구: 기대-불일치모형분석의 적용을 중심으로."『政策分析 評價學會報』26(3), 85-110.

조우봉·목진휴. 2016. "원자력발전 수용성의 영향요인에 관한 연구: 위험인식과 정부신 뢰의 매개효과를 중심으로."『社會科學研究』29(1), 107-128.

최민경. 2021. "中 "원자력은 청정에너지" 150기 추가 건설…원전 패권 뺏나."『머니투데 이』, https://n.news.naver.com/mnews/article/008/0004666501?sid=101 (2023 /01/25 검색)

황성욱·김효정·장익진. 2018. "원자력 발전의 필요성 인식과 수용성에 미치는 영향 요인: 부산·울산·경남 주민들의 인식 조사를 중심으로."『광고PR실학연구』11(4), 135- 164.

Badora, A., Kud, K., Woźniak, M. 2021. "Nuclear Energy Perception and Ecological Attitudes." *Energies* 14(14), 1-18.

Besley, J. C., Oh, S. H. 2014. "The impact of accident attention, ideology, and environ-mentalism on American attitudes toward nuclear energy." *Risk analysis 34*(5).

Bian, Q., Han, Z., Veuthey, J., Ma, B. 2021. "Risk perceptions of nuclear energy, cli-mate change, and earthquake: How are they correlated and differentiated by ideologies?." *Climate Risk Management* 32, 100297.

Chung, J. B., Kim, E. S. 2018. "Public perception of energy transition in Korea: Nu-clear power, climate change, and party preference." *Energy Policy* 116, 137-144.

Clulow, Z., Ferguson, M., Ashworth, P., Reiner, D. 2021. "Comparing public attitudes towards energy technologies in Australia and the UK: The role of political ideol-ogy." *Global Environmental Change 70*, 1-11.

Corner, A., Venables, D., Spence, A., Poortinga, W., Demski, C., Pidgeon, N. 2011.

"Nuclear power, climate change and energy security: Exploring British public attitudes." *Energy Policy* 39(9), 4823-4833.

Dalton, R. J. 2013. *The apartisan American: Dealignment and changing electoral politics.* CQ Press.

Eagly, A. H., Chaiken, S. 1993. *The psychology of attitudes.* Harcourt Brace Jovanovich College Publishers.

Fazio, R.H., Olson, M.A. 2003. "Implicit measures in social cognition research: Their meaning and use." *Annual review of psychology* 54, 297-327.

Fossati, D., Muhtadi, B., Warburton, E. 2022. "Why democrats abandon democracy: Evidence from four survey experiments." Party Politics 28(3), 554-566.

Franchino, F. 2014. "The social bases of nuclear energy policies in Europe: Ideology, proximity, belief updating and attitudes to risk." *European Journal of Political Research* 53(2), 213-233.

Graham, M. H., Svolik, M. W. 2020. "Democracy in America? Partisanship, polarization, and the robustness of support for democracy in the United States." American Political Science Review 114(2), 392-409.

Green, J. 2005. *Nuclear power: No solution to climate change.* Friends of the Earth.

Grubert, E., Zacarias, M. 2022. "Paradigm shifts for environmental assessment of decarbonizing energy systems: Emerging dominance of embodied impacts and design-oriented decision support needs." *Renewable and Sustainable Energy Reviews* 159.

Hill, S. J., Tausanovitch, C. 2015. "A disconnect in representation? Comparison of trends in congressional and public polarization." *The Journal of Politics* 77(4), 1058-1075.

Huang, G. C. L., Gray, T., Bell, D. 2013. "Environmental justice of nuclear waste policy in Taiwan: Taipower, government, and local community." *Environment, development and sustainability* 15(6), 1555-1571.

Hübscher, E., Sattler, T., Wagner, M. 2023. "Does austerity cause polarization?" British Journal of Political Science 53(4), 1170-1188.

Jang, Y., Park, E. 2020. "Social acceptance of nuclear power plants in Korea: The role of public perceptions following the Fukushima accident." *Renewable and Sustainable Energy Reviews* 128, 109894.

Kenny, J., Langsaether, P.E. 2022. "Environmentalism as an independent dimension of political preferences." *European Journal of Political Research.*

Kessides, I. N. 2012. The future of the nuclear industry reconsidered: Risks, uncertainties, and continued promise. *Energy Policy 48*, 185-208

Kim, J., Park, S. 2022. "Exploring the effects of the first-hand experience of deliberative practice: the case of the Shin-Gori Nuclear Reactor Nos. 5 and 6 in South Korea." *Asian Journal of Communication* 32(6), 510-528.

Kim, P., Kim, J., Yim, M. S. 2020. "How deliberation changes public opinions on nuclear energy: South Korea's deliberation on closing nuclear reactors." *Applied Energy* 270.

Kim, Y., Kim, J. H., Yoo, S. H. 2022. "South Koreans' acceptance of hydrogen production using nuclear energy." *International Journal of Energy Research* 46(4), 5350-5361.

Konstantinidis, N., Matakos, K., Mutlu-Eren, H. 2019. ""Take back control"? The effects of supranational integration on party-system polarization." The Review of International Organizations 14(2), 297-333.

Lee, T., Ryu, S., Kim, M. 2022. "Public deliberation on nuclear power plant construction: The impact of values, processes, and personal attributes." *Journal of Cleaner Production* 355, 131794.

Latré, E., Thijssen, P., Perko, T. 2019. "The party politics of nuclear energy: Party cues and public opinion regarding nuclear energy in Belgium." *Energy Research & Social Science 47*, 192-201.

Lee, J.W., Roh, S. 2022. "Nuclear power in jeopardy: The negative relationships between greenhouse gas/fine dust concerns and nuclear power acceptance in South Korea." *Nuclear Engineering and Technology* 54(10), 3695-3702.

Lee, Y.K. 2020. "Sustainability of nuclear energy in Korea: From the users' perspective." *Energy Policy* 147, 111761.

Lim, J., Moon, K. K. 2021. "Can Political Trust Weaken the Relationship between Perceived Environmental Threats and Perceived Nuclear Threats? Evidence from South Korea." *International Journal of Environmental Research and Public Health* 18(18), 9816.

Luskin, R.C., Fishkin, J.S., Hahn, K.S., 2007. "Deliberation and net attitude change." in ECPR General Conference, 6-8. Pisa, Italy.

Macias, T. 2016. "Environmental risk perception among race and ethnic groups in the United States." *Ethnicities* 16(1), 111-129.

McCright, A. M., Dunlap, R. E., Marquart-Pyatt, S. T. 2016. "Political ideology and views about climate change in the European Union." *Environmental Politics* 25(2), 338-358.

McBeth, M. K., Warnement Wrobel, M., van Woerden, I. 2022. "Political ideology and nuclear energy: Perception, proximity, and trust." *Review of Policy Research* 40(1), 88-118.

M.P. Maloney, M.P. Ward. 1973. "Ecology: Let's hear from the people: an objective scalethe measurement of ecological attitudes and knowledge." *Am. Psychol* 28(7) 583-586.

Nuclear Energy Institute. 2018. "The Advantages of Nuclear Energy: Powering Our Way of Life While Barely Leaving a Trace." https://www. nei.org/advantages (2022/12/17 검색)

Reilly, T., Hedberg, E.C. 2022. "Social networks of independents and partisans: Are independents a moderating force?." *Politics & Policy* 50(2), 225-243.

Roh, S., Geong, H. G. 2021. "Extending the Coverage of the Trust-Acceptability Model: The Negative Effect of Trust in Government on Nuclear Power Acceptance in South Korea under a Nuclear Phase-Out Policy." *Energies* 14(11), 1-19.

Seo, J., Chung, J. M. 2016. "Independent Voters in Political Contexts: A Comparative Study of the Presidential Elections in South Korea and the United States." 미국학 39(2), 175-210.

Sjoberg. 2004. "Explaining Individual Risk Perception: The Case of Nuclear Waste." *Risk Management* 6(1), 51-64.

Sonnberger, M., Ruddat, M., Arnold, A., Scheer, D., Poortinga, W., Böhm, G., Bertoldo, R., Mays, C., Pidgeon, N., Poumadère, M., Steentjes, K. 2021. "Climate concerned but anti-nuclear: Exploring (dis) approval of nuclear energy in four European countries." *Energy Research & Social Science 75*, 102008.

Sung, H., Kim, J.U., Lee, D., Jin, Y.W., Jo, H., Jun, J.K., Park, S., Seo, S. 2022. "Radiation risk perception and its associated factors among residents living near nuclear power plants: A nationwide survey in Korea." *Nuclear Engineering and Technology* 54(4), 1295-1300.

Viklund, M. 2004. "Energy policy options—from the perspective of public attitudes and risk perceptions." *Energy policy* 32(10), 1159-1171.

Wang, J., Kim, S. 2018. "Comparative analysis of public attitudes toward nuclear power energy across 27 European countries by applying the multilevel model." *Sustainability* 10(5), 1518.

Whitfield, S. C., Rosa, E. A., Dan, A., Dietz, T. 2009. "The Future of Nuclear Power: Value Orientations and Risk Perception." *Risk Analysis: An International Journal* 29(3), 425-437.

Wold, Svante, Kim Esbensen, Paul Geladi. 1987. "Principal component analysis." *Chemometrics and intelligent laboratory systems* 2(1-3), 37-52.

Woo, J., Moon, H., Lee, J., Jang, J. 2017. "Public attitudes toward the construction of new power plants in South Korea." *Energy & Environment* 28(4), 499-517.

Yen, S.T., Zampelli, E.M. 2021. "Political Ideology, Political Party, and Support for Greater Federal Spending on Environmental Protection in the United States: Evidence from the General Social Surveys, 1993-2018." *Review of Policy Research* 38(1), 6-30.

Yeo, S.K., Cacciatore, M.A., Brossard, D., Scheufele, D.A., Runge, K., Su, L.Y., Kim, J., Xenos, M., Corley, E.A. 2014. "Partisan amplification of risk: American perceptions of nuclear energy risk in the wake of the Fukushima Daiichi disaster." *Energy Policy* 67, 727-736.

Yoo, S. J. 2022. "Can Independents Save Democracy in an Era of Polarization?: Evidence from Korea." *Issues & Studies* 58(3), 2250003.

Yun, L., Vanderloo, L.M., Berry, T.R., Latimer-Cheung, A.E., O'Reilly, N., Rhodes, R.E., Spence, J.C., Tremblay, M.S., Faulkner, G. 2019. "Political orientation and public attributions for the causes and solutions of physical inactivity in Canada: Implications for policy support." *Frontiers in public health* 7, 153.

제7장

한국에서 세계시민주의와 국가 자부심의 관계와 그 정책적 함의[1]

황인정(성균관대학교)

I. 서론

　세계시민주의(cosmopolitanism)는 민족과 국적을 뛰어넘는 환대 및 연대의 개념이다. 단순히 절차적 속성에 기반하여 민주주의를 정의하기보다는, 민주주의의 공고화를 위해서는 시민사회와 사회자본의 확대가 필수적이라고 보는 관점을 고려했을 때(Schmitter and Karl 1991), 세계화 시대에 세계시민주의를 다원주의를 비롯한 민주주의의 필수요소와 연결해 볼 수 있다. 그런 의미에서 본고는 한국의 세계시민주의가 배타적인 민족주의와 연결되어 있는가, 그리고 세계화 정책과 관련해서는 어떠한 지향점을 갖는가를 경험적으로 살펴보는 연구이다.

　자국에 대해 느끼는 자부심이 강한 사람은 세계시민주의적 인식이 부족할까? 세계시민주의는 국경이라는 지리적 경계를 넘어 모든 인류는 '세계

1　본고는 『한국과 국제사회』 제7권 제3호(2023)에 게재된 논문을 수정한 것임.

(cosmo)'의 시민이며 그렇기에 정치적·사회적 입장과 국적에 상관없이 인류 모두가 기본권을 존중받아야 한다고 믿는 신념이다(Nussbaum 2019). 한편 국가 자부심은 "국민들이 국가 정체성을 갖는 결과로 자국에 대해 느끼는 긍정적인 감정"이다(Smith and Jarkko 1998, 1).

세계시민주의는 배타성보다는 포용성에 기반한 개념이며, 국경과 국적을 경계로 하는 국가 자부심(national pride)과는 양립하기 어려운 개념으로 보이는 면이 있다. 자신이 속한 국가를 자랑스러워하고 우월하게 생각할수록, 자국 이외의 국가나 외국 국민들에게는 그만큼의 애정을 갖기 어려울 수 있다. 그러나 반대로 국가에 느끼는 일체감이나 자부심이 클수록 그 감정의 대상이 국경이라는 지리적 경계를 뛰어넘어 세계시민에까지 확장될 수도 있다. 마찬가지로 자국에 대한 자부심이 낮을수록 국외의 시민들에까지 확장시킬 만한 자부심이나 일체감이 더 부족할 가능성이 있다. 즉 세계시민주의를 국가 단위 내에서 느끼는 감정적 유대감의 확장 내지는 연속으로 볼 수도 있는 것이다.

한국에서 국가 자부심과 세계시민주의는 어떤 관계를 보일까? 무역의존도와 시장 개방성 수준이 높은 한국은 경제적 세계화뿐 아니라 최근 한류 열풍으로 인한 사회문화적 세계화의 한복판에 있는 국가이다. GDP 대비 수출입 비율이 2021년 84.4%에 달할 정도로 무역의존도가 높은 한국은 세계화로 인해 경제성장을 이룬 측면이 크다(국가지표체계 2022). 그러나 한편으로는 같은 이유로 해외에서 발생한 충격에 크게 영향을 받을 수 있는 경제구조를 가지고 있다. 이러한 세계화와 국가발전의 높은 상관관계는 한국인들이 세계시민주의적 인식과 국가 자부심을 충돌하지 않는 양립 가능한 가치로 인식할 가능성을 높인다. 그러나 높은 시장 개방성으로 인해 직업과 생활의 여러 면에서 더 큰 경쟁에 마주해야 하는 경우, 한국인임에는 자부심을 느끼더라도 세계시민주의로까지 자부심의 경계가 확장되지 않을 수 있다.

　세계시민주의와 국가 자부심의 상관관계에 대해서는 경험적인 연구보다는 개념의 확장 가능성에 대해 탐구하는 연구가 주를 이룬다. 국가 정체성과 초국가 정체성이 어떻게 형성되고 개인이 공동체에 대해 갖는 일체감과 친밀감이 과연 특정 범위 이상으로 확장 가능한 개념인가에 관해 고찰하는 연구들이다. 초국가 정체성과 국가 정체성의 상관관계를 보여 주는 예외적인 경험적 자료로는 유럽연합에서 회원국을 대상으로 정기적으로 시행하는 유로바로미터(Eurobarometer)를 예로 들 수 있다. 초국가적 정치 공동체를 형성한 유럽연합에서는 과연 유럽연합 회원국의 국민들이 자국에 대해 갖는 정체성과 유럽에 대해 느끼는 정체성이 공존할 수 있는가에 대한 여론조사를 지속적으로 수행해 왔다. 국가별로 결과가 매우 다르지만, 정체성 질문에 대해 유로바로미터 응답자들이 가장 많이 선택한 응답은 "나는 (특정국가)의 국민이면서, 유럽인이다."라는 국가 정체성을 우선시하면서 유럽 정체성도 인정하는 복수의 정체성이다. 유럽 정체성에 대해서는 동의하지 않고 배타적으로 "나는(특정국가)의 국민이다."를 선택하는 사람들이 그 다음으로 많다. 초국가적 정체성인 유럽정체성을 갖는다고 응답한 사람들의 경우 국가 정체성만을 선택한 사람들에 비해 일반적으로 교육수준이 높고, 소득이 높은 경향이 있다(European Commission 2015). 응답자의 특성에 따라 다르지만 국가와 초국가에 복수의 일체감과 친밀감을 갖는 것이 가능하다는 것을 보여 주는 경험적 사례이다.

　본고는 한국에서 세계시민주의적 성향을 갖는 사람들의 인구통계학적 특징을 살펴보고, 국가 자부심과 세계시민주의의 상관관계를 세계화에 따른 경제 및 문화적 지위 상승을 이룬 한국적 맥락에서 경험적으로 살펴보고자 한다. 또한 한국에서 세계시민주의적 시각을 갖는 사람들이 시장의 개방성이나 이민자 유입 등의 세계화 관련 정책에 관해 어떤 관점을 갖는 가에 대해 실증적으로 분석한다. 경험적 분석은 2023년 1월 한국인 응답 자 2,084명을 대상으로 실행한 온라인 설문조사 결과를 바탕으로 한다. 구 체적으로 글의 구성은 다음과 같다. 두번째 장에서는 세계시민주의와 국 가 자부심의 정의를 각각 살펴보고 두 개념의 상관관계를 개념적으로 탐구 한 기존연구들을 검토한다. 또한 세계시민주의적 시각이 세계화에 대한 다 양한 관점과 연결될 수 있음을 고찰한 기존연구를 검토한다. 세번째 장에 서는 기존연구 검토를 바탕으로 가설을 설정하고, 네번째 장에서는 자료와 변수에 대해 설명한다. 다섯 번째 장에서는 분석결과를 해석하고, 마지막 장에서 분석결과의 의미와 연구의 중요성 및 한계에 대해 설명한다.

II. 기존연구 검토

1. 세계시민주의와 국가 자부심: 이론적 검토

코스모폴리타니즘(cosmopolitanism)의 유래를 기원전 5세기 중반 고대 그 리스의 철학자 디오게네스(Diogenes)가 자신의 출신지를 묻는 질문에 '우 주의(cosmos) 시민'이라고 답했다는 데서 연원한다고 보는 시각이 지배적 이다. 당시 기존 사회질서와 정면으로 대립하였던 디오게네스는 스스로를 "혈통, 출신도시, 사회계급, 자유민이라는 신분과 성별로 규정하지 않았다 (노현종 2022, 139)"는 데서 오늘날 쓰이는 코스모폴리타니즘의 뜻과도 크게 다르지 않다. 국가 간 영구평화의 세 가지 확정조항 중 하나로, 국적에 상관없이 인류 전체에 적용되는 보편적 환대(universal hospitality)를 주장했던 이마누엘 칸트(Immanuel Kant)는 모든 인류가 가진 권리 또는 정의라는 의미에서의 사해동포권(cosmopolitan right)을 제안했다(오영달 2003, 71). 칸트에 따르면 사람은 그 자체로 목적이기 때문에 결코 국가의 영광을 위한 수단으로만 적절하게 취급될 수 없다. 그렇기에 세계시민주의의 관점에서, 사람에 관한 가치가 아닌 모든 것은 사람에 관한 가치에 종속적이다. 국가도 '사람에 관한 가치' 그 자체는 아니기에 사람들의 이익을 위해 적절히 존재하는 것이지, 그 반대는 아니다(Audi 2009, 372). 근대 코스모폴리타니즘 철학자로 불리는 칼 야스퍼스(Karl Jaspers)와 한나 아렌트(Hannah Arendt) 역시 칸트와 같은 맥락에서 타자를 향한 "윤리적 의무"로서의 코스모폴리타니즘 사상에 주목했다(강남순 2022).

　현대에 코스모폴리타니즘에 관해 가장 활발한 연구활동을 펼치고 있는 학자 중 한명인 마사 누스바움(Martha Nussbaum)은 코스모폴리타니즘의 매우 오래된 이상은 "사람들이 신의를 내어줄 대상이 인류라는 전세계 공동체에 있는"(Nussbaum 1996, 4) 상태라고 정의하고, 이러한 의미로 현재에도 코스모폴리타니즘이라는 개념이 통용되고 있다고 한다. 한국에서 코스모폴리타니즘 역시 국적에 상관없이 세계의 모든 인류와 운명을 함께한다는 서양철학적 개념으로 '세계시민주의' 혹은 '범세계주의'라고 번역되어 쓰이고 있다. 본 논문에서는 코스모폴리타니즘의 번역어로 보편적이라는 뜻이 강조된 범(凡)세계주의 라는 용어보다 일반적으로 더 자주 사용되고 있으며 세계의 모든 '시민'을 포괄한다는 뜻의 좀 더 현대적 의미를 지닌 세계시민주의를 사용한다.

　한편 국가 자부심은 국가 정체성(national identity)과 깊이 연결되어 있는 개념인 동시에 애국심(patriotism)과도 유사한 개념이다. 한국인들의 국가 자부심과 정치참여의 관계를 연구한 김기동과 이재묵의 논문에서는 "국가 정체성은 사람들이 속한 나라의 경계를 획정하는 인지적 개념인 반면, 국가적 자부심은 그들이 자신의 나라에 대해 자랑스러워하는 정도를 나타내는 심리적, 정서적 애착"이라고 두 가지 연결된 개념을 구분한다(Kim and Lee 2021, 812). 이들의 연구에 따르면 일반적으로 한국에서 국가 자부심이 클수록 정치 참여에도 적극적인 경향을 보이지만 연령과 교육수준은 그 효과를 떨어뜨리고, 보수적인 정치이념은 그 효과를 상승시킨다. 국가에 대해 느끼는 자부심은 그 속성이 건설적인 국가적 자부심(constructive national pride)인가 맹목적인 국가적 자부심(blind national pride)인가에 따라 정치발전에 미치는 영향이 달라질 수 있다.

한편 국가 정체성이 국가나 민족이 아닌 다른 대상에 갖는 인지적 혹은 감정적 호감도에 미치는 영향을 경험적으로 분석한 연구도 있다. 일례로 대구지역 응답자 800명의 설문자료를 분석한 김정규의 논문은 민족 정체성이 강한 사람들이 주변국가에 갖는 호감도도 더 높았음을 보였다.[2] 민족 정체성이라는 개념이 상당히 배타적으로 측정되었음에도 불구하고 민족정체성이 높을수록 미국, 일본, 중국 등 주변국가에 대해 각각 갖는 선호도도 높은 것으로 나타났다. 일면 아이러니하게 보이는 이러한 민족정체성과 주변국가 호감도가 갖는 양의 상관관계는 민족정체성을 국가 혹은 민족에 대해 갖는 자부심으로 이해한다면 자연스러운 현상으로 보이기도 한다. 이에

---

2 김정규의 논문에서는 국가 정체성이라는 통용되는 개념 대신 민족 정체성이라는 표현을 쓰고 있는데 이는 한국에 대해 갖는 정체성에 대해 묻는 설문 문항들이 대한민국이라는 정치적 경계보다는 한민족이라는 민족적 경계를 기준으로 설계되었기 때문인 것으로 보인다. 논문에서 민족 정체성은 다음의 다섯 가지 질문에 대한 답을 바탕으로 측정되었다. 1) 한국 문화와 전통을 따르고 지킬 수 있는 사람들만이 진정한 한국인이라고 할 수 있다. 2) 우리나라가 잘되기 위해서는 단일민족 정체성을 굳건하게 지키고 유지해야 한다. 3) 한국의 발전을 위해서는 민족정신을 확고히 갖는 것은 중요하다. 4) 한국인 조상을 가지고 있어야만 진정한 한국인이라고 할 수 있다. 5) 진정한 한국인이 되기 위해서는 한국에서 태어나고 자라나는 것이 중요하다.

대해 김정규는 "민족정체성이 뚜렷한 사람은 자민족 정신이 강하고, 자신의 국가와 문화에 대한 자부심이 상대적으로 높을 가능성이 크다. 따라서 그러한 자국에 대한 자부심이 주변국에 대한 관용적인 형태로 나타날 수도 있다"(김정규 2020, 94)라고 해석한다.

2. 국가 자부심과 세계시민주의의 상관관계

국가 자부심과 세계시민주의는 각각 자랑스러움과 공동체성의 대상이 서로 다르기에 양립하기 어려워 보이고, 특히 유럽식의 보편주의적 세계시민주의는 특정 국가만을 대상으로 하는 국가 자부심과는 명백한 대조를 이루는 개념처럼 보인다(Robbins 1998, 2). 그러나 두 개념 모두 국가이든 인류 전체이든 공동체에 대한 긍정적인 인지라는 점에 있어서는 공통점을 찾을 수 있다. 이러한 측면에서 세계시민주의를 국가를 대상으로 한 정체성이나 자부심의 확장으로 보는 연구가 다수를 이룬다(Geras 1995; Robinson 1998, Rorty 1998).

세계시민주의를 국가에 대한 정체성이나 자부심의 확장으로 보는 연구는, 개인이 공동체성을 느끼는 대상이 얼마나 크고 작은가는 중요하지 않고, 오히려 작은 단위의 집단에 대해 긍정할 수 있다면 그보다 큰 단위의 집단에 대해서도 공동체성을 느낄 수 있다고 주장한다. 즉 작은 공동체(지역 혹은 국가)에 충성심을 가지고 있다면 같은 이유로 더 큰 공동체(전세계)에도 동일한 정도 혹은 더 큰 정도의 충성을 다할 수 있다는 것이다(Robbins 1998). 만약 "세계시민주의가 너무 큰 단위를 향하고 있다고 한다면 국가 역시 애정을 갖기에는 너무 큰 단위"라고 이해하는 것이다(Geras 1995, 78). 애국심과 세계시민주 간의 관계에 대해 기독교적 관점에서 해석한 독일의 개혁주의 신학자 프리드리히 슐라이어마허(Friedrich Schleiermacher) 역시 인류 공동체를 사랑하기 위해서는 먼저 이미 형성되고 실현된 민족 공동체를 인정하고 사랑해야 하며, 애국심이야 말로 다른 민족과 평화롭게 지내는 길인 타자성을 인정하는 첫 걸음이라고 주장했다(박광우 2023).

민족주의(nationalism)가 형성되는 과정 역시 동일하게 세계시민주의가 형성되는 과정에도 적용할 수 있다. 베네딕트 앤더슨(Benedict Anderson)은 민족주의를 인쇄자본주의(print-capitalism)와 연결시키면서 특히 신문과 같은 언론 매체(press)를 통한 민족개념의 발전을 이야기한다. 그런데 언론 매체야 말로 그 영향력이 국가 경계를 쉽게 초월해서 전세계적으로 보편적인 힘을 갖는 여론 형성의 매개체로 기능한다(Tonnies 2017). 그렇기 때문에 언론 매체는 그 속성 자체가 본질적으로 세계시민적이라고 말할 수 있다. 같은 인쇄매체를 공유하는 이들이 하나의 민족 공동체로 형성될 수 있었다면, 오늘날 디지털 기술의 발전으로 인터넷 매체와 미디어를 거의 실시간으로 동시에 소비하는 전세계인들 역시 하나의 인류공동체를 이미 형성하고 있는 것이다.

그러나 국가정체성과 세계시민주의를 양립할 수 있는 것으로 보면서도 국가정체성과 세계시민주의를 완전히 다른 것으로 인식하기도 한다. 앤더슨을 비롯한 민족주의 학자들의 보편적인 설명대로 민족주의가 공동의 정체성 '형성'의 과정을 거쳐서 만들어진다면, 세계시민주의는 형성되는 것이라기보다는 인간의 속성 중 하나로 이해하기도 한다. 즉 어떤 감정들은 타인을 나와 정체성을 함께 공유하는 공동체로 인식하지 않더라도 같은 인간(human species)라는 이유로 자연스럽게 느끼게 된다는 것이다(Robbins 1998). 이러한 관점에서도 국가정체성과 세계시민주의는 충돌하기보다는 공존할 수 있는 개념으로 이해된다. 또한 국가를 기반으로 한 정체성이나 자부심과 세계시민주의 모두 그 강도에 따라 극단적으로 강한 정도, 중간 정도, 약한 정도의 다양한 유형이 존재하고 얼마만큼의 강도로 각 개념을 지지하는가에 따라서 두 개념은 공존 가능하다(Audi 2009).

한편 한국의 인구통계학적 특징은 한민족 중심의 국가 자부심의 가능성에 대해 제기하고 나아가 국가 자부심과 세계시민주의를 긴장관계에 있는 것으로 볼 수 있게 한다. 한국사회는 인종 및 민족 다양성이 적고 외부에서 유입되는 이민자와 난민의 숫자와 비율도 서구민주주의 국가에 비해 낮기에, 정책적으로 추진되어 온 다문화주의에 대해 반감이 적지 않다. 그로 인해 모든 세계시민을 국적에 상관없이 동등하게 대하고 기본권을 인정하는 세계시민주의적 인식과 한민족 중심의 국가 자부심 혹은 국가 정체성 간의 긴장이 발생할 수 있을 것이라는 우려가 있다(노현종 2022, 163). 그러나 구체적으로 세계시민주의적 인식이 개인이 국가 자부심과 어떤 관계를 보이는지, 세계시민주의가 정책적 선호에 독립적 영향력을 갖는가에 대해 살펴보는 경험적 연구는 부재한다.

3. 세계시민주의와 세계화: 세 가지 관점

세계시민주의적 관점에 동의하는 사람들은 세계화 정책에 동의할까? 어떤 세계시민주의를 지지하느냐에 따라 특히 경제적 세계화 정책에 대해 상이한 관점을 갖게 된다(김남준 외 2015). 세계시민주의를 세계인이 공동으로 갖는 권리로 인식하는 것에서 더 나아가, 비대칭적 세계화(asymmetrical internationalization)에 대한 대안 혹은 보다 민주적인 글로벌 거버넌스를 구성하는 질서로서의 새로운 세계시민주의에 대한 논의가 활발하다. 그러나 세계시민주의를 표방하는 모든 사람들이 현재의 세계화된 경제 시스템에 대한 대안이 필요하다고 동의하지는 않는다. 세계화 시대에 어떤 식의 세계시민주의를 구축하는 것이 나은가에 관해서 세 가지의 서로 다른 목소리가 있다(Went 2004). 어떤 세계시민주의를 지지하는가에 따라 세계화를 촉진하는 정책에 관한 의견도 상이하다.

첫째, 신자유주의적 세계시민주의(neo-liberal cosmopolitanism)이다. 이 관점의 지지자들은 일반적으로 현재의 세계 질서에 만족하며, 민주주의를 세계화하려는 제안에는 전혀 관심이 없다. 오히려 이들은 "글로벌 거버넌스"가 금융과 무역의 국제적인 자유로운 흐름을 보호하면서 개별 국가의 경제적, 사회적, 정치적 삶에 깊숙이 도달하는 것에 대해 반감을 갖지 않는다(Went 2004, 349). 이러한 관점에 대해 비판하는 학자들은 신자유주의적 세계시민주의는 미국패권을 공고히 하는 현재의 서방 중심의 국제질서와 세계금융 및 시장 질서를 지탱하는 국제기구에 대한 인정에 지나지 않는다고 주장한다(Gowan 2001).

둘째, 세계시민주의적 민주주의(cosmopolitan democracy)는 세계화 시대에 "국내에서뿐만 아니라 국제 문제에서 개인의 목소리를 들을 수 있는 기관을 만들려는 시도"이다(Went 2004, 350). 두번째 관점은 세계화 시대에 세계시민주의를 단순히 국경을 넘어서는 인류애라고 이해하는 것은 이제는 시대착오적이며 이러한 스토아 학파적 이해에서 한 발 나아가 세계시민주의적 민주주의를 구축해야 함을 주장한다(Held 1995). 구체적으로 세계시민주의적 민주주의는 이미 운영 중인 국제기구들을 보존한 상태에서 이 제도들을 민주적으로 만들려는 시도이자 글로벌 자본을 규제하려는 시도라고 볼 수 있다. 세계시민주의적 민주주의 관점에 따르면, 2차 세계대전 이후 UN인권선언(1955년), 국제시민권 및 정치적 기본권(1966년) 등의 체결은 세계시민주의의 평등주의라는 원칙에 따른 발전이었지만 이후에 자리 잡은

UN 및 산하기구들은 세계시민주의적 원칙 확산에 크게 힘쓰지 못했고, 현재 글로벌 거버넌스에서 영향력을 발휘하는 IMF나 세계은행(World Bank) 등은 의사결정과정 구조가 세계시민주의적 원칙을 충분히 적용하지 못하는 상황이다. 두번째 관점은 글로벌 거버넌스의 민주화라는 목적을 달성하지 못하면 오늘날의 불균형한 국제 시장의 현상유지를 돕는 데서 그칠 수 있다는 단점이 있다.

셋째, 개혁적인 세계시민주의(transformative cosmopolitanism)는 개혁적 글로벌 민주주의(transformative global democracy)로 불리기도 하는데 국제기구의 민주화를 주장한다는 면에서 두 번째 관점과 유사하다. 그러나 세 번째 관점은 현재의 경제 및 사회를 아우르는 권력구조의 근본적 재편 없이 국제기구를 민주화하는 것은 충분하거나 효율적이지 않다고 주장한다. 세 번째 관점의 지지자들은 세계 시장이 국가를 심각하게 제한할 수 있는 힘과 '황금의 구속복'을 입은 사람들의 선택권을 제한할 힘이 있는 한, 형식과 내용 모두에서 진정한 민주화는 차단될 것이라고 인식한다. 따라서 경제 통합의 심화는 그 자체로 절대선으로 간주되어서는 안 되고 민주주의와 더 넓게는 세계 모든 사람들의 권리에 미치는 영향을 조건으로 진행되어야 한다고 주장한다. 이들의 결론은 공정하고 민주적이며 지속 가능한 세계 질서를 위해 무역, 금융 및 생산에 있어서 현재와는 상당히 다른 형태의 세계화가 필요하다는 것이다(Went 2004, 351).

〈표 1〉에서 정리된 세계화 시대의 세 가지 세계민주주의 관점은 모든 인류가 동등한 지위와 권리를 갖는다는 데에는 동의하지만, 경제적 세계화 정도, 국제적 민주주의의 방향성, 글로벌 민주주의의 필요성에 대해서는 각각 다른 입장을 취한다. 신자유주의적 세계시민주의는 국제적으로 민주주의가 확장되거나 국제기구를 비롯한 글로벌 거버넌스를 민주화해야 할

<표 1> 세계화 시대의 세계민주주의

세계화 쟁점에 대한 입장 / 세계시민주의	경제적 세계화	국제적인 민주주의 확산	글로벌 거버넌스 민주화
신자유주의적 세계시민주의	확장되어야	폴리아키(polyarchy) 통해 실현	불필요
세계시민주의적 민주주의	검토 필요	국제기구의 민주화 (democratize institution) 통해 실현	필요
개혁적인 세계시민주의	제한되어야	대중 민주주의(popular democracy) 통해 실현	필요

출처: Went 2004, 349. Figure2. "Transnational Democracy"

필요성에 대해서 회의적이다. 세계시민주의적 민주주의는 경제적 세계화 자체에 대해서는 중립적이나, 국제기구를 투명하게 운영하고 세계화의 이익이 세계시민들에게 균등하게 배분될 수 있도록 글로벌 민주주의가 필요하다는 입장이다. 개혁적인 세계시민주의는 경제적 세계화가 오히려 세계시민주의의 본질을 해치므로 제한해야 하고 대중민주주의 특징을 살린 글로벌 거버넌스의 재편이 필요하다고 본다.

한국의 세계시민주의는 세계화에 대해 어떠한 선호와 가장 관련이 있을까? 한국에서 세계시민주의의 세계화에 관한 정책적 함의에 관한 연구는 윤리교육 분야와 사회학 분야에서 가장 활발하게 진행되었다(김남준 외 2015; 김상범 2016; 박희제 2014; 손경원 2013 등). 그러나 한국적 맥락에 초점을 맞춘 연구는 부재하고 외국학자들의 세계시민주의 개념의 활용을 살펴보거나(박희제 2014; 허영식 2012) 이를 활용하여 세계화 시대에 세계시민주의를 어떻게 활용할 수 있을지를 살펴보는 규범적 연구가 주를 이룬다. 박희제와 허영식의 연구는 각각 울리히 벡(Ulrich Beck)의 세계시민주의를 소개하며 이 개념을 한국사회에서 어떻게 활용할 수 있을까에 대한 문제제기를

했다는 데에서 의의가 있다. 벡의 세계위험사회론은 '제도화된 세계시민주의(institutionalized cosmopolitanism)'라는 개념을 세계화로 인해 대두된 지구 공동의 위협에 대한 해결책으로 제시했다. 유사하게 세계시민주의를 세계화에 대한 대안으로 제시한 한국 연구가 다수 있다. 이들 기존연구는 한국 수출위주의 경제경제성장의 귀결인 재벌주도의 경제구조는 공적 복지체제의 약화를 가져왔는데 이를 극복하기 위해서는 새로운 체제가 필요하다(박찬종 2021)는 인식을 공유한다. 한국뿐만 아니라 전세계적으로 만연한 이러한 신자유주의적 세계화의 부작용에 대항하기 위한 관점으로서의 세계시민주의에 대해 다양한 개념화가 이루어졌다. 허영식은 세계시민주의를 "세계화현상을 초국민적인 관점에서 분석하고 경험적인 문제제기를 가능하게 하는 일종의 방법적 대안으로서 간주(허영식 2012, 57)"하였고 유윤권은 "세계화 시대의 시대정신(유윤권 2022, 122)," 손경원은 "오늘날 세계화의 비민주성을 극복하기 위한 도덕적 정치적 이상의 역할(손경원 2013, 281)" 로 제시하였다.

그렇다면 한국에서 세계시민주의적 시각을 갖는 사람들은 어떤 세계시민주의 유형에 가장 가까울 것인가? 세계시민주의적 시각을 갖는 사람들은 시장 개방성을 높이는 세계화 정책에 대해 어떤 의견을 표할 것인가? 수출을 통해 국가의 경제 발전을 이룬 한국의 경제발전 모델을 고려했을 때, 세계시민주의적 시각이 보다 시장 개방성을 높이는 세계화 정책과 긍정적으로 연결되어 있을 수 있다. 그렇지만 경제적 세계화가 아닌 난민과 이민자의 유입 등의 인구 이동이라는 또 다른 세계화에 대해서는 세계시민주의적 시각이 어떻게 연결될지 예측하기 어렵다. 본 논문의 이어지는 장에서는 이러한 질문에 대한 답을 찾기 위해 가설을 세워 경험적 분석 결과를 바탕으로 한국 맥락에서의 세계시민주의의 특징을 파악해 본다.

III. 가설

　기존연구에 따르면 세계시민주의와 국가 정체성은 개념적으로 양립이 가능하고 개인이 국가 혹은 민족 단위에 갖는 애착, 자부심, 소속감 등은 그 단위를 넘어서 확장될 수 있다. 국가에 강한 정체성을 표한 사람들의 경우 국민들이 국가의 틀 안에서 향유하고 있는 기본 권리에 대해 마땅히 국경을 넘어서도 적용되어야 한다고 생각할 수 있다. 더욱이 전쟁 상황이나 타국과의 첨예한 대립 상황과 같은 특수한 환경을 제외하고는 대개의 경우 세계시민주의와 국가정체성 간의 양자택일을 요구 받지는 않기에 두 개념은 대립적이거나 제로섬 관계보다는 오히려 상호 강화하는 개념으로 보인다.

　연구의 초점을 국가 자부심과 세계시민주의 간의 상관관계로 축소한다면 두 개념의 양의 상관관계가 좀 더 명확해질 것으로 보인다. 김정규의 연구에서와 같이 자국에 대한 자부심이 상대적으로 높은 사람들은 그러한 자부심이 이웃국가와 국민에 대한 관용적인 형태로 나타날 수 있기 때문이다 (김정규 2020). 그러나 한편으로는 한민족 중심의 국가 자부심을 형성하기 쉬운 한국적 맥락에서 국가에 대한 애정은 타국민으로 확장되거나 보편적인 인류애와 연결되기 어려운 점이 있다(노현종 2022). 따라서 두 개념의 상관관계에 대한 경험적 분석이 필요하며 기존연구에 대한 고려를 바탕으로 가설 1을 다음과 같이 설정한다.

　가설 1: 국가 자부심이 높은 사람일수록 세계시민주의적 시각을 보일 것이다.

　한편 한국에서 세계시민주의적 시각이 갖는 정책선호에 대한 영향력을 살펴보기 위해서는 세계화의 흐름 속에서 한국 경제와 사회가 어떻게 변화해 왔는가에 대해 생각해 볼 필요가 있다. 대한민국이 한국전쟁 종전 이후 권위주의 정부를 겪으며 빠르게 이룩한 경제적 성취는 세계경제의 개방성 증대에 상당부분 기인한다. 한국은 수출을 통해 산업 발전을 이루었고 무역과 세계 투자 자유화의 흐름이 없었다면 유엔무역개발회의(UNCTAD)가 개발도상국에서 선진국 그룹으로 최초 격상한 사례가 되고 오늘날 세계 10위의 경제대국으로 경제규모가 확대되기는 어려웠을 것이다.

이러한 상황을 고려했을 때, 세계시민주의적 시각을 갖는 사람들의 경우 국경을 넘어 세계시민들 간의 교류를 활발하게 촉진할 세계화 정책에 대해 긍정적으로 생각할 수 있다. 특히 전세계적인 시장 자유화 흐름 속에서 경제발전을 이룬 한국에서 세계시민주의는 개혁적이거나 세계시민주의적 민주주의의 색을 띠기보다는 신자유주의적 세계시민주의의 특성을 보일 가능성이 크다. 그중에서도 한국의 세계시민주의자들은 외국 자본의 한국 기업 인수 또는 한국 기업의 외국 자본 인수와 같이 경제적 세계화 정책에 대해 긍정적인 인식을 표할 것으로 보인다. 다만 아직까지 이민자 비율이 낮은 한국 특성을 고려할 때, 세계시민주의 정도가 강한 사람일지라도 시장 자유화 정책 중에서 사람들의 자유로운 이동을 뜻하는 해외 이주민 증가에 대해서는 부정적인 이견을 표할 가능성도 존재한다. 또한 세계시민주의에 대한 한국에서의 기존연구는 세계시민주의 관점을 세계화에 대항하는 개념으로 제시하고 있다. 즉 세계시민주의 관점을 갖는 사람들이 불평등, 복지 축소 등 경제적 세계화의 부작용에 대해 인지하고, 현재와 같은 세계화의 확장 내지 강화에 대해서 부정적 입장을 표할 가능성이 있다. 따라서 세계화 정책을 구체적으로 제시하여 그 정책의견에 대해 세계시민주의가 갖는 영향력에 대해 분석할 필요가 있다.

가설 2: 세계시민주의적 시각을 갖는 사람들은 세계화 정책을 긍정적으로 평가할 것이다.

IV. 자료 및 변수의 측정

자료는 성균관대학교 좋은민주주의연구센터가 한국리서치에 의뢰하여 2023년 1월 19일부터 27일까지 웹조사와 모바일조사를 병행하여 전국 거주 만 18세 이상 총 2,084명의 응답자가 참여한 온라인 설문조사이다. 대표성 있는 표집을 위해 2022년 12월 주민등록인구현황에 근거한 지역, 성별, 연령별 비례할당 후 무작위 추출하였으나 온라인 조사의 특성상 표본의 대표성을 담보하기 어렵기에 해석에 주의를 기울일 필요가 있다.

1. 독립변수: 국가 자부심

국가 자부심을 측정하기 위해 다음 두 문항을 활용하였다.
- 나는 한국 국민임이 자랑스럽다.
- 한국은 다른 대다수의 나라들보다 우수하다.

두 문항에 대한 응답은 '1 매우 동의한다'부터 '5 전혀 동의하지 않는다' 중에서 고를 수 있었다. 응답을 역코딩 하여 1이 전혀 동의하지 않는다, 5가 매우 동의한다를 뜻하게 한 후, 두 문항에 대한 답의 평균을 내어 국가 자부심 변수로 사용하였다. 첫 번째 문항에 대해서는 69.9%의 응답자가 매우 동의 혹은 대체로 동의한다를 선택했고, 두 번째 문항에 대해서는 68%의 응답자가 동의를 표시했다.

2. 종속변수

1) 세계시민주의적 관점

세계시민주의적 관점을 측정하기 위해 다음 세 문항을 활용하였다. 세 문항이 구체적으로 세계시민의 권리에 대해 묻는 것은 아니지만, 세계시민주의의 핵심을 인류공동의 보편성에 대한 동의라고 넓게 해석한다면 아래의 세 문항은 세계시민주의 개념의 본래 의미를 가깝게 측정하기에 적정하다.

- 세계 각지에서 일어나고 있는 여러 가지 일들은 일반적으로 나 자신과 우리나라의 운명에 영향을 미친다.
- 나와 우리나라를 포함한 세계 여러 나라들과 시민들은 공통된 미래에 대한 비전을 공유하고 있다.
- 나와 우리나라를 포함한 세계 여러 나라들과 시민들은 공동의 목적과 이익을 쫓고 있다.

독립변수와 마찬가지로 세 문항에 대한 답의 평균을 내어 세계시민주의 변수로 사용하였다. 첫 번째 문항에 대해서는 74.1%의 응답자가 매우 동의 혹은 대체로 동의한다를 선택했고, 두 번째 문항에 대해서는 58.6%, 세 번째 문항에 대해서는 57.8%의 응답자가 동의를 표시했다.

2) 세 가지 세계화 정책

세계화 정책에 관한 의견은 한국 기업의 해외 진출, 해외 기업의 국내 진출, 이민자 수의 증가 세 가지로 분류하여 측정하였다. 먼저 한국 기업들의 이익 확장에 관련된 시장 자유화 정책에 대한 의견을 묻는 아래 질문 두 가지를 활용하였다. 세계시민주의 성향이 뚜렷할수록 국내 기업이 외국에서 투자하고 기업 활동 하는 것에 대해 긍정적으로 생각할 가능성이 크다. 한국기업 해외진출 관련 세계화 정책의견은 아래 두 질문에 대한 응답의 평균으로 측정하였다. 첫 번째 정책에 대해서는 45.8%가 찬성, 44.8%가 찬성도 반대도 하지 않는다, 9.4%가 반대한다에 표시했다. 두 번째 정책에 대해서는 58.6%가 찬성, 32.5%가 찬성도 반대도 하지 않는다, 8.9%가 반대한다고 밝혔다.

- 우리나라 기업들의 해외기업 인수 합병이 장려되어야 한다.

- 더 많은 우리나라 기업들이 해외직접투자를 할 수 있게 장려해야 한다.

해외기업 국내진출 관련 세계화 정책의견은 아래 두 질문에 대한 응답의 평균으로 측정하였다. 첫 번째 정책에 대해서는 53.5%가 찬성, 36.3%가 찬성도 반대도 하지 않는다, 10.2%가 반대한다고 밝혔고, 두 번째 정책에 대해서는 25.2%가 찬성, 41.6%,가 찬성도 반대도 하지 않는다, 33.2%가 반대한다고 밝혔다. 다른 시장 세계화 관련 질문들과 다르게 해외기업들의 국내기업 인수 합병에 관해서는 반대하는 응답자의 비율이 현저히 높고 찬성하는 응답자의 비율이 상당히 낮았다.

- 우리나라에 해외기업들의 직접투자를 장려해야 한다.

- 해외기업들의 국내기업 인수 합병에 대한 규제가 완화되어야 한다.

세 번째로, 한국으로 오는 이민자들에 관한 정책도 세계화 정책이라고 볼 수 있다. 세계시민주의적 관점을 가질수록 국적에 상관없이 이주하고 환대받을 권리에 대해 긍정적으로 인식할 가능성이 크다. 아래 정책에 관해서는 찬성이 24.8%, 찬성도 반대도 하지 않는다가 40.7%, 반대한다가 34.5%였다.

- 우리나라에 더 많은 해외 이주민이 유입되어야 한다.

3. 통제변수

통제변수로는 성별, 연령, 거주지역크기, 학력, 소득, 재산, 종교와 같은 사회인구학적 요인들과 응답자의 정치이념을 고려하였다. 연령은 만 18~19세, 30대, 40대, 50대, 60대 이상으로 다섯 그룹으로 구분하였고 거주지 크기는 대도시(특별시, 광역시)가 1, 중소도시(일반시)가 2, 읍면지역이 3으로 하여 측정하였다. 학력은 초등학교 졸업 혹은 이하, 중학교 졸업, 고등학교 졸업, 전문대 재학/졸업, 4년제 대학교 재학/졸업, 대학원 석사과정 재학/졸업, 대학원 박사과정 재학 이상의 일곱 그룹으로 구분했다. 가구소득은 월 100만 원 미만부터 1200만 원 이상까지 12개의 그룹으로, 가구 순재산은 5천만 원 미만부터 1억 이상까지 12개의 그룹으로 구분했다. 세계시

〈표 2〉 변수들의 기술통계량

	N	최솟값	최댓값	평균	표준편차
국가자부심	2084	1	5	3.78	0.84
세계시민주의	2084	1	5	3.66	0.7
세계화정책: 이주민 유입	2084	1	5	2.88	1.05
세계화정책: 우리기업 진출	2084	1	5	3.24	0.74
세계화정책: 외국기업에 개방	2084	1	5	3.54	0./2
성별	2084	1	2	1.5	0.5
연령	2084	1	5	3.33	1.46
거주지 크기	2084	1	3	1.66	0.64
학력	2084	1	7	4.08	1.37
이념성향	2084	0	10	5.19	2.09
가구 소득	2084	1	12	5.68	3
가구 재산	2084	1	12	4.38	3.44
기독교 더미	2084	0	1	0.22	0.41

민주의를 기독교 사상의 반영으로 보는 시각이 있음을 고려해(박광우 2023), 종교가 있고 기독교라고 답한 사람을 1로 하는 더미변수를 추가했다. 이념 성향은 매우진보 0부터 매우보수 10 중에서 선택할 수 있게 했다.

V. 결과

먼저 세계시민주의와 국가 자부심 변수 간의 상관관계 유무를 알아보기 위해 상관계수를 구한 결과 두 변수 간의 피어슨 상관계수의 값 0.538을 도출했고 p값이 0.05보다 작아 두 변수 간 상관관계가 없다는 귀무가설을 기각했다. 일반적으로 0.4 이상의 상관계수 값을 보이는 관계를 높은 정도의 양의 상관관계를 갖는다고 보기 때문에, 국가 자부심과 세계시민주의 간에 뚜렷한 양의 선형관계가 존재한다는 것을 알 수 있다. 그러나 상관관계 검증은 두 변수 간의 관련성을 의미할 뿐 원인과 결과의 방향을 알려주지 못하기 때문에, 세계시민주의 성향을 종속변수로 하고 국가 자부심을 독립변수로 하는 OLS 회귀분석을 했다.

〈표 3〉의 결과값에서 알 수 있듯 국가 자부심이 높은 사람일수록 세계시민주의 성향을 뚜렷하게 갖고, 그 영향력은 통계적으로 유의미하다. 따라서 회귀분석 결과는 가설 1을 입증하는 것으로 볼 수 있다. 이론적 논의에서 살펴본 바와 같이 한국에서도 국가에 대한 애정과 자부심이 세계시민들을 향한 포용으로 확대된다는 것을 짐작해 볼 수 있다. 한편 여성이 남성에 비해 강한 세계시민주의 성향을 갖는다는 것을 알 수 있다. 여타 사회인구학적 요인들은 세계시민주의 성향을 결정하는 데에 유의미한 영향을 갖지 않는 것으로 나타났다.

<표 3> 세계시민주의 성향의 결정 요인

	회귀계수(표준편차)
국가 자부심	0.441*** (0.016)
성별	0.084** (0.026)
연령	0.018 (0.010)
학력	0.019 (0.010)
지역 크기	0.014 (0.020)
정치이념	−0.010 (0.006)
가구소득	−0.001 (0.008)
가구재산	−0.006 (0.007)
기독교	0.045 (0.032)
상수	1.768*** (0.100)
응답자수	2,084
조정된 R^2	0.294

Signif. codes: *p≤ 0.05; **p≤0.01; ***p≤0.001

　　세계시민주의 성향이 세계화 정책 의견에 영향을 미치는가를 보기 위해 모델 1, 2, 3의 개별적인 OLS 회귀분석을 했다. 먼저 모델 1은 한국기업의 세계시장 진출을 용이하게 하는 정책에 관한 의견을 종속변수로 한다. 분석결과 세계시민주의 성향은 한국기업이 해외기업을 인수하거나 해외에 직접투자하는 것을 장려하는 정책의견에 긍정적 영향력을 갖는 것을 알 수 있다. 세계시민주의 성향이 강한 사람일수록 한국기업의 이익을 확대할 만

<표 4> 세계시민주의가 세계화 정책에 대해 갖는 영향력

	모델 1 한국기업 해외진출 관련 세계화 정책의견	모델 2 해외기업 국내진출 관련 세계화 정책의견	모델 3 해외이주민 유입 관련 세계화 정책의견
세계시민주의	0.131*** (0.023)	0.183*** (0.022)	0.137*** (0.033)
성별	−0.092** (0.033)	−0.073* (0.031)	−0.243*** (0.046)
연령	0.005 (0.012)	0.022 (0.011)	0.068*** (0.017)
학력	0.022 (0.013)	0.045*** (0.012)	0.032 (0.018)
지역 크기	0.025 (0.025)	0.014 (0.024)	0.045 (0.035)
정치이념	−0.004 (0.008)	−0.002 (0.007)	−0.057*** (0.011)
가구소득	−0.002 (0.010)	0.009 (0.009)	0.018 (0.014)
가구재산	−0.001 (0.010)	0.002 (0.008)	0.003 (0.012)
기독교	−0.116** (0.040)	−0.085* (0.038)	−0.004 (0.055)
상수	2.731*** (0.131)	2.677*** (0.125)	2.529*** (0.184)
응답자수	2,084	2,084	2,084
조정된 R^2	0.025	0.046	0.042

Signif. codes: *p≤ 0.05; **p≤0.01; ***p≤0.001.

한 세계화 정책에 긍정적 의견을 표할 가능성이 높은 것이다. 인구학적 변수 중에서는 여성과 기독교 변수가 모두 모델 1의 종속변수와 음의 상관관계를 보였다. 여성이 남성보다 한국기업의 해외진출을 돕는 세계화 정책에 부정적이며, 마찬가지로 기독교인이 비기독교인보다 동일 정책에 대해 부정적인 것으로 나타났다.

모델 2는 외국기업의 한국시장 진출을 돕는 정책에 관한 의견을 종속변수로 한다. 분석결과 모델 1에서와 마찬가지로 세계시민주의 성향은 해외기업이 한국기업을 인수하거나 한국시장에 직접투자하는 것을 장려하는 정책 의견에 긍정적 영향력을 갖는 것을 알 수 있다. 세계시민주의 성향이 강한 사람일수록 해외기업의 이익을 확대할 만한 세계화 정책에 긍정적 의견을 표할 가능성이 높은 것이다. 인구학적 변수 중에서는 모델 1에서와 마찬가지로 여성과 기독교 변수가 모델 2의 종속변수와 음의 상관관계를 보였다. 여성이 남성보다, 기독교인이 비기독교인보다 해외기업의 국내진출 정책에 대해 부정적인 것으로 나타났다. 또한 모델 1에서는 영향력이 유의미하지 않았던 학력 변수가 모델 2에서는 유의미한 영향력을 보였다. 학력이 높을수록 해외기업이 한국에 진출하는 것을 장려하는 정책에 긍정적인 의견을 갖는 것으로 나타났다.

모델 3은 더 많은 해외 이주민이 한국에 유입되는 것을 돕는 정책에 관한 의견을 종속변수로 한다. 분석결과 모델 1,2에서와 마찬가지로 세계시민주의 성향은 더 많은 수의 외국인이 한국에 이주해 오는 것을 장려하는 정책 의견에 긍정적 영향력을 갖는 것을 알 수 있다. 세계시민주의 성향이 강한 사람일수록 외국인 이민을 확대할 만한 세계화 정책에 동의를 표했다. 성별은 모델 1,2에서와 마찬가지로 유의미한 영향력을 갖는 것으로 나타났는데 여성이 남성보다 해외 이주민 유입 장려 정책에 부정적이었다. 또한 연령이 높을수록 이주민의 한국 유입에 긍정적이고, 보수적 정치이념을 가질수록 이주민의 한국 유입에 대해 부정적이었다.

세계화 정책에 관한 의견을 종속변수로 하는 회귀분석 결과 가설 2를 입증할 수 있었다. 세계시민주의 성향은 한국기업의 해외진출, 해외기업의 한국진출, 해외 이주민 증가에 대한 정책의견 모두에 대해 긍정적인 영향을 갖는 것으로 보인다. 이러한 결과는 한국에서 세계시민주의가 세계화 시대에 글로벌 거버넌스와 관련하여 어떠한 종류의 세계시민주의적 특징을 보이는가를 짐작할 수 있게 한다.

VI. 도의

경험적 분석결과 두 가지 가설을 입증하고 이에 대한 함의를 찾을 수 있었다. 또한 분석결과는 본 연구에 이은 후속연구의 필요성을 드러낸다. 첫째, 한국인임이 자랑스럽고 한국이 다른 나라보다 우수하다고 믿는 사람일수록 세계시민들이 운명과 비전, 목적과 이익을 공유하고 있다고 생각할 가능성이 큰 것으로 나타났다. 이러한 결과는 국가에 대한 애정이 국경을 넘어 타국민에 대한 공감으로 이어질 수 있다는 개념적 기존연구의 결론을 입증하는 것이다. 그러나 모든 국가에서 복수의 정치공동체에 소속감을 표하는 것이 다수의견은 아님을 고려했을 때, 한국 사례에서 나타난 이러한 두 개념 간의 양의 상관관계는 한국에서의 세계화와 국가발전의 높은 상관관계에 기인하는 것으로 볼 수 있다. 한국인들이 세계시민주의적 인식과 국가 자부심을 충돌하지 않는 양립 가능한 가치로 인식하는 것은 수출기반의 경제성장과 한국문화의 세계적 유행, 산업과 과학기술, 스포츠 등의 분야에서의 한국인들과 기업의 두각 등 한국에 자부심을 느끼게 할 만한 다수의 요인들이 세계화와 연결되어 있기 때문이다. 한편 한국의 높은 시장개방성으로 인해 직업과 생활의 여러 면에서 더 큰 경쟁에 마주해야 하는 경우, 한국인임에는 자부심을 느끼더라도 세계시민주의로 그 자부심의 경계가 확장되지 않을 수 있다. 통계적으로 유의미하게 나오진 않았지만 오히려 소득이 높고 재산이 많을수록 세계시민주의에 대해 동의를 표할 가능성이 낮은 것으로 나와 한국인의 계층별 세계시민주의에 대해 알아보기 위해서는 추가 연구가 필요할 것으로 보인다.

둘째, 세계시민주의는 세계화 정책 찬성에 유의미한 영향을 갖는 것을 연구를 통해 알 수 있었다. 세계화 정책이 갖는 영향력이 한국기업의 해외진출, 해외기업의 국내진출, 해외 이주민 유입 정책 모두에서 유의미하게 나타난 것은 한국에서 세계화가 한국기업의 이익증대로만 이해되거나 기업 활동 장려로만 인식된 것은 아니라는 것을 알게 해 준다. 세계시민주의적 인식이 있더라도 다문화사회로 한국이 진입하는 것에 대해 아직 비교적 준비가 덜 되었다는 인식 때문에 해외 이주민 유입에 대해서는 영향력이 없을 것으로 예측하기 쉽다. 그러나 본 연구의 분석 결과는 세계시민주의를 가질수록 시장에 대한 세계화뿐 아니라 잠정적으로 노동시장 및 문화적 세계화를 의미하는 해외 이주민 유입 정책에 대해서도 인과관계를 갖는다는 것을 보였다.

세계시민주의가 경제적 세계화 정책에 대해 긍정적 영향력을 갖는다는 것은 한국에서 세계시민주의가 세계화 시대의 세 가지 세계시민주의 모델 중 첫 번째인 신자유주의적 세계시민주의의 특징에 가깝다는 것을 제한적이지만 암시한다고 볼 수 있다. 신사유수의적 세계시민주의는 경제적 세계화에 대해 검토가 필요하거나 제한되어야 한다고 보는 다른 세계시민주의 모델과 달리 경제적 세계화가 더욱 확장되어야 한다고 본다. 한국의 높은 시장 개방성 정도와 경제의 높은 해외의존도를 고려했을 때, 세계시민주의 역시 경제적 세계화에 대해 부정적이거나 반성적인 의견과 연결되기보다는 경제적 세계화를 더욱 장려해야 한다는 의견과 연결되는 것이 자연스러운 현상으로 보인다. 본 연구에서 활용한 설문조사에는 국제적인 민주주의 확산이나 글로벌 거버넌스의 민주화에 대해 묻는 문항이 부재했기 때문에 자세하게 한국의 세계시민주의의 모델화를 구축하기는 어렵지만 적어도 세계화 정책에 대한 의견으로 봤을 때 대안적 세계시민주의보다는 현실적 필요와 현상유지에 대한 지지를 표하는 신자유주의적 세계시민주의 유형이 한국의 세계시민주의를 설명하기에 가장 적합하다는 것을 알 수 있다.

  한편 본 연구의 초점은 아니지만 인구학적 변수가 세계화 정책에 갖는 영향력은 흥미롭다. 학력은 해외기업의 국내진출을 장려하는 정책에 대해서만 긍정적 영향력을 보였다. 세계화를 통해 개인적으로 이익을 본 사람들이 그렇지 못한 사람들보다 세계화 정책에 대해 긍정적으로 평가할 가능성이 높다는 것을 고려했을 때 예상 가능한 결과라고 볼 수 있다. 그러나 해외이주민 유입이나 국내기업의 해외진출에 대해서는 학력의 긍정적 영향력이 유의미하게 나타나지 않은 이유에 대해서는 추가 분석이 필요하다. 한편 여성은 세 가지 세계화 정책 모두에서 남성보다 반대의견을 표현할 가능성이 큰 것으로 나타났고 기독교 변수도 국내기업과 해외기업의 세계화에 대해 반대의견을 표현할 가능성이 큰 것으로 나타났다. 여성은 특히 남성보다 세계시민주의적 성향이 높은 것으로 드러났지만 세계화에 대해서는 부정적인 것, 기독교 역시 세계시민주의에 대한 개념적 연구에서 인간이라면 갖는 보편적 가치에 대한 인식과 긍정적으로 연결되어 있는 것으로 밝혔지만 세계화에 대해서는 대체적으로 반대의견을 표할 가능성이 높은 것으로 드러난 것은 특이할 만한 현상이다. 이러한 변수들의 직관적이며 표면적으로 예상가능한 방향의 영향력과 상반되는 분석 결과는 세계시민주의와 세계화를 잇는 메커니즘에 대한 보다 면밀한 연구가 필요하다는 사실을 나타낸다.

  본 연구가 갖는 많은 한계와 후속연구에 대한 필요성에도 불구하고, 한국사례를 대상으로 처음으로 국가에 대한 애착과 국가를 넘어서는 공동체에 대한 인식의 상관관계에 대한 경험적 분석을 시도했다는 데에서 본 연구의 학술적 중요성을 찾을 수 있다. 한국은 경제 및 문화 세계화의 흐름 속에서 국가적 지위가 상승한 사례라는 것을 고려했을 때, 세계화가 일반 국민들이 국가와 초국가 공동체에 갖는 정체성에 미치는 영향을 살펴볼 수 있다는 점에서 향후의 국제비교연구에서도 중요성을 갖는 사례라고 볼 수 있다. 또한 세계시민주의가 경제 세계화 정책에 대한 긍정적 의견표명으로 이어진다는 분석 결과는 앞으로의 경제 개방 방향과 정도를 결정함에 있어서 참고가 될 수 있다는 점에서 본 연구의 정책적 중요성을 강조한다.

한국에서 세계시민주의가 해외 이주민 유입을 포함한 세계화 정책에 대한 찬성과 상관관계가 있다는 본 연구의 결과는 세계시민주의적 관점이 문화적 다원주의와 연결될 수 있다는 것을 시사한다. 그러한 면에서 세계시민주의는 한국 민주주의의 퇴행을 저지할 수 있는 하나의 요소가 될 수 있다. 뉴노멀 시대에는 더욱이 지역주의와 민족주의를 벗어나, 또는 그것들을 포함하여 세계시민들과 공동체성을 가져야 할 필요성이 커졌다. 기후위기와 팬데믹은 이미 세계가 하나로 연결되어 있고 운명공동체라는 것을 입증했다. 한국의 민주주의 발전은 이제 이러한 시대인식을 단단한 토대로 하여 분배와 거버넌스의 성과적 측면에 좀 더 주의를 기울일 필요가 있다.

참고문헌

강남순. 2022. 『코즈모폴리터니즘이란 무엇인가: 함께 살아감의 철학, 세계시민주의』. 파
　　주: 동녘.
국가지표체계. 2022. "수출입비율(GDP 대비)." https://www.index.go.kr/unity/potal/
　　indicator/IndexInfo.do?cdNo=210&clasCd=2&idxCd=4207 (최종검색일:

2023/05/15)

김남준·박찬구. 2015. "세계화 시대의 세계시민주의와 세계시민성: 어떤 세계시민주의? 어떤 세계시민성?" 『윤리연구』 제105호, 1-34.

김상범. 2016. "세계 시민주의의 도덕교육적 함의." 『윤리연구』 111권, 215-256.

김정규. 2020. "주변국 선호도와 한국 사회의 갈등 - 미국, 일본, 중국, 북한 비교를 중심으로 사회이론." 『사회이론』 제58호, 73-123.

노현종. 2022. "독일의 통일담론에서 '민족주의'와 '세계시민주의'의 긴장?: 한반도 통일론에 주는 함의를 중심으로." 『민족연구』 제79호, 138-173.

박광우. 2023. "애국심과 세계시민주의 간의 관계에 대한 그리스도교적 이해 연구: 슐라이어마허의 그리스도교 윤리학적 관점을 중심으로." 『신학논단』 제111집, 73-109.

박찬종. 2021. "'포스트 세계화' 시대 한국의 수출주의 성장체제: 복지체제에의 함의." 『사회와이론』 통권 제39집, 265-324.

박희제. 2014. "위험사회에서 세계시민주의로: 울리히 벡의 (기술)위험 거버넌스 전망과 한국의 사회학." 『사회사상과문화』 제30집, 83-120.

손경원. 2013. "세계화의 양면성과 세계시민주의의 전망." 『윤리교육연구』30, 273-298.

오영달. 2003. "칸트의 영구평화론: 개인, 국가 그리고 국제적 분석수준." 『평화연구』 제11권4호, 45-79.

유윤권. 2022. "세계화 시대의 세계시민주의와 종교." 『종교연구』 제82집 1호, 113-139.

통합유럽연구회. 2010. 『인물로 보는 유럽통합사: 빅토르 위고에서 바츨라프 하벨까지』. 서울: 책과함께.

허영식. 2012. "다문화세계화시대를 위한 세계시민주의의 담론과 함의." 『한독사회과학논총』 제22권3호, 57-86.

Audi, Robert. 2009. "Nationalism, patriotism, and cosmopolitanism in an age of globalization." *The Journal of Ethics* Vol. 13, 365- 381.

Anderson, Benedict. 2016. *Imagined Communities: Reflections on the Origin and Spread of Nationalism*. Verso.

European Commission. 2015. "Standard Eurobarometer 83 - Spring 2015" https://europa.eu/eurobarometer/surveys/detail/2099 (최종검색일: 2023/05/15).

Evans, M. D. R., and Jonathan Kelley. 2002. "National Pride in the Developed World: Survey Data from 24 Nations." *International Journal of Public Opinion Research* Vol. 14, no. 3, 303-338.

Geras, Norman. 1995. *Solidarity in the Conversation of Humankind: The Ungroundable Liberalism of Richard Rorty*. Verso.

Gowan, Peter. 2001. "Neoliberal cosmopolitanism." *New Left Review* Vol. 11, 79-93.

Held, David. 1995. *Democracy and the Global Order*. Cambridge: Polity.

Held, David. 2003. "Cosmopolitanism: globalisation tamed?." *Review of international studies* Vol. 29, no.4, 465-480.

Huddy, Leonie, and Nadia Khatib. 2007. "American Patriotism, National Identity, and Political Involvement." *American Journal of Political Science* Vol. 51, no.1, 63-77.

Kavetsos, Georgios. 2012. "National Pride: War Minus the Shooting." *Social Indicators Research* Vol. 106, 173-185.

Kim, Gidong, and Jae Mook Lee. 2021. "National Pride and Political Participation: The Case of South Korea." *Asian Perspective* Vol. 45, no. 4, 809-838.

Nussbaum, Martha C. 2019. *The Cosmopolitan Tradition: A Noble but Flawed Ideal*. Cambridge: Belknap Press.

Nussbaum, Martha C. et al., 1996. *For Love of Country: Debating the Limits of Patriotism*, Joshua Cohen (ed.), Boston: Beacon Press.

Robbins, Bruce. 1998. "Actually Existing Cosmopolitanism," in P. Cheah, and B. Robbins eds. *Cosmopolitics: Thinking and feeling beyond the nation*. Minneapolis: Univ of Minnesota Press, 1998.)

Rorty, Richard. 1998. "Justice as a Larger Loyalty," in P. Cheah, and B. Robbins eds. *Cosmopolitics: Thinking and feeling beyond the nation*. Minneapolis: Univ of Minnesota Press.

Schmitter, Philippe C. and Terry Lynn Karl. 1991. "What Democracy Is... and Is Not." *Journal of Democracy* Vol. 2. no. 3. 75-88.

Shulman, Stephen. 1999. "The Cultural Foundations of Ukrainian National Identity." *Ethnic and Racial Studies* Vol. 22, no. 6, 1011-1036.

Smith, Tom W. and Lars Jarkko. 1998. "National Pride: A Cross-national Analysis." *GSS Cross-national Report* No. 19, National Opinion Research Center of University of Chicago. https://gss.norc.org/Documents/reports/cross-national-reports/CNR19%20National%20Pride%20-%20A%20cross-national%20analysis.pdf (최종검색일: 2023/05/15).

Tönnies, Ferdinand, 2017 [1887]. *Community and society (Gemeinschaft and Gesellschaft.)*. trans. And ed. Charles P. Loomis. Routledge.

Went, Robert. 2004. "Economic globalization plus cosmopolitan- ism?" *Review of International Political Economy* Vol. 11, no. 2, 337-355.

제8장

상생의 민주주의를 위한 사회적 협의의 제도화: 사회적 협의기구의 활동과 성과를 중심으로

김형철(성공회대학교)

I. 서론

본 연구는 상생의 민주주의를 위해 한국의 사회적 협의기구인 현 경제사회노동위원회(전 노사정위원회)의 활동과 성과를 정부별로 살펴보고 사회적 협의(Social Concertation)의 제도화를 위한 방안을 제안하고자 한다. 이를 위해 사회적 협의기구(노사정위원회)가 형성된 김대중 정부 이후 각 정부의 정책결정과 수행에 영향을 주는 행정-입법 관계, 정당체계 등 정치구조 요인과 대통령(정부)의 의지 등 행위자 요인에 초점을 맞추어 분석하고자 한다.

민주주의는 사회적 갈등을 조정하는 정치적 기제이다. 인류 역사는 갈등의 역사였으며, 인류는 갈등을 조정하고 해결하기 위해 다양한 기제를 고안하였다. 인류가 만들어 낸 정치적 기제 중 오늘날 가장 선호되고 있는 것은 민주주의이다. 민주주의는 사회의 다양한 이해와 요구를 정치적으로 대표하는 정당 간 경쟁을 통해 갈등을 조정하였다. 그러나 다양성과 복잡성을 특징으로 하는 현대 사회는 사회적 갈등 조정과 해결을 정당 간 경쟁이 이루어지는 정치적 공간에만 의존하기 어려워졌다. 선거 승리와 권력 획득을 목적으로 하는 정당은 지지층을 확대할 수 있는 사회적 갈등을 선택하여 동원하기 때문이다. 즉, 득표로 연결되지 않는 그리고 될 수 없는 사회적 갈등은 정치적 기제를 통해 해결되기 어렵다. 이렇듯 사회적 갈등을 사회 구성원이 합의한 절차와 규칙을 통해 해결할 수 없다면 민주주의는 위기에 직면할 수밖에 없다. 따라서 갈등 주체들이 상생할 수 있는 민주주의를 향한 노력은 필요하며, 많은 국가는 상생의 민주주의를 위해 갈등 주체가 직접 참여 논의하는 사회적 협의기구를 발전시켜 왔다.

한국은 외환위기를 극복하고 노사관계를 개혁하여 시장경제와 민주주의의 병행 발전을 위해 1998년 1월 15일에 사회적 협의기구인 노사정위원회를 구성하였다. 대통령 직속 자문기구인 노사정위원회는 1999년 노사정위원회의 법적 제도화를 거쳐 2007년 노사정위원회 관련 법률이 개정되어 경제사회발전노사정위원회로 변화하였다. 그리고 2018년 노동, 경제, 사회정책을 협의하기 위한 경제사회노동위원회로 확대·발전하였다. 그러나 한국의 사회적 협의기구가 제도화되었다고 평가하기 어렵다. 그 이유는 사회적 협의기구가 참여 주체들의 불참, 협의 거부 등 파행적으로 운영되고 있으며, 협의 내용의 실행과 성과가 미흡하여 참여 주체뿐만 아니라 국민의 신뢰를 얻지 못하고 있기 때문이다.

그렇다면 한국에서 사회적 협의기구의 제도화에 실패한 원인은 무엇인가? 권력집중적 성격이 강한 정치구조의 문제인가 아니면 대통령의 노동에 대한 인식과 의지의 문제인가? 이에 답하기 위해 본 연구는 사회적 협의의 성과에 정치구조 요인과 대통령(정부)의 인식 요인이 미친 영향을 김대중 정부부터 박근혜 정부까지를 대상으로 비교·분석한다. 이 장의 2절은 사회적 협의 제도와 관련된 연구를 검토하고 분석 틀을 제시한다. 3절은 한국에서 전개된 사회적 협의의 과정과 특징을 각 정부를 중심으로 살펴본다. 4절은 김대중 정부부터 박근혜 정부까지의 정치구조 요인과 대통령(정부)의 인식 요인이 사회적 협의와 이행에 미친 영향을 분석한다. 결론은 한국에서 사회적 협의 제도의 제도화를 위한 방안을 제안한다.

II. 선행연구 검토와 분석 틀

1. 선행연구 검토

일반적으로 노동–자본–국가 간 사회적 협의를 통해 이익을 둘러싼 갈등을 해결하는 대표체계를 사회적 조합주의(social corporatism)라 한다. 사회적 조합주의는 조직(집단)의 이익을 극대화하기 위해 경쟁적이고 비협조적인 방식으로 갈등을 해결하는 다원주의(pluralism)와 달리 노사정 간의 대화와 타협을 통해 공동의 이익 증대를 위한 공공정책을 결정하고 집행하는 대표체계이다(Schmitter 1982). 즉, 다원주의는 경쟁을 통해 승자와 패자를 결정하고 승자의 이익만을 보장해주는 승자독식 논리에 기초한 갈등 해결방식이며, 사회적 조합주의는 대화와 타협을 통해 이익을 교환하여 공적 이익의 배분에 있어 배제되는 집단이 발생하지 않는 포용과 연대 논리에 기초한 갈등 해결방식이다.

사회적 조합주의는 노사정이 공적 정책 결정에 참여하는 제도인 사회적 협의를 통해 사회경제적 갈등을 해소하고 공공의 이익을 위한 정책을 결정·집행하는 거버넌스 시스템이다. 사회적 조합주의의 핵심 기제는 사회적 협의이다. 사회적 협의는 공식적인 결정 과정의 일부로 의무적으로 거처야 하는 절차이며 공적 정책 결정의 정당성을 부여한다(손영우 2018). 그 결과, 사회적 협의를 통해 마련된 합의 내용은 사회협약(social pacts)의 위상을 얻게 되며, 협의 주체들에게 이를 이행할 책임과 의무를 갖도록 한다. 따라서 사회적 협의는 협의 절차의 중요성뿐만 아니라 사회협약을 이루어 내려는 협의 시도, 결과와 이행을 위한 핵심적인 기제라 할 수 있다.

한국은 1997년 외환위기의 상황에서 위기에 빠진 시장경제의 재도약과 민주주의의 질적 발전이라는 두 가지 과제에 직면하였다. 한국은 시장경제와 민주주의의 병행 발전을 추구하기 위해 사회경제적 갈등 주체들의 대화와 타협을 통한 협의안을 마련하고 정부가 이를 정책으로 보장하기 위한 거버넌스 시스템을 마련해야 했다. 즉, 한국은 "시장경제와 민주주의를 조화시키는 효율적 수단을 제공하는 사회적 조합주의"(Garrett 1998, 6) 모델을 받아들이게 되었다.

사회적 조합주의의 핵심 기제인 사회적 협의가 시장경제와 민주주의에 미치는 영향에 관한 연구는 주로 다원주의와 사회적 조합주의 간의 비교를 통해 분석하고 있다. 그 결과, 다원주의보다 사회적 조합주의가 사회경제적 수행력과 민주주의 수행력에 있어 더 우월함을 주장한다(Auer 2000; Crepaz 1996; Katzenstein 1985; Lane and Ersson 2003; 선학태 2006). 즉, 사회적 조합주의가 거시경제의 성과 측면에서 실업과 인플레이션의 감소하고 주기적인 경제적 파동을 안정적으로 통제하여 민주주의 안정성에 긍정적 영향을 준다는 것이다(M. Crepaz 1996). 그리고 사회적 조합주의와 정치적 안정성 간의 관계를 분석한 레인과 어슨(Lane and Ersson 2003)은 사회적 조합주의와 정부의 지속성 간의 상관성이 매우 적으나(r=0.14), 사회적 조합주의 수준이 높을수록 저항(r=-0.31) 및 폭동(r=-0.44)을 낮추고 있음을 경험적으로 밝히고 있다. 정리하면 사회적 조합주의는 서유럽의 대부분 국가에서 세계화의 도전에 직면해서 정부, 노동자, 사용자 단체 간의 2자 또는 3자 협의를 통한 정책형성과 집행 및 연합적 제도를 운용함으로써 경제적 효율성과 사회적 형평성을 향상하고 정치적 안정을 유지하여 민주주의를 보다 공고화시키고 있다(선학태 2006, 30).

　사회적 협의와 우호적인 정치구조 및 정치제도 사이의 관계를 분석한 연구는 사회적 협의가 권력집중을 특성으로 하는 다수제 민주주의(westminster democracy)보다 권력분산을 특징으로 하는 합의제 민주주의(consensus democracy)와 친화성이 있음을 주장한다(Crepaz 1996; Lijphart 2012; Tavits 2004; 선학태 2007; 임상훈 2006; 최태욱 2013). 이들 연구는 비례대표제, 다당제, 연립정부 등의 합의제 정치제도와 사회적 조합주의 사이에 구조적 상관성이 존재함을 지적한다. 최태욱(2013)의 연구는 사회적 협의를 주도할 수 있는 정부의 역할을 강조하면서 이러한 정부를 위한 조건으로 비례대표제-다당제-연립정부를 핵심으로 하는 합의제 정치제도를 제시한다. 그 이유는 합의제 정치제도가 승자집단의 이해와 요구만을 정책으로 반영하는 승자독식 논리보다 다양한 이해와 요구를 협의 조정하여 정책에 반영하는 상생과 포용의 논리에 기초하기 때문이다. 그리고 합의제 정치제도가 노동세력을 포용하는 합의주의 형성에 영향을 미치고, 동참형 정치문화를 조성해 노사정이 장기이익을 추구하려는 전략을 채택하도록 하기 때문이다(심상용 2007). 반면에 다수제 정치제도는 강한 권력집중적 성격 때문에 거부자(veto player)에 대한 배제, 적대적 문화의 형성, 협의 비용의 증가를 통해 사회적 협의의 형성과 지속을 어렵게 한다(심상용 2007; 최태욱 2013). 즉, 정부단독으로 정책을 결정할 수 있는 승자독식 상황에서 굳이 비용이 많이 드는 사회적 협의를 회피하게 된다.

　이와 더불어 노동과 자본의 상호신뢰와 조정자 또는 보상자로서의 정부의 역할도 사회적 협의가 효과적으로 작동하기 위한 조건으로 제시될 수 있다. 사회적 협의를 형성하고 제도화하기 위해서는 정부의 의지와 능력이 중요하다. 사회적 협의에 있어 정부의 조정자 또는 보상자 역할을 하려는 정부의 의지와 수행 능력이 강조된다. 정부의 의지와 수행 능력은 협의 대상자들 간에 상호신뢰 형성과 유지에 영향을 미치고 사회적 협의를 촉진하게 한다(최태욱 2013; 심상용 2003). 특히 승자독식을 특성으로 하는 대통령제에서 정부의 의지와 능력은 사회적 협의에 우호적인 정치제도가 마련되지 않은 상황에서도 사회적 협의 제도의 형성과 제도화를 가능하게 한다. 특히 대통령제에서 연립정부나 정당연합이 대통령의 의지에 크게 영향을 받는다는 점에서 대통령의 의지는 사회적 협의를 위한 주요한 조건이다. 즉, 대통령의 사회적 협의에 대한 강한 의지는 사회적 협의 제도의 형성과 제도화에 영향을 줌을 알 수 있다.

2. 분석 틀

해거드와 카우프만(S. Haggard and R. Kaufman 1995)은 사회적 조합주의가 효율적으로 작동할 수 있는 조건을 조직적 측면과 경제적 측면에서 제시하고 있다. 먼저 조직적 측면으로 강력한 조직력, 정상조직에 대한 구성원의 강한 일체감, 그리고 강력한 좌파정당의 존재와 정부 참여를 제시한다. 그리고 경제적 측면으로 자본의 국제적 이동이 상대적으로 적고, 무역개방의 수준이 낮고, 높은 인플레이션 등을 제시한다. 본 연구는 대통령제라는 조건 속에서 정치구조와 행위자에 초점을 맞춰 사회적 협의에 우호적인 요인을 제시하고자 한다.

권력집중을 특성으로 하는 대통령제는 정부 구성을 위임받은 대통령에게 모든 정부 권력이 집중되고 정부는 위계적으로 구성·운영된다(Sartori 1994, 84). 따라서 대통령제는 협의형이나 합의형으로 전환이 어려운 승자독식의 정치구조(또는 제도)를 특징으로 한다(레입하트 1995). 앞서 살펴보았듯이 사회적 협의는 승자독식이 아닌 승자와 패자가 권력을 공유하는 정치구조와 행위자의 의지 간 조응성을 갖고 있다. 그러므로 본 연구는 대통령제의 권력집중 또는 승자독식에 영향을 주는 정치구조 요인과 행위자 요인에 초점을 맞추고자 한다. 먼저 정치구조 요인을 제시하면 다음과 같다.

〈표 1〉 분석틀

독립변인	종속변인
정부유형(단점/분점) 연립정부 여부 정당체계(양당제/다당제) 대통령의 여당에 대한 영향력 대통령의 의지 정부의 노동친화성	사회적 협의의 제도화

- 행정부와 입법부 간의 관계는 사회적 협의 제도의 제도화에 영향을 주는 주요 요인이다. 즉, 정부가 사회적 협의안을 입법화하기 위해 입법과정을 효율적으로 통제하지 못할 경우, 사회적 협의 주체들은 사회적 협의기구에 동참할 동기를 잃게 된다. 정부의 입법 영향력은 의회에서 집권당의 의석비율과 상관성을 갖는다. 따라서 정부의 입법과정에 대한 효율적 통제의 정도를 집권당의 과반의석 여부로 평가하고자 한다. 이를 위해 각 정부의 의회 내 집권당과 반대당의 의석분포를 의미하는 여대야소와 여소야대인지를 기준으로 정부유형을 단점정부와 분점정부로 유형화하고자 한다.
- 사회적 협의 제도에 영향을 주는 요인으로 정부 구성에 있어 정당 간 연

합이 이루어진 연립정부인지 아니면 단일한 정당으로 이루어진 단독정부인지가 중요하다. 즉, 연립정부와 사회적 협의 사이의 강한 상관성이 존재한다. 레입파트(A. Lijphart)는 이익대표체계로서 사회조합주의에 영향을 주는 요인으로 다당제와 연립정부를 지적한다(Lijphart 2012). 이는 사회적 협의를 위한 제도적 조건으로 정당 간 연합에 의한 정부구성이 중요한 도구임을 의미한다. 일반적으로 연립정부는 다당제에 기초한 의회제와 친화성을 갖는다. 그러나 1990년대 이후 대통령제에서도 연립정부 구성 비율이 증가하고 있으며, 한국도 김대중 정부 시기에 연립정부를 구성한 경험이 있다. 따라서 정부구성에 있어 연립여부는 의회제뿐만 아니라 대통령제에서도 사회적 협의 제도를 설명하는 주요 요인으로 제시될 수 있다.

- 정당체계를 지적할 수 있다. 레이파트는 다당제와 사회적 조합주의 사이의 조응성을 강조한다. 의회제에서 양당제는 단독정부를 구성함으로써 권력이 집중되는 반면 다당제는 과반의석을 확보한 정당이 없을 때 연립정부를 구성하게 됨으로써 권력이 분산된다. 물론 다당제에서 정당 간 연합이 실패할 경우, 소수정부(minority government)가 성립되는 경우도 존재하지만, 이 같은 사례는 매우 적다. 하지만 대통령제는 대통령의 정당이 과반의석을 획득하지 못해도 소수정부를 구성하여 국정을 운영함으로써 다당제에 의한 권력분산 효과가 미약하다. 그러나 대통령제에서 다당제에서 연립정부를 구성하는 경우는 권력분산 효과가 크다. 권력의 분산은 타 정당의 협력 정치를 유인하게 되며, 사회적 협의에 긍정적 영향을 미친다.

- 권력집중과 관련하여 고려해야 할 요인은 대통령의 권한이다. 대통령의 권한은 대통령제에서 사회적 협의를 도출하거나 사회적 협의의 제도화

에 있어 중요한 요인이라 할 수 있다. 대통령의 단독권한이 강하다면 여소야대의 국면에서도 연합이나 협력의 가능성이 낮아진다(Colomer and Negretto 2005). 즉, 소속정당에 대한 대통령의 영향력 정도에 따라 사회적 협의에 영향을 준다. 이 연구는 대통령의 권한을 대통령과 소속정당 간의 관계를 통해 살펴보고자 한다.

다음으로 행위자 요인으로 대통령의 사회적 협의에 대한 의지 그리고 정부의 노동친화성을 지적할 수 있다.

• 대통령의 정책적 동기와 의지는 특정 정책의 실현 여부가 결정된다. 대통령제는 대통령 개인에게 권력이 집중되고 책임 소재가 존재하는 정부 형태이다. 그리고 정당을 중심으로 책임정치가 이뤄지는 의회제와 달리 대통령제는 대통령 개인을 중심으로 책임정치가 이뤄지는 특성이 있다. 이는 대통령의 의지가 공공정책 결정과 집행에 강한 영향을 미치고 있음을 의미한다. 그리고 대통령의 정책적 동기와 의지는 사회적 협의의 제도화에 강한 영향을 준다. 대표적으로 1998년 노사정위원회의 형성은 당시 외환위기 상황에서 요구되는 정책적 동기와 더불어 김대중 대통령의 강한 의지의 결과라 할 수 있다. 따라서 대통령제에서 사회적 협의기구의 제도화와 성공을 위한 조건으로 대통령의 정책적 동기와 의지를 분석할 필요가 있다.
• 대통령을 포함한 정부의 노동친화성을 지적할 수 있다. 노동친화성은 대통령을 포함한 정부가 친노동 또는 노동 우호적 정도를 보여 준다. 정부의 노동친화성과 사회적 협의 간의 관계를 분석한 연구는 노동의 영향력에 민감한 좌파정당들의 정부 내 비중이 높을수록 사회협약이 성사 가능

성이 증가한다고 주장한다(Ahlquist 2010, 586: 재인용 최태욱 2013, 116). 즉, 노동친화성이 높은 정부일수록 사회적 협의에 긍정적이다. 노동친화성은 선거과정에서 노동조합의 지지 및 협력과 더불어 노동에 대한 인식을 통해 평가될 수 있다.

III. 정부별 사회적 협의의 전개 과정과 특징

1. 사회적 협의기구의 변천

1987년 이후 한국의 민주화 이행은 정치적 영역에서 민주적 절차의 정착뿐만 아니라 사회경제적 영역에서 노사 간 갈등과 대립을 조정하기 위한 사회적 협의가 요구되었다. 특히 신자유주의적 세계화와 1997년 말의 외환위기로 인한 한국 경제의 경쟁력 저하와 민주화의 지속적 작동과 견고성에 대한 위협은 IMF 위기관리정치의 핵심적 기제로서 사회협약정치를 실험하게 되었다(선학태 2006, 449). 그리고 정치권과 시민사회는 국가 경제의 위기, 사회경제적 양극화의 심화 그리고 국가관리체제의 약화 등의 문제를 민주적 과정을 통해 극복하고자 사회협약정치의 핵심 기제인 사회적 협의를 받아들였다. 그 결과, 1997년 대통령선거에서 승리한 김대중 당선자는 정부출범 이전부터 경제위기 극복과 사회통합을 위한 노사정 간의 사회적 협의기구를 제안하였으며, 1998년 1월 15일에 노사정 및 주요 정당 대표가 참여하는 당선자 자문기구인 노사정위원회를 출범시켰다. 이후 노사정위원회(1998.1.15.~2007.4.26.)는 경제사회발전노사정위원회(2007.4.27.~2017.3.10.)로 그리고 경제사회노동위원회(2018.11.22.)로 명칭, 성격, 참여 주체 등이 변화하였다.

우선 1998년 1월 15일에 출범한 노사정위원회는 3기까지 활동하였다. 제1기 노사정위원회(1998.1.15.~1998.6.2.)는 국가적 경제위기에 긴급하게 대처하기 위해 출범함으로써 법적 설립근거를 마련하지 못한 위기 대응을 위한 정치적 합의 기구의 성격으로 시작하였다(박은정·박성국 2019). 그리고 노사정위원회의 참여자는 노·사·정·정당이었으며, 정당을 참여시킨 이유는 노사정위원회의 합의사항을 입법화하기 위해 정치권 특히 원내정당의 협조가 필요했기 때문이다. 이후 노사정위원회는 1998년 3월 28일 대통령령 제정과 동년 6월 18일에 운영 세칙안이 제정되었으며, 대통령 직속 자문기구와 상설 사회적 협의기구로의 위상을 갖게 되었다. 2기 노사정위원회(1998.6.3.~1999.8.31.)는 노·사·정·정당과 더불어 조정과 중재 기능을 담당할 공익위원이 참여하였으며, 의제에 대한 전문적인 조사·연구 등을 수행하기 위한 전문위원을 두었다(박은정·박성국 2019). 이는 제1기 노사정위원회와 달리 정치적 합의 기구의 성격이 탈각되었음을 의미한다.

제3기 노사정위원회(1999.9.1.~2007.4.26.)는 1999년 5월 3일에 노사정위원회의 설치 및 운영 등에 관한 법률안을 가결하였고 5월 24일 대통령이 공포함으로써 법률상의 기구로 출범하게 되었다. 노사정위원회법은 노사정위원회의 합의사항에 대한 성실이행 의무를 규정하고 있다는 점에서 의미가 있다. 3기 노사정위원회는 제2기와 같이 대통령 자문기구와 사회적 협의기구로서 성격을 갖지만, 정당이 참여하지 않는 노·사·정·공익위원으로 구성된다는 점에서 차이가 있다.

1기부터 3기까지의 노사정위원회는 국가 차원에서 경제위기 극복과 사회통합을 위해 사회적 협의의 필요성에도 불구하고 참여 주체들 간 첨예한 이해충돌, 합의사항의 미이행 그리고 정부의 조정자 또는 보상자 역할의

미흡 등에 의해 참여 주체의 탈퇴와 복귀 등 파행이 반복되었다. 이와 같은 노사정위원회의 비효율적 운영을 개선하고 업종-지역 단위의 사회적 협의 기반을 마련하고자 노사정위원회의 개편 필요성이 제기되었고, 사회적 협의기구의 정상화를 위한 노사정 간 논의가 진행되었다(박은정·박성국 2019). 이 같은 노사정 간의 논의는 명칭과 운영구조가 변화된 경제사회발전노사정위원회(2007.4.27.~2017.3.10.)를 출범시켰다.

경제사회발전노사정위원회는 노사정위원회에 존재했던 상설 소위원회를 폐지하고 의제별 회의체를 운영하고 중층적 대화체계를 구축하기 위해 업종별 협의체 설치 지역 노사정협의회 지원 근거를 마련하였다. 그리고 참여 주체가 일방적으로 불참할 경우를 대비하여 과반수 출석과 과반수 의결로 논의를 종결하는 방식으로 운영되었다. 경제사회발전노사정위원회는 노사정위원회와 같이 대통령 자문기구와 사회적 협의기구로서의 성격을 갖고 있다. 그러나 경제사회발전노사정위원회도 사회적 협의기구로서 역할 수행과 효율적 운영에 있어 한계가 존재하였다. 즉, 2016년 1월 한국노총의 불참 선언 후 사회적 협의는 중단된 상태였다.

문재인 정부가 출범하면서 노사정 간의 대화에 있어 진전이 이루어졌다. 즉, 문재인 대통령은 "노동존중사회 실현을 위한 한국형 사회적 대화 기구를 설치할 것"이라는 국정 목표를 제시하였고 위원장으로 취임한 문성현 위원장은 2018년 사회적 대화를 위한 노사정 대표자 회의를 제안하였다. 2017년 1월의 노사정 대표자 회의에는 한국노총과 민주노총 그리고 한국경총과 대한상의 그리고 고용노동부 장관이 참여하였으며, 4월 23일에 실시된 제3차 노사정 대표자 회의에서 노사정이 사회적 대화 기구 개편방안이 합의되었다. 그리고 2018년 6월 12일에 경제사회노동위원회법이 공포됨으로써 동년 11월 22일에 경제사회노동위원회가 출범하였다.

대통령 자문기구와 사회적 협의기구로서 경제사회노동위원회는 참여 주체, 의제 그리고 운영에 있어 기존의 사회적 협의기구와 차이를 보인다(박은정·박성국 2019, 24). 먼저 참여 주체는 노사정 대표뿐만 아니라 청년과 여성, 비정규직, 중소기업, 중견기업, 소상공인 등으로 참여 주체를 확대하였으며, 의제도 고용·노동 문제뿐만 아니라 산업과 경제 및 복지 문제까지 광범위하게 다루었다. 운영도 정부가 방향을 정하고 동의를 요청하는 것이 아니라 노사와 이해당사자들이 주도하여 합의를 이루어 내고 정부가 이를 뒷받침하는 구조로 바뀌었다.

2. 사회적 협의기구의 활동과 특징

노사정위원회는 1월 17일 노사정의 고통 분담 의지를 표명하는 합의문을 발표하였고, 1월 20일에는 『경제위기 극복을 위한 노사정간의 공정한 고통분담에 관한 노사정 공동선언문(I)』을 채택하였다. 이후 11차례의 전문위원회, 10차례의 기초위원회, 6차례의 본회의 등 총 27회의 토론과 협상을 진행하여 2월 6일에 기업의 구조조정, 실업 대책, 사회보장제도 확충, 노동기본권, 노동시장의 유연성 등 10대 의제와 실천 방안에 대해 노사정 대타협[1]이 이루어졌다(노사정위원회, 1998). 헌정사상 최초로 성사된 노사정 대타협안을 각 주체 내에서 추인받는 과정에서 반발과 갈등으로 인해 합의사항에 대한 이행이 지체되거나 이행되지 않는 경우도 발생하였다. 그리고 입법 과정에서 선별적 입법 등의 한계도 보였다.

---

1 노사정 대타협의 내용을 보면 고용조정법제정비 등 핵심 쟁점사항 일괄타결 및 「경제위기 극복과 재도약을 위한 노사정 공동선언문(II)」등이었고, 노사정위원회를 법적 상설기구가 될 수 있도록 건의하는 내용도 포함되어 있다(노사정위원회, 1998).

이후 노사정위원회는 2기와 3기를 거치면서 노사정위원회법이 제정되고 상설 대통령 자문기구로서의 위상을 확보했다(장홍근·박명준 2017, 20). 그러나 민주노총은 3기부터 노사정위에 불참하면서 사회적 협의의 성격이 축소되었다. 민주노총이 노사정위에 불참한 이유는 민주노총 내의 노사정 참여를 둘러싼 갈등과 더불어 정부가 노사정위원회에서 합의한 합의사항을 이행하지 않았기 때문이다.

노무현 정부는 김대중 정부에 이어 사회적 협의를 제도화하기 위한 노력을 전개하였으며, 민주노총의 노사정위원회 복귀를 위해 노력하였다. 그러나 정부의 노사관계 관리의 실패, 노사관계 개혁 로드맵 등이 노동계의 동의를 얻지 못하고 민주노총 내 갈등 해소 실패 등이 맞물려 민주노총의 노사정위원회 복귀가 이뤄지지 못하였다(장홍근·박명준 2017, 20). 그럼에도 2004년 '일자리 창출을 위한 사회협약' 2006년 '비정규직보호법'의 입법 등과 경제사회발전노사정위원회로의 개편 등 사회적 협의의 제도적 공고화가 도모하였다는 점에서 나름의 성과를 남겼다. 노무현 정부 중반 이후에는 사회적 협의의 정상화와 노사관계의 선진화에 대한 노사주체들뿐만 아니라 정부의 의지가 꺾이기 시작했으며, 갈등적인 법 개정 사항을 대타협의 의제로 제기되면서 노사정위원회는 난항을 겪게 되었다(최영기 2008, 6-7).

2008년 여야 사이의 두 번째 정권교체로 들어선 이명박 정부는 사회적 협의에 대해 부정적이었으며, 중앙단위의 사회적 협의기구의 폐지가 모색되기도 하였다(장홍근·박명준 2017, 21). 반면에 이명박 정부는 한국노총과의 직접적인 정책협약을 체결하고 정책협의 및 조율을 진행하였다. 그러나 2008년 금융위기 상황에서 고용 위기에 직면한 이명박 정부는 2009년 2월 임금동결, 반납 또는 절감, 해고 자제와 고용수준 유지 등을 합의 내용으로 하는 경제위기 극복을 위한 노사민정 합의에 도달한다. 대졸 초임자들의 임금조정, 복수노조와 노조전임자 문제에 대한 제도개혁에의 합의 등의 과제가 대두되었고 이명박 정부는 노사정위의 기능적 유효성을 인정하고 지역노사민정협의의 안정화 기반을 마련하였다(장홍근·박명준 2017, 21).

박근혜 정부 초기는 이명박 정부와 달리 경제사회발전노사정위원회의 정상화에 대한 기대가 존재하였다. 그러나 박근혜 정부는 노동개혁의 필요성을 역설하면서 노사정위를 정부의 주문에 맞게 동원하는 식으로 변질하였고 사회협약을 억지로 끌어내려는 듯한 인상을 주었다(장홍근·박명준 2017, 21). 노사정위에 참여했던 한국노총은 2013년 12월 철도노조 집행부 체포를 위한 정부의 공권력 투입에 항의하며 2014년 8월까지 노사정위에 불참하였다. 그리고 2016년 1월 19일에 정부와 여당이 개정 발의한 노동 5법의 여야 합의처리가 불투명해지자 정부가 일반해고와 취업규칙 불이익 변경 관련 두 가지 지침을 일방적으로 언론에 발표하였다. 이에 대해 한국노총은 노사정 합의의 판을 깨뜨렸다고 주장하면서 합의 파기와 노사정위 불참을 선언했다.

문재인 정부는 노동존중 사회를 국정과제로 제시하고 사회적 협의기구의 제도화에 대한 의지를 피력하였다. 2016년 이후 중단된 사회적 협의를 복원하고자 하였다. 그리고 노사정위원회 3기부터 참여하지 않았던 민주노총도 사회적 협의기구에 동참하고자 하는 의지를 보임으로써 사회적 협의기구의 제도화에 대한 기대가 높아졌다. 그러나 민주노총 내부의 반대 등에 의해 사회적 협의기구 참여와 사회협약을 도출하는 데 실패하였으며, 이전과 같이 민주노총이 빠진 사회적 협의기구가 되었다.

한국에서 실험된 사회적 협의의 특징은 경제위기의 극복과 고용안정성을 위해 정부 주도로 이루어졌다는 점이다. 정부 주도의 사회적 협의는 한국만의 독특성이라기보다는 스페인과 아일랜드처럼 탈집중적이고 분산적인 노동시장을 갖는 국가에서 나타나는 특성이다(장선화 2014). 따라서 스페인과 아일랜드는 비록 정부형태가 한국과 다르지만, 사회적 협의의 제도화에 있어 한국에 주는 시사점이 존재한다.

두 번째 특징은 노사정위원회에 노사단체가 참여와 불참을 반복함으로써 사회적 협의기구의 제도화에 실패하였다는 점이다. 사회적 협의기구의 제도화를 위해서는 대표성을 갖는 조직화 된 중앙집중적 노사단체들이 협의에 참여하여야 한다. 스페인의 경우 1984년 사회당 정부의 구조조정과 긴축정책에 반대한 노동자위원회(CC.OO)가 협약 체결에 불참한 사례가 있으나 그 외에는 모든 이해단체가 참여하는 협약이 이루어졌다. 아일랜드는 1987년 사회연대협약 이후 어떤 단체도 불참하지 않고 사회적 협의에 참여하였다.

세 번째 특징은 정부의 이념적 성격과 무관하게 사회적 협의가 지속하였다는 점이다. 이는 사회적 협의가 경제위기의 극복을 위한 정책적 수단만이 아니라 사회통합의 전략으로서의 성격이 있음을 의미한다. 분단국가에 의한 이념갈등, 계급갈등, 세대갈등, 지역갈등 등 다차원적 갈등구조를 갖는 한국에서 사회통합은 어느 정부이든 중요한 국정과제로 제시하고 있으며, 이를 위해 사회적 협의를 유지하고자 한다. 이같이 사회통합을 위해 사회적 협의를 정치적 전략으로 이용하는 사례는 스페인과 아일랜드에서도 보인다. 스페인의 1977년 몽크로아 협약(Moncloa Pact) 이후 진행된 협약이나 아일랜드의 1987년 사회연대협약도 경제위기 극복과 사회통합을 위한 전략으로 사회적 협약을 이용하였다.

마지막으로 약한 정부에서 사회적 협의가 적극적으로 동원되었다는 점이다. 즉, 허약한 정치적 영향력을 극복하기 위해 시민사회의 지지를 적극적으로 동원하고, 정책 성과(입법)를 얻기 위해 외부의 압력을 동원한다는 점이다. 즉, 약한 정부인 경우, 정책선택과 관련한 동의를 이끌어 내고 잠재적인 반대 의견을 분산시키기 위해 노사 등 다른 사회 행위자를 정책 결정에 개입시켰다(임상훈 2006, 117). 사회적 협의의 입법 및 정책 기여도를 분석한 연구는 여소야대의 정치구조에서 298개의 사회적 합의 중 67%(201개)가 이루어졌으며, 입법 성과는 총 124개의 법 제·개정 중 85%(106개)가 이루어졌다고 한다(박은정·박성국 2019).

IV. 정부별 정치구조 요인·행위자 요인의 효과

1. 김대중 정부의 사회적 협의 요인

1997년 12월 실시된 15대 대통령선거에서 당시 야당 후보인 새정치국민회의의 김대중 후보가 40.3%의 득표로 당선되었다. 당시 한국은 사상 초유의 경제위기 상태였으며 대량실업과 고용불안 등 사회세력 간 갈등이 심화하고 있었다. 따라서 김대중 당선자는 최우선 과제로 경제위기 극복과 사회통합을 제시하고 이를 위해 경제주체들뿐만 아니라 사회 전체의 고통분담과 협력에 대한 합의를 이루고자 노력하였다. 즉, 김대중 당선인은 사회적 협의기구인 노사정협의회 구성과 참여를 한국노총, 민주노총 그리고 경총에 요청하였으며, 이들 단체의 합의를 통해 1998년 1월 15일에 대통령 직속 기구인 노사정위원회가 출범하였다. 그리고 노사정위원회는 2월 6일에 노사정대타협과 2월 9일에는 90개의 합의사항을 포함하는 경제위기 극복을 위한 사회협약이 이루어졌다. 당선자 기간을 포함하여 김대중 정부에서 122개의 합의가 이루어졌으며, 이 중 100개의 합의는 1998년에 그리고 나머지 22개의 합의는 2000년부터 2002년까지 이루어졌다. 그리고 합의사항 중 116건(91.5%)을 이행 추진하였으며, 69건(56.6%)이 이행하였다.

〈표 2〉 김대중 정부와 사회적 협의 및 이행

	합의문	이행추진	합의이행
경제정책	40	39	22
노사관계	23	23	13
노동안전	9	5	7
구조조정	10	10	0
사회보장	32	31	21
노동시장	7	7	5
합계	122	116	69

출처: 박은정·박성국 2019 정리

　김대중 정부는 신한국당이 국회의 다수당인 여소야대 상황에서 출범하였다. 그러나 1997년 대선을 앞두고 성사된 김대중과 김종필의 연합(DJP연합)에 의해 제15대 국회 임기 말에는 새천년민주당 98석과 자유민주연합 52석이 연립여당을 구성함으로써 여대야소의 상황으로 전환되었다. 이후 2000년에 실시된 제16대 국회의원선거 결과로 새천년민주당 119석과 자유민주연합 17석의 연립여당은 273석 중 136석을 확보함으로써 과반의석 확보에 실패하였지만, 균형적인 여소야대의 정국이 형성되었다. 그러나 2001년 9월 임동원 통일부 장관 해임 가결한 통과로 인해 자유민주연합과의 연립정부가 파기되면서 김대중 정부는 국회 내 여당과 야당의 균형이 깨진 여소야대의 상황에서 국정을 운영하게 되었다.
　당선인 시절에 노사정이 합의한 90개의 합의문을 제외하고 김대중 정부의 출범부터 2001년 8월까지 노사정위원회에서 노사정이 합의한 합의문은

22개이며, 새천년민주당 단독정부와 여소야대 상황에서 합의한 수는 10개인 것으로 나타났다. 그리고 의회 내 다수연합이었던 시기까지 노사정 합의문이 이행된 것은 65개였으며, 여소야대 상황에서 이행된 것은 4개이다.

민주화 이후 한국의 정당체계의 특징은 이념과 계급에 기초하기보다 지역주의에 기초한 다당제이며, 정당구조는 정치지도자를 중심으로 한 중앙집권적 성격이 강하였다. 이는 대통령과 집권당 사이의 관계를 수직적인 종속적인 구조로 만들었다. 이 같은 정당체계와 대통령과 집권당 사이의 관계는 행정부와 입법부 간 교착상태를 초래함으로써 정부 운영의 효율성을 저하한다. 대통령제에서 행정부와 입법부 간 교착상태는 단점정부보다 분점정부에서 더 빈번히 발생한다고 지적하지만, 한국의 경우는 단점정부나 분점정부 모두에서 교착상태가 발생하고 있다. 그리고 새정치국민회의와 자유민주연합 간 다수연합 시기인 15대 국회 후반기와 새천년민주당, 자유민주연합 그리고 민주국민당 간 연합 시기인 16대 국회의 경우 정치적 성향이 서로 다른 정당 간의 연합이라는 점에서 대통령의 국회 영향력은 상대적으로 약하였다(정진민 2011, 236-237).

행위자 요인으로서 사회적 협의에 대한 대통령의 의지가 강하였다고 평가할 수 있다. 즉, 김대중 대통령은 대통령이 되기 전에도 평등지향적이고 분배지향적인 사회정책을 선호하였다(이성로 2019, 300). 그리고 당선 후 경제위기 극복과 사회통합이라는 과제 해결에 있어 사회적 협의의 중요성을 역설하였다. 1998년 1월부터 비상설의 정치적 합의 기구로 시작된 노사정위원회는 노동시장의 유연화와 노동기본권에 관한 논의가 이루어졌다. 이 과정에서 김대중 대통령은 당선인 신분으로 1월 20일 민노총과 경총을 방문해 협력을 당부하고 정리해고의 요건과 절차에 대한 노동계의 요구를 받아들이면서 사회적 협의의 진전을 보였다. 그리고 제2기 노사정위원회를 위해 한국노총과 민노총을 번갈아 가면서 노정협의를 개최하기도 하는 등 보다 정부가 적극적으로 사회적 협의를 이끌려고 노력하였다(김영종 2004, 17).

김대중 정부의 노동친화성은 대통령 선거 기간부터 보인다. 김대중 후보는 대선공약에서 '국제적 수준의 노동기본권 확보'라는 노동친화적 입장을 표명하였다(조경배 2018, 22). 김대중 후보는 한국노총과의 정책적 연대를 이뤄냈으며, 한국노총은 내부의 반발에도 불구하고 김대중 후보를 지지하였다. 즉, 당시 한국노총과의 정책연합은 위원장의 개인적 정치적 판단으로 이루어진 행위였으며, 중앙정치위원회는 정책연합 추진 중단과 지지후보 선언을 철회하기로 결정했다(우태현 2008, 36).

노사정위원회 출범 이후에도 정부와 양대노총 사이의 관계는 우호적이었다. 그러나 1998년 정기국회에서 노사정위원회의 합의사항들이 대부분 부결되거나 의제로 상정되지 못하자, 민주노총은 1999년 2월 노사정위원회가 구조조정과 대량해고를 정당화하기 위한 정부와 경영계의 정책협의체로 전락했다고 보고 노사정위원회를 탈퇴하였다(선학태 2007, 247). 그리고 한국노총도 정부의 노사정 합의 미이행 및 불성실한 태도에 대해 불만이 표출되고 노사정위원회 불참 및 참여를 반복하였다. 예를 들어, 노동시장의 유연화를 위해 정리해고제 등의 항목에 합의한 노동계로서는 그 반대급부로 반드시 보상받아야 할 고용 부분과 사회복지 부분, 그리고 실업자의 초기업 단위 노조 가입 자격 문제 등의 미진한 이행을 보였다. 즉, 노사 간의 고통 분담이 아닌 노동에 고통을 전가하는 결과들이 도출됨으로써 김대중 정부의 노동친화성에 대한 부정적 평가도 존재한다.

국민의 정부 5년간의 성과를 정리하면, 노동계와 경영계의 불참과 복귀 등이 반복되는 과정에서 공공/금융부문 구조조정 방향, 고용조정에 따른 실직자의 생계안정 및 재취업 지원, 근로조건 개선 등과 관련된 의제를 논의하였다. 그리고 33개의 노사정 합의를 이루어 내고, 구조조정 대책 마련과 노동정책과 제도 개선에 반영하였다는 점에서 의미가 있다.

2. 노무현 정부의 사회적 협의 요인

2002년 제16대 대통령선거에서 48.9%를 득표한 새천년민주당의 노무현 후보가 당선됨으로써 김대중 정부에 이어 민주당 정부가 구성되었다. 노무현 정부는 '국민과 함께하는 민주주의', '더불어 사는 균형발전 사회' 그리고 '평화와 번영의 동북아 시대'라는 3대 국정목표를 제시하였다. 그리고 '더불어 사는 균형발전'을 위한 국정과제 중 하나로 사회통합적 노사관계 구축과 6개 항목의 정책과제를 제시하였다.[2] 즉, 노무현 정부는 노동정책을 경제정책의 보조적 수단에서 벗어나 신뢰와 참여, 책임에 입각한 사회통합적 노사관계 구축, 그리고 비정규직 등 취약근로자에 대한 사회적 보호 강화를 주요 정책과제로 설정하였다(박은정·박성국 2019, 34). 그리고 노무현 정부는 민주노총을 노사정위원회에 복귀시켜 사회적 대화를 정상화하고자 하였으나, 민주노총은 노사정위에 불참하고 노사정대표자회의에 참여와 불참을 반복하였다.

노무현 정부는 5년의 기간 동안 79개의 노사정 간 사회적 협의를 도출하였으며, 이중 이행조치가 이루어진 것은 74개이다. 그리고 합의이행이 이루어진 것은 37개이다. 주제별로 사회적 협의, 이행조치 그리고 이행 개수를 정리하면 다음과 같다.

---

2   ① 국제기준에 부합하는 노사관계 구축 ② 중층적 구조의 사회적 파트너십 형성 ③ 자율과 책임의 노사자치주의 확립 ④ 근로생활의 질 향상 ⑤ 노동행정 서비스의 역량 확충 ⑥ 일자리 창출과 고용안정

<표 3> 노무현 정부와 사회적 협의 및 이행

	합의문 수	이행조치	이행결과
경제정책	11	10	7
노사관계	13	12	3
노동안전	2	2	1
구조조정	1	1	0
사회보장	7	7	5
노동시장	42	41	21
합계	79	74	37

출처: 박은정·박성국 2019 정리

79개의 사회적 협의 중 61개는 2004년, 그리고 15개는 2006년에 이루어졌으며, 2003년에 2개 그리고 2007년에 1개 사회적 협의가 이루어졌다. 대표적인 사회적 협의는 2004년 2월 10일에 성사된 '일자리 만들기 사회협약'과 2006년 9월에 합의된 '노사관계 선진화를 위한 대타협'이다. 특히 '노사관계 선진화를 위한 대타협'은 노무현 정부가 출범한 후 노사정위원회에서 노사관계와 관련된 법과 제도의 선진화를 위한 방안이 논의된 지 3년 만에 성사되었다. 그리고 노사정위원회는 아니지만, 민주노총도 참여한 노사정 대표자회의에서 합의된 경제사회발전노사정위원회법이 2007년 4월에 공포 시행되었다. 이에 따라 노사정위원회의 회의체 구성과 운영방식이 정비되었다. 그러나 노무현 정부 5년간 노사정위원회가 안정적으로 운영되지는 않았다. 민주노총의 불참과 더불어 한국노총도 충주지부장 사망과 조문을 둘러싼 노정갈등으로 인해 2005년 7월 17일부터 2006년 2월 1일까지 약 195여 일 동안 불참하였다.

2003년 2월에 출범한 노무현 정부는 2004년 제17대 국회가 시작되기 전까지 여소야대의 분점정부였다. 특히 정치개혁을 둘러싼 새천년민주당 내

구주류와 신주류 간 갈등 심화는 2003년 9월 20일 분당과 11월 11일 열린 우리당의 창당으로 이어졌다. 열린우리당은 새천년민주당을 탈당한 40명의 의원, 한나라당을 탈당한 5명의 의원 그리고 개혁당 의원 2명을 포함하여 47석을 갖는 원내 제3당이 되었다. 그 결과, 국회는 한나라당, 새천년민주당, 열린우리당, 자유민주연합 그리고 국민통합 21이 존재하는 다당제로 운영되었다.

이렇듯 여소야대인 분점정부하에서 노사정위원회는 '고용안정사업 제도개선 관련 합의문'(2003. 7. 25.), '손해배상·가압류 관련 노사정 합의문'(2003. 12. 17.), '일자리만들기 사회협약'(2004. 2. 10)의 7개 항목, '고용보험전문위원회 활성화를 위한 합의문'(2004. 3. 31)과 '국가직무/직업능력표준 개발 관련 합의문'(2004. 3. 31)에 대한 사회적 협의가 이루어졌다.

탄핵국면에서 실시된 2004년 제17대 국회의원선거는 집권당인 열린우리당이 299석 중 152석의 과반의석을 획득한 여대야소의 단점정부를 구성하게 되었다. 단점정부 기간 동안 3개의 사회적 협의가 이루어졌다. 즉, 2004년 6월 30일에는 '우리사주제도 활성화를 위한 합의문'과 '전력산업 배전분할 관련 결의'가 합의되었으며, 동년 9월 15일과 12월 29일에는 '고용서비스 선진화를 위한 합의문'과 '근로소득보전세제도 마련을 위한 합의문'이 합의되었다.

그러나 2005년 4월 30일 실시된 재보궐선거에서 열린우리당이 6곳의 선거구에서 모두 패배하여 의석수가 152석에서 146석으로 감소하였다. 이후 여소야대의 분점정부가 임기 말까지 지속하였으며, 다수의 사회적 협의가 이루어졌다. 특히 2006년에 들어서 노사정위원회는 '노사정위원회 및 노동위원회 개편에 관한 노사정합의문'과 더불어 동년 9월 11일에 노무현 정부가 임기 초부터 협의해 오던 '노사관계 선진화를 위한 노사정 대타협 선언문'을 발표하게 되었다. 그 외에 13개의 노사정 합의문을 발표하였다.

2006년 재보궐선거에서 패배한 열리우리당은 신당을 추진하는 세력과 열리우리당을 사수하자는 세력 간 분열이 이루어졌다. 그리고 2007년 1월 22일에 신당을 추진하는 세력은 노무현 대통령의 만류에도 불구하고 탈당하였으며, 5월 7일에는 20석의 중도개혁통합신당을 창당한다. 이는 노무현 정부의 권력누수를 보여 주는 대표적인 예이며, 또한 대통령과 정당 사이의 관계가 약화하였음을 보여 주는 것이다. 그럼에도 불구하고 노무현 정부는 2007년부터 임기 말까지 '비정규직법 시행에 다른 중소기업지원방안 관련 합의문' 등 6개의 사회적 협의를 이루어냈다. 이는 사회적 협의를 중시하려는 노무현 대통령의 의지와 연결된다.

행위자 요인인 대통령의 의지를 살펴보면, 노무현 정부는 사회통합적 노사관계를 구축하기 위한 정책들을 추진하였다. 그리고 노사관계 및 노동정책에 있어 노사정위원회에서의 논의와 합의를 중시했다. 즉, 노사정위원회를 정상화하고 사회적 협의를 추진하려 노력하였다. 그 결과, 2004년 2월에 '일자리 만들기 사회협약'을 이뤄냈다. 이후 노무현 정부는 다양한 형태의 사회적 협의를 제도화하려 노력하였지만, 노사정 협상을 이끌어나가는 정부의 적극적인 의지 부족, 노동정책의 일관성 부족, 민주노총을 협상에 끌어들이는 정치적 협상력 부족 등에 익해 사회적 협의 두출에 실패하였다 (김윤태 2007, 527).

다음으로 노무현 정부의 노동친화성을 살펴보면, 노무현 정부는 인수위 시절부터 철도파업에 대한 노·정 합의가 이뤄지는 시기까지 노동친화적이라는 평가를 받았다(신원철 2004, 121). 그러나 노무현 정부는 노사분규에 대해 법과 원칙을 강조함으로써 대화와 타협이 약화하고, 노·정 간 대립이 불필요하게 격화되고 장기화하였다(김윤태 2007, 528). 특히 대기업 중심의 노동조합운동을 두고 운동의 권력화와 귀족화의 발언은 정부와 노동 간의 대립적 관계로 변화시켰다. 그럼에도 불구하고 노무현 정부는 차별 해소와 근로조건 개선 강조와 더불어 비정규직 노동자를 보호하기 위해 노력하였다는 점에서 노동친화성이 낮다고 평가하기 어렵다.

3. 이명박 정부의 사회적 협의 요인

2007년 제17대 대통령선거는 한나라당의 이명박 후보가 48.7%를 득표함으로써 26.1%를 받은 대통합민주신당의 정동영 후보에게 승리하여 대통령으로 선출되었다. 이명박 후보의 승리로 인해 10년 만에 보수정부가 들어섰고, 민주화 이후 두 번째로 선거를 통한 여야 간 정권교체가 이루어졌다.

이명박 정부는 국정과제로서 '활기찬 시장경제'를 제시하였는데 이는 자유화, 탈규제, 국가의 축소와 같이 강력한 신자유주의 정책에 기반하고 있다. 즉, 이명박 정부는 집권 초기에 금산분리 완화, 출자총액제한제 폐지 그리고 부자감세정책 등 친기업적 신자유주의 정책을 강력하게 추진하였다. 그리고 이명박 정부는 상생의 노사문화 창조, 비정규직 근로자 보호 등을 위해 노사관계에 있어 법의 지배 확립, 노동시장 유연성 제고 그리고 노동규제 개혁 등에 중점을 두었다.[3] 노사관계의 법의 지배 확립은 합리적 교섭 관행 및 쟁의 질서 확립, 복수노조와 노조 전임자 관련법 개정, 비정규직 관련 제도 보완 등을 정책과제로 제시하였다. 그리고 노동시장의 유연성 제

---

3   정책과제는 ①위기극복을 위한 산업현장 노사협력 확산, ②복수노조 창구단일화 등 노사관계
    법·제도 개선, ③노사관계 영역 신뢰지표 구성·관리; ④최저임금제도의 합리성 제고, ⑤비정
    규직 근로자 사용기간 조정 등 비정규직법·제도 보완, ⑥고용·임금·근로시간 제도 선진화 등
    이다.

고는 임금, 근로시간, 고용유연화를 그리고 노동 규제를 전면 재검토함을 제시하였다.

이명박 정부는 임기 내에 14개의 사회적 협의, 12개의 이행조치와 7개의 이행결과를 이루어냈다. 이를 주제별로 살펴보면 다음과 같다.

〈표 4〉 이명박 정부와 사회적 협의 및 이행

	합의문 수	이행조치	이행결과
경제정책	3	1	1
노사관계	2	2	1
노동안전	1	1	1
구조조정	0	0	0
사회보장	2	2	2
노동시장	6	6	2
합계	14	12	7

출처: 박은정·박성국 2019 정리

이명박 정부의 사회적 협의에 있어 주요한 특징은 임기 마지막 해인 2012년을 제외하고 나머지 기간에 고르게 사회적 협의가 이루어졌다는 점이다. 즉, 2008년에는 5개, 2009년에는 4개, 2010년에는 3개 그리고 2011년에는 2개이다. 그러나 다른 정부는 특정한 해에 사회적 협의가 집중되어 있다. 또 다른 특징은 글로벌 금융위기의 조건임에도 불구하고 사회적 협의 개수가 매우 적다는 점이다. 경제위기 상황이었던 김대중 정부는 이를 극복하기 위해 1998년만 100개의 사회적 협의가 이루어져다. 이러한 특징은 이명박 정부가 국가의 시장 개입보다는 시장원리를 중시하는 '시장에 의한 정부'임을 의미한다(임혁백 2016, 737). 즉, 이 시기에는 노동기본권과 사회적 안정망 확충, 노동시장 양극화 극복을 위한 사회통합적 노동시장 및 노사관계보다는 노동시장 유연화와 규제 완화 등 고용 친화적인 의제를 중심으로 논의되었다(이호근 2011, 41).

이명박 정부는 임기 첫해인 2008년 4월 9일 제18대 국회의원선거가 실시되었다. 그 결과, 한나라당은 국회의원 의석 중 153석을 획득함으로써 단점정부를 구성하게 되었다. 국회의원선거를 앞두고 한나라당은 친이명박(친이) 세력과 친박근혜(친박) 세력 간 공천을 둘러싼 갈등이 존재하였으며, 친박 세력을 공천에서 배제함으로써 한나라당은 친이 세력이 주도하는 정당이 되었다. 이는 이명박 대통령의 정당에 대한 영향력과 의원들의 대통령에 대한 종속성이 강화되었음을 의미한다. 공천에서 배제된 친박 세력은 탈당하여 친박연대를 창당하여 국회의원선거에 참여하여 14석을 획득하였다. 그 결과 정당체계는 한나라당, 통합민주당(81석), 자유선진당(18석), 친박연대(14석), 정의당(5석)과 창조한국당(3석)이 존재하는 다당제가 되었다.

이명박 정부의 노사관계 정책은 2008년에 '단체교섭 체계 개선을 위한 노사정합의문'과 '고용안정을 위한 임금체계개선 관련 합의문' 등을 포함해 5개의 노사정 합의문을 성사시켰다. 그리고 2008년 하반기의 글로벌 금융위기는 노사 간에 경제위기와 고용위기 극복을 위한 사회적 협의의 도출에 대한 공감대를 형성하였으며, 이명박 정부는 노사의 제안을 받아들여 경제 살리기 및 사회통합 방안을 논의하였다. 그 결과, 2009년 2월 23일에 임금동결, 반납 또는 절감, 해고 자제를 통한 고용유지 등 노사 간 고통분담을 약속하는 '경제위기 극복을 위한 노사민정 합의'를 이루어냈다. 그 후에도 '하역근로자의 산재보험 적용을 위한 합의문'과 '전임자·복수노조 제도 개선 관련 노사정 합의문' 등 3개의 노사정 합의가 도출되었다. 그리고 2010년과 2011년에는 '공공고용서비스 강화 및 민간고용서비스 활성화를 위한 합의문'(2010. 9. 30), '베이비붐 세대 등 고용촉진을 위한 노사정 합의문'(2011. 6. 10) 등 고용과 관련된 5개의 노사정 합의가 이루어졌다(경제사회발전노사정위원회 2018).

2012년 4월 11일에 제19대 국회의원선거가 실시되었다. 그 결과 한나라당의 후신인 새누리당이 152석을 차지함으로써 다시금 여대야소의 단점정부가 지속되었다. 그리고 제1야당인 민주통합당은 127석을 획득하였으며, 통합진보당은 13석, 자유선진당 5석을 차지하였다. 즉, 정당체계는 새누리당과 민주통합당의 의석이 국회 전체의석의 93%를 차지하는 양당제였다. 이명박 정부는 비록 선거에서 승리하였지만, 당에 대한 영향력은 크게 약화하였다. 그 이유는 차떼기 파동 이후 박근혜를 중심으로 한 친박세력이 새누리당을 장악했기 때문이다. 그리고 12월에 있을 제18대 대통령선거 국면으로 전환되면서 이명박 정부는 남은 임기 동안 국정운영의 동력과 정책추진력이 약화하는 권력누수에 빠지게 되었다.

행위자 요인에서 이명박 정부는 사회적 협의에 대한 의지가 앞선 두 정부보다 매우 약하였다. 시장원리를 중시한 이명박 대통령은 국가를 공공성보다는 이윤의 극대화라는 효율성을 최우선으로 하는 최고경영자(CEO)의 마인드를 가지고 운영하였다. 즉, 최고경영자는 효율성을 위해 사회적·정치적 비용이 많이 소모되는 타협과 합의를 회피하고 독단적 결정과 명령에 복종하는 상명하복의 위계적 구조를 선호한다(임혁백 2016, 747). 따라서 이명박 대통령은 사회적 협의를 도출하는 노사정위원회를 거추장스럽고 불필요한 기구로 받아들였을 것이다. 따라서 중앙단위의 노사정위원회를 폐지하자는 논의가 이뤄지기도 하였다.

그러나 사회적 협의를 신자유주의적 친기업적 정책에 대한 국민적 지지를 동원할 수 있는 그리고 사회통합을 유지할 수 있는 도구로 활용하였다. 이는 임기 내, 특히 글로벌 금융위기 상황에서 노사정 합의가 이루어진 내용 중 다수가 고용과 사회보장이라는 점을 통해 쉽게 이해될 수 있다.

이명박 정부의 노동친화성은 매우 낮다고 평가할 수 있다. 이명박 대통령은 후보 시절 한국노총과 정책연대 형식으로 한국노총 조합원의 지지와 대선 후보의 노동자를 위한 정책을 서로 교환하는 협약을 맺었다(우태현 2008, 34). 이는 이명박 대통령이 노동친화적이라기 보다는 상호 이익교환의 관계에 의한 것이다. 즉, 이명박 후보는 선거에서의 득표전략으로 한국노총이 필요하였으며, 또한 한국노총은 정부기구 내 발언 기회 또는 의견 제출의 기회가 많고 한국노총의 정책 영향력이 높아 보였기 때문이다(우태현 2008, 36). 그러나 당선 후 이명박 정부는 비정규고용에 대한 규제 완화를 위해 기간제법과 파견법 개정 입법을 노사정위원회의 합의 없이 독자적으로 추진하였다(정이환 2017, 176).

4. 박근혜 정부의 사회적 협의 요인

2012년 12월 19일 실시된 제18대 대통령선거는 새누리당의 박근혜 후보와 민주통합당의 문재인 후보의 양자 대결이었으며, 51.6%를 획득한 박근혜 후보가 당선되었다. 즉, 보수정당이 정권을 재창출하였으며, 여대야소의 단점정부가 형성되었다.

박근혜 정부는 이명박 정부에 이어 대화와 상생의 노사문화 구축을 통한 노사관계 안정 및 일자리 창출이라는 국정과제를 제시하였다. 그리고 추진계획으로 사회적 대타협의 참여 주체 확대, 의제 다양화 등 노사정위원회 개편을 통한 실질적 사회적 대화를 위한 국민기구로의 정착 지원; 중앙 및 지방 단위 노사정 대화 채널을 활성화하고 산업현장 단위 노사협의회의 적극적 역할 수행 지원; 범국민적 참여와 역량 결집을 통해 경제사회 전반의 이슈를 포괄하는 사회적 대타협 추진을 제시하고 있다. 그리고 신뢰와 상생의 노사관계로의 전환을 위하여 노사문제는 법질서 준수, 신뢰와 타협 가치 존중; 노사자율 해결 기조를 실천; 불합리 불법행위 근절 및 위반 시 법에 따라 엄정조치; 사회적 책임 실천; 우수 노사 발굴 및 모범사례 확산을 제시하고 있다. 마지막으로 노동위원회의 기능을 강화하기 위해 현행 부당해고 부당노동행위 판정 등 기능 강화; 특수형태 업무종사자 관련 노동분쟁 해결 지원; 판정 조정의 전문성 신뢰도 및 서비스 수준 제고를 제시하고 있다.

박근혜 정부는 출범 이후 탄핵이 이루어지는 2017년 5월 이전까지 총 83개 합의문이 채택되었으며, 이행조치는 74개, 이행결과는 11개가 이루어졌다. 그리고 출범 해인 2013년엔 4개의 합의문이 채택되었으며, 2014년엔 1개 그리고 2015년에 78개의 합의문이 채택되었다. 채택된 합의문 수, 이행조치 그리고 이행결과를 주제별로 정리하면 다음과 같다.

〈표 5〉 박근혜 정부와 사회적 협의 및 이행

	합의문 수	이행조치	이행결과
경제정책	6	4	0
노사관계	5	5	0
노동안전	5	4	1
구조조정	0	0	0
사회보장	4	4	2
노동시장	63	57	8
합계	83	74	11

출처: 박은정·박성국 2019 정리

박근혜 정부에서 노사정이 합의한 내용은 주로 노동시장과 관련되어 있다. 이는 일자리 창출과 비정규직 등의 일자리 질을 개선하여 고용을 창출하려는 노동정책과 맥을 같이 하고 있다. 2013년 박근혜 정부의 출범 이후 한국노총이 참여한 가운데 노사정위원회가 운영되었다. 5월에는 '고용률 70% 달성을 위한 노사정 일자리 협약'이 이루어졌으며, 7월에는 '고용유인용 사회안전망 강화를 위한 노사정 합의문' 외 2건의 합의문이 채택된다. 그러나 12월 23일 철도노조 집행부 체포를 위해 민노총 회관에 공권력이 투입되면서 한국노총은 노사정위원회 불참을 결정하였다. 그 후 2014년 8월 19일 한국노총이 복귀할 때까지 노사정위원회는 정상적 운영이 불가능하였다(박은정·박성국 2019, 49).

한국노총의 복귀 후 노사정위원회는 일자리 창출과 양극화 해소를 위한 논의가 이루어졌으며, 2014년 12월 23일에 '노동시장 구조개선의 원칙과 방향 노사정 합의문'이 채택되었다. 그리고 2015년 9월 15일에 '노동시장 구조개선을 위한 노사정 합의-사회적 대타협'과 더불어 2개의 합의문이 발표된다. 이후 정부와 여당은 '노동시장 구조개선을 위한 노사정 합의-사회적 대타협'을 근간으로 하는 노동개혁 5대 법안을 입안하여 국회에 발의하였지만 국회환경노동위원회에서 입법교착이 이루어지면서 다음 해인 2016년으로 넘어가게 되었다. 이후 한국노총은 정부 여당이 입법 과정에서 합의 내용을 변질시킨 것에 대해 항의하면서 2016년 1월 19일 노사정 협의 파기와 더불어 불참 선언을 하게 된다. 한국노총이 합의 파기와 노사정위원회의 불참 이유는 한국노총의 의견이 입법안에 들어가지 않았기 때문이며(전세훈 2018, 263), 또한 정부가 일반해고와 취업규칙 불이익 변경 관련 두 가지 지침을 일방적으로 언론에 발표하였기 때문이다(박은정·박성국 2019, 49). 한국노총의 불참 선언 이후 노사정위원회는 2017년 3월 문재인 정부가 출범할 때까지 휴업상태가 유지되었다.

2016년 4월 13일 제20대 국회의원선거가 실시되고, 여당인 새누리당은 122석을 그리고 제1야당인 더불어민주당은 123석을 획득하였다. 그리고 국민의당이 38석 그리고 정의당이 6석을 획득함으로써 단점정부에서 분점 정부로 성격이 변하였다. 이러한 선거결과는 국회선진화법과 함께 박근혜 정부의 입법능력을 약화하였으며, 박근혜 정부의 노동개혁 정책은 실패하게 되었다.

박근혜 대통령의 정당 영향력은 출범부터 탄핵 시점까지 매우 강력했다. 즉, 제20대 국회의원선거를 앞두고 새누리당 내 계파 간 공천 갈등이 박근혜 대통령의 정당 영향력을 잘 보여 준다.

행위자 요인을 살펴보면, 박근혜 정부의 사회적 협의에 대한 의지는 국정 과제에서 알 수 있듯이 초기에 강하였던 것으로 보인다. 그러나 사회적 대타협의 성격이 강력한 정부 주도성과 과거 권위주의 시기의 국가통제 방식으로 이루어졌다는 점에서 노사정 간 타협과 합의를 통한 사회적 협의가 아닌 권력 자원을 이용한 강압적 성격이 강하였다. 즉, 2014년 '노동시장 구조개선의 기본원칙과 방향'에 대한 노사정 합의가 이루어진 후 정부는 5개 법률개정안과 2개의 행정지침이라 불리는 비정규직 관련 법제도 개선 가이드라인을 일방적으로 발표하였다. 그리고 정부는 3개월로 못 받은 논의 기간 연장을 거부하면서 한국노총을 강력하게 압박하였다(고원 2019, 201). 즉, 박근혜 정부는 노사정위원회와 사회적 협의를 자신의 추진하려는 개혁의 정당성 확보를 위한 수단으로 이용하려 했다. 그리고 정책결정과정에서 집단 간 갈등과 대립을 극복하고 정책집행의 효과성을 제고하기 위해 사회적 협의의 형식이 필요했던 것이다(우태현 외 2015, 9).

박근혜 대통령은 후보 시절 한국노총과 적극적인 관계를 맺으려 노력하였지만, 정책연대로까지 발전하지 않았다. 그러나 2012년 10월 22일에 한국노총 문진국 위원장과 만남 이후 11월 17일 한국노총 전국노동자대회에 참석해 공공부문 비정규직 정규직 전환 등을 공약하는 등 친노동 행보를 밟았다. 그러나 당선 후 박근혜 대통령은 공약사항인 근로조건 개선과 노동기본권 보장 등을 위한 노조법 제·개정 노력이 없었으며, 노동부의 전국교직원노동조합을 법외노조화, 2013년 12월 12일 민주노총 사무실에 경찰의 강제 진입 등은 노동친화성이 낮음을 보여 주는 것이다.

V. 결론

이 연구는 대통령제의 제도적 특성과 운영 요인 중 사회적 협의 수와 이행률에 영향을 주는 요인을 탐색하고 사회적 협의 제도를 제도화를 위한 방안을 제시하고자 했다. 기존 연구 검토와 한국 대통령제의 특성을 통해 주요 독립변인으로 정부유형(단점/분점), 연정여부, 노동을 대표하는 정당의 의석수, 정당체계(양당제/다당제) 그리고 대통령의 정당 영향력과 더불어 행위자 요인으로 대통령의 의지와 노동친화성을 제시하였다.

먼저 정치구조와 노사정 합의문 수 사이의 관계를 살펴보고자 한다. 노사정 합의문의 수는 합의 항목을 고려하지 않고 노사정간 합의한 문서 수로 측정하였다. 그 결과, 1998년 2월부터 2015년 12월까지 노사정 간 합의된 합의문은 총 80개이다.

첫째, 정부유형의 경우 노사정 합의문은 단점정부(37개)보다 분점정부(43개)에서 더 많은 사회적 협의가 이루어진 것으로 분석된다. 1998년 2월부터 2019년 12월까지 215개월 중 단점정부의 기간은 약 128개월이었으며, 분점정부의 기간은 약 87개월이다. 이렇듯 단점정부보다 분점정부의 기간이 짧음에도 불구하고 사회적 협의가 더 많이 이루어졌다. 단점정부와 분점정부를 경험한 김대중 정부와 노무현 정부의 경우 분점정부에서 더 많은 노사정 합의가 이루어졌다. 반면에 이명박 정부와 박근혜 정부는 단점정부에서 모든 노사정 합의가 이루어졌다. 정리하면 여대야소의 단점정부보다 여소야대의 분점정부에서 사회적 협의가 다수 이루어졌다. 그 이유는 소수정부로서 다른 정당의 협력을 유인할 수 있는 합의주의 정치의 필요성과 정부의 정당성과 안정성이 필요하기 때문이다.

〈표 6〉 정부유형과 합의문 수의 관계

	김대중 정부	노무현 정부	이명박 정부	박근혜 정부	합계
단점정부 (128개월)	11(33.3)	4(16.0)	14(100)	8(100)	37
분점정부 (87개월)	22(66.7)	21(84.0)	0	0	43
합계	33	25	14	8	80

둘째, 연립정부를 경험한 정부는 김대중 정부로서 자민련과의 정치연합 시기에 사회적 협의가 주로 이루어졌음을 확인할 수 있다. 즉, 김대중 정부의 경우 1998년 8월에 자민련과의 연립정부가 구성되었지만, 정책연합은 대통령선거를 앞두고 이뤄진 선거연합부터라는 점에서 단독정부보다 연립정부(정치)가 사회적 협의에 긍정적 영향을 미쳤다고 평가할 수 있다. 김대중 정부 시기 연립정부를 구성한 시기에 노사정 합의가 이루어진 합의문수는 22개이며, 단독정부에서 합의가 이루어진 합의문 수는 11개이다. 따라서 단독정부보다는 연립정부하에서 사회적 협의가 잘 이루어짐을 확인할 수 있다.

<표 7> 김대중 정부의 연립정부 여부와 합의문 수의 관계

단독정부	11(33.3)
연립정부	22(66.7)
합계	33

셋째, 정당체계는 여당과 제1야당의 의석비율이 90% 미만인 다당제일수록 노사정 협의에 따른 합의문 수가 더 많은 것으로 분석된다. 김대중 정부 시기엔 양당제(36.4%)보다 다당제(63.6%)에서 사회적 협의가 이루어졌으나, 노무현 정부의 경우에는 다당제(24.0%)보다는 양당제(76.0%)하에서 사회적 협의가 이루어졌다. 따라서 다당제가 사회적 협의에 긍정적이라고 평가하기 어렵다. 그러나 김대중 정부의 '경제위기 극복을 위한 사회협약', 노무현 정부의 '일자리 만들기 사회협약' 그리고 이명박 정부의 '경제위기극복을 위한 노사민정 합의문' 등 사회적 대타협의 성격을 갖는 합의가 다당제에서 이루어졌다는 점에서 정당체계와 사회적 협의 사이에 관계성이 존재함을 추론할 수 있다.

<표 8> 정당체계와 합의문 수의 관계

	김대중 정부	노무현 정부	이명박 정부	박근혜 정부	합계
양당제	12(36.4)	19(76.0)	0	8(100)	39
다당제	21(63.6)	6(24.0)	14(100)	0	41
합계	33	25	14	8	80

넷째, 대통령의 집권당에 대한 영향력이 강할 때 사회적 협의가 더 많이 이루어졌다. 김대중, 이명박, 박근혜 정부의 경우 대통령의 집권당에 대한 영향력이 강할 때 모든 합의문이 체결되었다. 노무현 정부의 경우에는 대통령의 집권당에 대한 영향력이 약한 경우에 10건(40%)의 합의가 이루어

졌고 영향력이 강할 경우에 15건(60%)이 이루어졌다. 이러한 결과는 집권당에 대한 대통령의 영향력이 강할 때 사회적 협의에 긍정적임을 보여 주는 것이다. 대부분의 사회적 협의가 각 정부에서 권력누수를 겪는 임기 말보다 집권한 임기 초에 이루어지고 있다는 점에서 대통령의 권한이 사회적 협의에 강한 영향을 미치고 있음을 확인할 수 있다.

〈표 9〉 대통령의 집권당에 대한 영향력과 합의문 수의 관계

	김대중 정부	노무현 정부	이명박 정부	박근혜 정부	합계
약	0	10(40.0)	0	0	10
강	33(100)	15(60.0)	14(100)	8(100)	70
합계	33	25	14	8	80

행위자 요인의 경우에는 대통령의 의지가 강할수록 그리고 노동 친화적일수록 사회적 협의에 긍정적 영향을 주는 것을 알 수 있다. 즉, 사회적 협의에 대한 강한 의지와 노동 친화적인 김대중 정부와 노무현 정부가 친기업적인 이명박 정부와 박근혜 정부보다 많은 사회적 협의를 성사시켰으며, 이행률도 상대적으로 높다. 즉, 김대중과 노무현 정부 시기에 사회적 협의는 201개, 이행조치는 190개, 이행결과는 106개가 이루어졌으며, 반면에 이명박과 박근혜 정부 시기엔 97개의 사회적 협의, 86개의 이행조치 그리고 18개의 이행결과가 이루어졌다(박은정·박성국 2019, 86).

〈표 10〉 대통령의 의지, 노동친화성과 합의 성과

	대통령의 의지	노동친화성	합의 성과
김대중 정부	0	위기 극복의 파트너	사회적 대타협
노무현 정부	0	친노동, 비정규직 주목	일자리 타협, 사회적 대타협 실패

이명박 정부	X	친기업, 노조 힘빼기	일자리 타협, 복수노조/전임자 합의
박근혜 정부	X	민주노총 배제	일자리 타협, 9.15 대타협과 파기

출처: 최영기. 2022. "사회적 대화 2.0으로의 전환" 43쪽 요약

결론적으로 이 연구를 통해 대통령제에서도 사회적 협의가 제도화될 수 있는 요인이 존재함을 확인할 수 있었으며, 특히 대통령제의 제도적 특성으로 정부유형, 정당체계 그리고 대통령의 여당에 대한 영향력이 중요함을 확인할 수 있었다. 그리고 행위자 요인으로 대통령의 의지와 노동 친화성의 정도가 사회적 협의의 성과에 강한 영향을 미치고 있음을 확인할 수 있었다. 각 정부의 사회적 협의 성과에 관한 주요한 특징은 행위자 요인 중 대통령의 의지임을 확인할 수 있다.

사회적 협의는 협의 주체들 사이의 상호신뢰가 제도화되어야 한다. 특히 사회적 협의를 정책으로 이행하려는 정부의 의지가 중요하다. 1998년 이후 경험을 보면, 성공적인 노사정 합의나 논의 결과는 대부분 정부의 의지가 적극적인 경우일 때 가능하였다(이호근 2011, 45). 반면에 정부가 사회적 협의를 이행하려는 의지가 약할 경우, 협의 주체들, 특히 노동계의 불참이 이루어졌다. 대표적인 예로 김대중 정부의 2.6 합의문 이행의 부진은 민노총과 한국노총의 노사정위원회 불참 및 탈퇴의 원인이었다. 그리고 박근혜 정부 시기에는 노사정 합의가 이루어진 노동 5법에 대해 한국노총이 합의를 철회하기도 하였다. 이러한 예는 사회적 협의에 있어 노사정 간 합의된 내용에 대한 대통령이나 정부의 강력한 이행 의지가 중요함을 보여 주는 것이다. 특히, 노사의 자율적 협의의 문화와 제도화가 부족한 조건 속에서 사회적 협의를 제도화하기 위해 정부는 노사 간의 대립을 조정하고 협상을 주

도할 수 있는 정치적 리더쉽을 발휘해야 한다(김윤태 2007, 529). 즉, 정부는 이해 갈등의 조정자 그리고 사회적 협의 내용을 이행하는 보장하는 보장자로서 역할을 담당할 의지가 있어야 한다.

한국의 대통령제에서 사회적 협의의 제도화를 위해서는 권력분산적인 정치제도의 필요성이 제기되며, 이를 위해서는 선거제도의 개혁이 요구된다. 그리고 대통령을 포함한 행위자들의 사회적 협의에 대한 강한 의지와 노동 친화적 인식과 태도가 필요하다.

참고문헌

경제사회발전노사정위원회. 2018. 『경제사회발전노사정위원회 20년』

고원. 2019. "권력행동이론의 관점에서 본 사회개혁의 성과 결정요인: 박근혜 정부 시기 노동시장구조 개선의 사례." 『시민과 세계』 통권 34호, 193–221.

김영종. 2004. "역대 정부의 합의에 의한 노동정책의 형성과정: 노동법 개정을 중심으로." 『한국정책과학학회보』 8(4), 51–74.

김윤태. 2007. "한국의 노사관계와 사회적 대화: 유럽의 경험과 비교하기." 『한국사회학회 사회학대회 논문집』, 517–531.

레입파트, 아렌트. 1995. "대통령제와 다수결 민주주의: 이론적 논의." 린쯔·발렌주에라 (신명순·조정관 공역), 『내각제와 대통령제』 195–221, 서울: 나남.

박은정·박성국. 2019. "사회적 대화와 노동관계의 변화: 입법 및 정책 기여도를 중심으로." 경제사회노동위원회 보고서 12–1074800–000021–01

선학태. 2006. 『사회협약정치의 역동성』 서울: 한울아카데미.

선학태. 2007. "사회협약정치와 민주주의 공고화: 스페인과 한국의 비교연구." 『민주주의 와 인권』 7(2), 229–265.

손영우. 2018. "한국형 사회적 대화 기구의 특징과 발전 방향에 관한 연구: 경제사회노동 위원회를 중심으로." 『시민사회와 NGO』 16(2), 105–140.

신원철. 2004. "노무현 정부 노동정책의 평가와 전망: 역사적·제도적 접근." 『민주사회와 정책연구』 통권 6호, 106–135.

심상용. 2007. "비교사례(영국, 아일랜드) 접근을 통한 새로운 사회협약(social pact) 성립의 제도 및 행위자 요인에 대한 연구." 『노동정책연구』 7(3), 169-206.

안재흥. 2014. "서유럽 강소·복지국가 모델의 동학과 한국형 사회모델의 무산." 『의정연구』 121-153.

우태현. 2008. "정책연대와 한국노총의 사회정치적 역할: 새로운 정책모델의 제기." 『노동저널』 12, 34-43.

우태현 외. 2015. "노동정책결정과정에서 노사정관 거버넌스 상의 정책네트워크의 기능에 관한 연구." 한국노총중앙연구원.

이성로. 2019. "사회복지개혁과 대통령: 정책혁신가로서 대통령 김대중." 『경제와 사회』3, 279-317.

이장원. 2013. "노사정위원회 사회적 대화의 발전방안: 한국형 모델의 탐색." 『노동리뷰』 3, 47-54.

이호근. 2011. "'사회협약'정치'의 평가와 과제" 『노동저널』 2, 39-52.

임상훈. 2006. "사회협약 안정화 과정 비교연구: 한국, 이탈리아, 아일랜드 사례를 중심으로." 『노동정책연구』6(2), 109-134.

임혁백. 2016. 『비동시성의 동시성』 서울: 고려대학교출판문화원.

장선화. 2014. "사회협약의 정치: 세계화시대 경제위기와 집권정당의 위기 극복 전략(핀란드, 벨기에, 스페인, 아일랜드)." 『한국정당학회보』13(2), 63-99.

장홍근·박명준. 2017. "대전환기, 새로운 사회적 대화체제의 구상." 『노동리뷰』 4, 19-28.

전세훈. 2018. "한국 노동유연화 정치의 동학." 『한국사회학회 사회학대회 논문집』 251-268.

정이환. 2017. "노동시장 정책의 성격과 배경요인: 노무현·이명박 정권 비교." 『경제와 사회』12, 136-186.

조경배. 2018. "87년 헌법 이후 역대 정부의 노동정책과 제도의 조망과 평가." 『민주법학』 66, 9-44.

조정관. 2004. "대통령제 민주주의의 원형과 변형." 진영재 편저, 『한국 권력구조의 이해』, 65-109, 서울: 나남출판.

최영기. 2022. "사회적 대화 2.0으로의 전환" 「월간 노동리뷰」6월호, 37-47.

최장집. 1998. "'민주적 시장경제'의 한국적 조건과 함의," 『당대비평』통권 3호, 48-71.

최태욱. 2013. "'경쟁력을 위한 사회합의주의' 발전의 정치제도 조건: 네덜란드와 아일랜드 그리고 한국." 『동향과 전망』 6, 97-142.

Ahlquist, John S. 2010. "Policy by Contract: electoral cycles, parties and social pacts, 1974–2000." The Journal of Politics Vol. 72, No. 2, 572-587.

Auer, Peter.(장홍근 외 옮김). 2000. 『노동정책의 유럽적 대안』 서울: 한국노동연구원.

Colomer, Joseph. M. and Gabriel, L. Negretto. 2005. "Can Presidentialism Work Like Parliamentarism?" Government and Opposition Vol. 40, No. 1, 60-89.

Haggard, Stephan and Robert R. Kaufman. 1995. The Political Economy of Democratic Transitions. Princeton: Princeton University Press.

Garrett, Geoffrey. 1998. Partisan politics in the Global Economy. Cambridge: Cambridge University Press.

Crepaz, Marcus. M. L. 1996. "Consensus versus Majoritarian Democracy: Political Institutions and their Impact on Macroeconomic Performance and Industrial Disputes." Comparative Political Studies. vol. 29, no. 1.

Katzenstein, Peter. 1985. Small States in World Markets: Industrial Policy in Europe. Ithaca: Cornell University Press.

Lane, Jan-Erik. and Svante Ersson. 2003. The New Institutional Politics: Performance and Outcomes. London: Routledge.

Lijphart, Arend. 2012. Patterns of Democracy. Government Forms and Performance in Thirty-Six Countries. New Haven:Yale University Press.

Sartori, Giovani. 1994. Comparative Constitutional Engineering: An Inquiry into Structures, Incentives, and Outcomes. London: Macmillan.

Schmitter, Philipe C. 1982. "Reflections on Where the Theory of Neo-Corporatism Has Gone and Where the Praxis of Neo-Corporatism MayBe Gone." G. Lehmbruch and P. C. Schmitter(ed), Patterns of Coporatist Policy-Making. Sage Publications.

Tavits, Margat. 2004. "The Size of Government in Majoritarian and Consensus Democracies." Comparative Political Studies. vol.37, no.3.

제9장

책임정치의 변화와 민주주의: 대통령-여당 호감도 격차와 중간선거에서의 회고적 투표[1]

성예진(성균관대학교)

I. 문제제기: 2024년 총선과 차별화된 대통령-여당 선호의 부상

제22대 국회의원선거는 윤석열 대통령 임기의 2년 차에 치러진 중간선거(mid-term election)로서, 대통령의 국정운영에 대한 평가가 선거의 향방을 가를 것이라는 예상이 지배적이었다. 중간선거는 일반적으로 대통령의 국정 수행을 심판하는 회고적 평가의 장(場)으로 이해되며, 대부분의 경우 집권세력에게 불리하게 작용하는 경향이 있다. 대통령 취임 초기의 긍정적인 기대가 충족되지 못할 경우, 유권자의 불만이 집권 여당에 대한 지지를 거두는 것으로 표출되기 때문이다(Abramowitz et al. 1986; Campbell 1987; Tufte 1975).

우리나라의 대통령제하에서 임기 중반기에 실시되는 국회의원선거는 그

---

1 본고는 『정치정보연구』 제27권 제3호(2024)에 게재된 논문을 수정한 것임.

고유의 독자성보다는 부차적 선거 또는 2차 선거(second-order election)의 성격을 가지고 있다. 이는 한국 정치에서 집권당이 대통령의 권한에 예속되어 운영되어 온 제도적 특성을 반영한다. 결과적으로 중간선거에서 나타나는 회고적 투표 행태 역시 정당에 대한 독립적 평가보다는 대통령의 업무 수행에 관한 판단이 핵심 요소로 작용해 왔다. 2024년 총선에서 여당인 국민의힘이 기록한 저조한 성적 역시 이러한 전통적인 중간선거 이론의 예측과 부합하는 결과로 해석될 수 있다.

그러나 이번 선거운동의 과정에서 독특한 정치적 흐름이 포착되었다. 특히 주목할 만한 것은 2024년 초 대통령과 여당 간 발생한 갈등 속에서 여당의 지지율이 대통령 지지율을 상회하거나, 대통령 지지율은 하락하지만 여당 지지율은 상승하는 '디커플링' 현상이 발생한 것이다(조문희 2024; 최서인 2024). 대통령에 대한 부정적 여론이 우세한 상황에서 여당이 독립적으로 선전할 수도 있다는 전망이 일시적으로 우세했던 것이나 대통령과 여당의 '차별화'가 효과적인 것으로 해석되는 것은 한국정치의 기존 패턴과는 다소 상이한 양상이었다(이민영 2024; 한기호 2024). 중간 선거로서의 총선이 '대통령 심판론'을 넘어서, 집권 '정당' 중심의 선거로 전개될 수도 있었기 때문이다.

이러한 현상은 서거운동 과정의 잠깐의 착시현상으로 해석될 수도 있지만, 한편으로 유권자들의 대통령과 여당에 대한 평가 기준이 분리되고 있다는 신호일 수 있다. 실제로 총선 직후 실시된 여론조사에서는 상당수의 유권자들이 패배의 원인을 정당보다 대통령에게 귀속시키고 있었다. 주목할 만한 점은, 여당의 독자적인 선거 전략이 효과적으로 작용할 수 없도록 대통령이 끊임없이 선거 구도를 '정권심판론'으로 견인했다는 평가가 공존한다는 사실이다(김민석 2024). 특히 이러한 해석은 대통령보다 여당에 더 호의적인 유권자층에서 두드러지게 나타났다. 반면 대통령에 대해 상대적으로 더 긍정적인 평가를 보이는 유권자들은 패배의 책임을 정당에 묻는 경향이 강하게 나타났다(신민정 2024).

　이러한 현상은 집권 세력 내 주요 두 축인 대통령과 여당에 대해 상이한, 때로는 상반된 평가를 보이는 '상충적 유권자(ambivalent voters)'의 존재를 부각시키고 있다. 이들은 대통령의 국정운영에 대해서는 비판적 시각을 견지하면서도 여당에 대해서는 상대적 호의를 표명하거나, 혹은 그 반대의 태도를 가지는 유권자층을 지칭한다. 이러한 상충적 유권자들은 집권 세력에 대해 일관된 평가를 내리지 않음으로써 그 정치적 판단 또한 한 쪽에 대한 선택적 지지에 기초할 수 있다. 이러한 다면적인 정치 성향을 지니는 유권자의 존재는 중간선거로서의 국회의원선거에서 나타나는 회고적 투표 작동 기제가 기존 연구의 전제보다 훨씬 복잡다단할 수 있음을 시사한다. 유권자들은 중간선거에서도 대통령의 국정운영이나 리더십에 대한 평가와는 별개로, 여당의 의정활동과 정체성, 정책적 입장, 그리고 향후 국정운영 방향에 미칠 수 있는 영향력을 독립적으로 고려할 수 있다. 예컨대 이러한 유권자들의 경우, 여당을 통한 대통령 견제 혹은 국정운영 방향의 수정 가능성까지 고려하는 전략적 투표행태를 보임으로써 대통령을 지지하지 않더라도 여당에게 투표할 수 있는 것이다.

　대통령과 여당을 분리하여 평가하는 현상은 유권자의 정치적 성숙과 정당정치 발전의 신호로 해석될 수 있다. 유권자들이 대통령의 국정운영 성과와 여당의 의정활동, 정책적 입장을 독립적으로 고려하는 것은 민주주의 발전의 한 과정일 수 있다. 이는 대통령과 여당이 단일한 집권세력으로 간주되어 온 기존의 정치적 관행에서 벗어나, 보다 정교한 정치적 판단이 이루어지고 있음을 시사한다.

그러나 한편으로 이러한 평가의 분리가 반드시 긍정적인 방향으로만 작용하는 것은 아니다. 대통령과 여당 간 책임 분산(responsibility dilution)이 책임정치의 후퇴로 이어질 수도 있기 때문이다. 대통령이 국정운영 실패의 책임을 여당에게 전가하거나 여당이 대통령과 거리 두기를 통해 선거에서 회피하는 전략을 구사할 경우, 유권자들이 누구에게 책임을 물어야 하는지가 불명확해질 수 있다. 또한 여전히 여당이 대통령에게 종속적이기 때문에, 여당에 대한 투표가 대통령의 국정운영에 대한 정당화로 활용될 수도 있다.

본 연구는 2024년 한국 총선을 사례로 상충적 유권자라는 분석적 렌즈를 활용하여, 유권자들이 대통령과 여당에 대해 상이한 평가를 내리는 과정과 그 정치적 함의를 규명하고자 한다. 본 연구는 상충적 유권자들의 심리적 긴장을 설명하기 위해 감정지능이론(affective intelligence theory)을 통합적으로 적용한다. 이를 통해 본 연구는 대통령과 여당에 대한 상반된 감정이 유권자들의 투표 결정에 어떤 방식으로 영향을 미치는지 분석하고, 이러한 인식의 분화가 한국 정치의 책임 정치와 민주주의 발전에 미치는 함의를 탐구한다.

본 논문은 다음과 같은 구조로 진행된다. 먼저, 중간선거에서 대통령 국정수행 평가의 영향에 대한 기존 연구를 검토하고, 상충적 태도와 감정지능이론에 대한 이론적 배경을 제시하여 연구 질문과 가설을 도출한다. 이후 대통령과 여당에 대한 호감도 격차 및 국정운영평가의 상호작용을 분석할 수 있는 모형을 설계하고, 총선 사후 유권자인식조사 자료를 활용하여 가설을 검증한다. 마지막으로 분석 결과를 바탕으로 한국의 중간선거와 정당정치의 작동 방식, 그리고 민주주의 후퇴 가능성에 대한 이론적, 현실적 함의를 논의한다.

II. 중간선거와 상충적 유권자의 감정적 반응

1. 중간선거와 대통령 국정운영평가

중간선거(midterm elections) 이론은 대통령 임기 중반에 치러지는 선거에서 집권당이 의석을 잃는 현상을 설명한다. 캠벨(Campbell 1986)에 따르면, 대선 직후 여당이 신임 대통령의 인기에 편승(coattails)하거나 정책 권한을 획득하는 정치적 이득은 중간선거 시점에 사라지거나 반대로 작용한다(reversion effect). 중간선거에서의 집권당은 대통령의 국정수행에 대한 회고적인 심판의 대상이 되고(Abramowitz et al. 1986; Campbell 1987; Tufte 1975)[2] 특히 대통령은 임기 초반 이후 필연적으로 지지율 하락을 목도하기 때문에 (Marra et al. 1990) 그 영향을 받아 중간선거에서 여당이 주로 불리한 위치에 놓이게 되는 것이다.

그러나 한국에서 중간선거의 결과는 대통령 지지율이 예측하는 방향과 항상 부합하지는 않았다. 예를 들어, 2004년 총선에서 여당이었던 열린우리당이 국회의 과반 의석을 차지하였고, 2012년 선거에서도 새누리당이 과반 의석을 확보하지는 못하였으나 제1당의 지위를 유지하였다. 대통령의 낮은 지지율이 여당의 필패를 예측했음에도 신승(辛勝)했던 그러한 사례들

---

2 중간선거에서 집권당이 의석을 잃는 현상에 대한 다른 설명은 유권자의 견제심리이다. 균형이론(balance theory)에 따르면, 유권자는 대통령의 지지율이나 경제 상황과 상관없이 집권당이 단지 권력을 잡았다는 이유로 권력의 균형을 맞추고자 하는 의지에서 야당을 지지하게 된다 (Erikson 1988). 또 다른 설명은 대선에서 표출된 집권 세력에 대한 높은 기대와 지지가 시간이 지나면서 필연적으로 하락하기 때문에 그러한 상승(surge)과 하락(decline)의 자연스러운 패턴이 집권당에 대한 지지 약화로 이어진다는 설명이다(Campbell 1960). 대선 시기 대규모로 동원되고 결집하였던 유권자들의 참여와 지지 의지가 시간이 지나면서 약화하여 중간선거에서는 상대적으로 더 낮은 참여율과 야당의 강세 현상이 나타난다는 것이다.

은 대통령의 국정수행에 대한 회고적 평가가 중간선거의 당락을 결정하는 절대적 변수는 아님을 보여 준다. 이와 관련하여 기존 연구는 선거에서 회고적 평가가 영향을 미치지 못하거나 그 정도가 약화하는 요건을 논의하고 있는데(Achen and Bartels 2016; Healy et al. 2014), 정당일체감과 같은 선험적 태도에 의한 편향이 작동하거나(길정아 2019; 길정아·강원택 2020; 오현주 외 2014) 책임소재의 대상을 다르게 판단하거나(장승진 2020) 회고적 평가보다 전망적 평가가 우세할 수 있는 조건이 형성된다면(강원택 2012), 대통령의 국정운영에 대한 평가의 영향이 달라질 가능성이 생길 수 있음을 지적하고 있다.

특히 본 연구는 중간선거에서 대통령의 국정운영평가가 복합적 영향을 미칠 수 있는 요인 중 하나로, 대통령과 여당에 대한 유권자의 태도가 불일치하는 경우에 주목한다. 중간선거에서 대통령이 속한 정당에게 정부 운영에 관한 심판의 잣대가 겨누어지는 것은 일견 자명해 보이는데, 유권자가 대통령의 정책 성과나 정부의 운영 방식에 불만이 있을 때 그에 대한 평가의 일차적인 대상이 집권당이 될 것이기 때문이다. 그러나 이러한 회고적 투표는 유권자가 대통령과 여당을 동일한 정치적 공동체로 간주한다는 전제에서 가능하다. 만약 대통령과 여당을 하나의 정치적 팀으로 간주하지 않고 독립적으로 판단하는 유권자가 있다면, 그들이 대통령에 대한 심판을 투표로 연결하는 방식이 달라질 수 있다.

특히 이러한 인식의 가능성은 정치제도의 차원에서 구조적으로 발생한다. 행정부와 입법부의 권력이 정당으로서 융합되어 있는 의회제(parliamentary system)와 달리, 권력분립이 원칙인 대통령제(presidential system)에서는 때때로 대통령과 집권당이 서로 독립적으로 움직이면서, 대통령과 여당의 관계가 복잡하고 다면적일 수 있다(Passarelli 2020; Shugart and Carey

1992; Verney 1959). 예컨대 대통령이 선거 캠프나 대통령비서실과 같이 여당으로부터 독립적인 권력 기반에 의존하면서 개별적인 권력자원을 강화할 수 있고, 집권당 또한 의도적인 계산을 통해 대통령과 거리두기를 시도할 수 있다. 특히 대통령의 지지율이 낮거나 국정운영에 대한 부정적 평가가 우세하다면 집권당은 대통령과 함께 평가되길 원하지 않을 수 있다.

유권자 차원에서도 대통령에 긍정적으로 평가하지만 여당에 호감을 느끼지 못하거나, 반대로 대통령에 대해서 부정적으로 느끼고 있다고 하더라도 여당에 대해 기존의 애착심을 유지하거나 여당 지도부를 더 신뢰할 수 있다. 문제는 이 경우 유권자가 대통령의 국정운영에 대한 평가를 통해 집권당을 심판하는 것에 혼란을 느낄 수 있고, 이러한 혼란이 중간선거의 투표 선택 양상을 복잡다단하게 만들 수 있다는 점이다. 즉, 중간선거에서 대통령 국정운영 평가가 여당 투표로 직결되지 않을 가능성을 시사한다.

2. 상충적 유권자 이론과 감정지능이론의 접목

회고적 투표에서 핵심 변수로 작용하는 대통령의 국정운영 평가는 정책 성과에 대한 객관적 평가를 반영한다. 그러나 유권자가 대통령과 여당에 대해 형성하는 호오(好惡)의 감정은 정치적 주체들에 대한 정서적인 평가를 반영할 수 있다. 특히 유권자가 대통령과 여당이라는 밀접하게 연관된 두 정치 주체에 대해 상이한 평가를 내리고 있다면, 이러한 차별적인 평가가 인지적 부조화와 심리적 긴장을 수반하는 상충적 태도로 이어질 수 있다

상충적 태도(ambivalent attitude)는 동일하거나 밀접하게 관련된 대상에 대해 상반되거나 일치하지 않는 심리적 요소를 가지는 상태를 의미한다 (Keele and Wolak 2008; Lavine et al. 2008; Mutz 2002). 예를 들어, 유권자들은

대통령의 일부 정책에 대해 부정적인 평가를 내리면서도 대통령의 개인적인 매력이나 정부 운영 스타일에 대해서는 긍정적인 평가를 내릴 수 있다. 이때 유권자는 대통령에 대해 긍정적·부정적인 상반되는 평가를 동시에 가지는, 일종의 상충하는 방향으로의 평가 또는 감정을 느끼는 것이라고 할 수 있다.[3] 또한 이렇게 긍정과 부정의 평가가 교차하는 것에 더해, 긍정이나 부정의 강도가 다른 경우에도 심리적 갈등을 느낄 수 있다. 가령, 여당에 대한 긍정적 평가보다 대통령에 대한 긍정적 평가가 훨씬 강할 수 있다. 이러한 상충적인 정서가 유권자의 회고적 투표에 어떠한 영향을 미칠지가 본 연구의 관심사항이다.

기존 연구에 따르면, 상충적 태도를 가진 사람은 의사 결정 과정에서 심리적 갈등과 불편함을 경험할 수 있으며, 결정을 쉽게 내리지 못하고 우유부단하게 행동할 가능성도 크다(Higgins 1987; Lavine 2001; Lazarus and Folkman 1984; Luce 1998; Mutz 2000). 이들은 상충하는 정보와 감정을 처리하기 위해 투표 결정에 더 많은 시간을 소비하며(Lavine 2001; Schmitt-Beck and Partheymüller 2012) 때로는 결정을 포기하여 '비결정 상태'인 기권과 같은 제3의 대안을 선택할 수 있고(유성진 2007; 정민석·이현우 2022), 결정을 내리고 나서도 그 결정에 불만족을 느낄 수 있다(Alvarez and Brehm 2002; Rudolph 2005; Mutz 2002). 상충적 유권자는 정서적인 간극이 유발하는 혼란을 처리하기 위해 양가감정의 대상이 아닌 다른 준거를 사용하거나, 더 많

---

3 'ambivalence'는 상충적 태도는 또는 양가감정을 의미하지만 한편 모호성이라는 용어로 번역되기도 한다. 이러한 모호성은 비일관적인 태도(Hochschild 1981) 또는 두 대상 사이에서 갈등하는 태도(Van Harreveld et al. 2009)를 의미할 수 있으며 일관성과는 상반되지만 무관심(indifference)과는 다른 종류의 복잡한 특성을 가진 유권자 태도를 의미하는 것으로 연구되었다(Rudolph 2011). 본고에서는 동일한 대상에 대해 상반되는 특성의 감정을 느끼는 '상충성' 또는 '양가성'의 의미로서 ambivalence를 이해하고자 한다.

은 정보를 수집하여 감정의 불일치를 해소하려 한다(Bassinger and Lavine 2005; Maio et al. 1996; 김연숙 2014). 이러한 시도는 감정 사이의 불일치를 줄이기 위해 여러 감정 사이에서 균형을 맞추어 가는 과정으로 이해할 수 있는데, 개인 차원의 이러한 결정 과정의 복잡성은 선거 결과의 불확실성을 야기하는 주요 원인이 될 수 있다.

특히 중간선거에서 대통령-여당에 대해 상충적인 태도를 가진 유권자들이 객관적 성과 평가의 근거인 대통령의 국정운영에 대한 회고적 평가를 어떻게 활용할 것인지를 생각해 볼 수 있다. 본 연구는 대통령과 여당에 대한 호감도 차이라는 차별적 평가가 국정운영평가를 투표결정으로 연결시키는 과정에서 특정한 조절효과를 가질 것이라고 본다.

상충적 태도가 유발하는 감정이 회고적 평가의 영향을 어떻게 조절할 것인지를 더 구체적으로 예측하기 위해, 본 연구는 감정지능이론(Marcus et al. 2000; Vasilopoulos 2019; 송현주 2008)의 적용을 시도한다. 감정지능이론(affective intelligence theory)은 정치적 판단과 행동에 있어 감정의 중요성을 강조하는데, 특히 주관적 정서와 합리적 이성이 서로 맞물려 유권자의 인지적 처리 과정을 결정한다고 본다. 이 이론에 따르면, 유권자가 경험하는 긍정적인 기대(enthusiasm)와 불안(anxiety)은 서로 다른 차원의 감정으로서, 각각 다른 인지 시스템을 활성화시킨다. 열정 또는 긍정적 기대를 느낄 경우에는 일상적이고 익숙한 기존의 행동 패턴과 태도를 유지하고 강화하게 하는 습관적 반응 시스템(dispositional system)이 작동하게 되어, 기존의 판단 기준을 더욱 적극적으로 활용하게 된다. 반면 불안을 느낄 경우에는 기존의 인지 과정에서 벗어나 새로운 시스템인 감시 시스템(surveillance system)이 작동하게 되는데, 이는 새로운 정보에 대한 탐색을 유도하고 정보도 더욱 체계적으로 처리하도록 만든다.

여기서 주목할 점은 대통령–여당에 대한 호감도 격차가 단순히 존재하는 것을 넘어, 그 방향성에 따라 서로 다른 감정적 반응을 유발할 것임을 예측해 볼 수 있다는 것이다. 한국의 대통령제에서 대통령은 행정부의 수장이나 국정운영의 최종 책임자로서 정책 집행과 국가 운영의 핵심 권한을 보유한다. 특히 제도적 설계뿐만 아니라 그간의 정치 관행에서도 대통령이 여당보다 우월한 영향력을 행사해 왔고, 국정운영의 성패가 대통령의 리더십에 좌우된다는 인식이 유권자들 사이에 폭넓게 자리 잡아 왔다. 따라서 대통령에 대한 호감도가 여당보다 높은 경우, 유권자는 현 정부의 수장에 대한 신뢰를 바탕으로 안정적인 국정운영에 대한 긍정적 기대를 형성하게 되며, 이는 정치적 의사 결정에서 익숙하고 관행화된 방식을 따르게 한다. 이때 습관적 반응 시스템이 활성화되면서, 중간선거의 전통적이고 익숙한 판단 기준인 국정운영평가가 투표 선택에 더 강한 영향력을 미칠 수 있다.

반면 여당에 대한 호감도가 더 높은 경우는 다른 양상으로 전개될 수 있다. 대통령이 강력한 권한을 보유하고 있고 실제로도 국정운영을 주도해 왔음에도 불구하고 그에 대한 신뢰가 상대적으로 낮다는 것은, 비록 여당을 더 선호하는 유권자들임에도 불구하고 그들에게 국정운영의 불확실성과 잠재적 위험에 대한 우려를 증폭시킬 수 있다. 특히 한국의 대통령제에서 여당이 대통령을 견제하거나 그의 국정운영 방향을 수정할 수 있는 제도적 역량이 제한적이고 실제로도 그러한 역할을 수행한 경험이 부족하다는 점을 고려할 때, 이러한 상황은 유권자들에게 더 큰 불안이나 경계심을 유발할 수 있다. 이때 유권자들 사이에 감시 시스템이 활성화되어 국정운영 평가 외의 다른 판단 기준들을 적극적으로 탐색하게 될 수 있다. 예컨대 여당의 의정활동 성과, 정책적 입장, 당대표의 리더십과 대통령 견제 능력 등 다양한 요소를 추가적으로 고려함으로써 여당을 지지하게 될 수 있는 것이다.

이처럼 호감도 격차의 방향성에 따른 서로 다른 감정적 반응은 한국 대통령제의 제도적 특성 및 관행과 맞물려 서로 다른 인지 시스템을 활성화시킬 수 있다. 이는 결과적으로 회고적 평가의 익숙한 평가 요인인 대통령의 국정운영평가가 투표결정에 미치는 영향력을 차별적으로 조절하는 요인으로 작용하게 된다. 다음 절에서는 이러한 이론적 논의를 바탕으로 구체적인 연구가설을 설정히고자 한다.

3. 연구가설의 설정

본 연구의 가설들은 상충적 유권자 이론과 감정지능이론을 유기적으로 결합하여, 중간선거에서 유권자의 복잡한 심리적 메커니즘과 의사결정 과정을 설명하고자 한다. 특히, 대통령과 여당에 대한 상대적 선호의 차이가 유권자의 감정 상태에 영향을 미치고, 이러한 감정 상태가 활성화하는 인지 시스템의 차이를 통해 국정운영평가의 영향력이 달라지는 메커니즘을 실증하고자 한다.

한국의 중간선거 맥락에서 두 이론의 통합적 적용은 다음의 예측을 가능하게 한다. 대통령에 대한 선호가 여당에 대한 선호보다 강한 경우, 유권자는 현 정부의 수장인 대통령에 대한 높은 신뢰와 기대감으로 인해 긍정적 감정을 경험하게 된다. 이러한 긍정적 감정은 성향 시스템을 활성화하는데, 성향 시스템이 활성화되면 유권자는 기존의 익숙한 판단 기준에 더욱 의존하게 된다. 중간선거에서 가장 익숙하고 전통적인 판단 기준은 대통령의 국정운영에 대한 평가이므로, 대통령에 대한 선호가 강할수록 유권자는 국정운영평가를 핵심적인 투표 결정 기준으로 삼을 가능성이 커진다. 따라서 다음과 같은 가설을 설정할 수 있다.

가설 1: 대통령에 대한 선호가 여당에 대한 선호보다 강할수록, 대통령의 국정운영 평가가 투표 결정에 미치는 영향이 강화될 것이다.

반면 여당에 대해 상대적으로 높은 호감을 가지고 있지만 대통령에 대해서는 그에 미치지 못하는 호감을 가지고 있는 경우, 유권자는 현 정부 수장에 대한 상대적으로 낮은 신뢰로 인해 불안이나 경계심을 경험하게 된다. 이러한 부정적 감정은 감시 시스템을 활성화하는데, 감시 시스템이 작동하면 유권자는 기존의 판단 기준을 넘어 새로운 정보와 대안적 기준들을 적극적으로 탐색하게 된다. 따라서 여당에 대한 호감도가 클수록 유권자는 대통령의 국정운영 평가 외에도 여당의 의정활동, 정책적 입장, 미래 비전 등 다양한 요소들을 고려하게 될 가능성이 커진다. 이에 다음과 같은 가설을 설정할 수 있다.

가설 2: 여당에 대한 선호가 대통령에 대한 선호보다 강할수록, 유권자의 국정운영평가가 투표 결정에 미치는 영향이 약화될 것이다.

한편, 대통령과 여당에 대해 비슷한 수준의 선호도를 보이는 일관적 유권자들의 경우, 특별한 심리적 갈등이나 그로 인한 강한 감정적 반응을 경험하지 않을 것이다. 이들은 성향 시스템이나 감시 시스템 중 어느 한쪽이 과도하게 활성화되지 않은 상태에서, 중간선거의 전통적 판단 기준인 국정운영평가와 함께 다른 요인들도 균형 있게 고려할 것으로 예상된다. 따라서 다음과 같은 가설을 추가할 수 있다.

가설 3: 대통령과 여당에 대한 선호도가 비슷한 수준인 경우, 유권자의 국정운영평가가 투표 결정에 미치는 영향은 중간 수준에 머물 것이다.

이러한 가설 검증을 통해, 우리는 중간선거에서의 투표행태가 단순히 대통령의 국정운영에 대한 평가만으로 결정되는 것이 아니라, 대통령-여당에 대한 선호의 불균형이 초래하는 감정적 반응과 그에 따른 인지적 처리과정의 차이에 의해 영향을 받을 수 있음을 이해할 수 있을 것이다. 이는 한국 대통령제에서 유권자들이 대통령과 여당을 차별적으로 인식하고 평가할 수 있으며, 이러한 인식의 분화가 실제 투표 결정으로 이어지는 메커니즘을 규명하는 데 기여할 것이다.

나아가 이러한 분석은 대통령제하에서 유권자의 의사결정과정이 기존 연구가 상정했던 것보다 훨씬 더 복합적이고 전략적일 수 있다는 점을 시사한다. 특히 중간선거라는 맥락에서 회고적 평가의 영향력이 유권자의 심리적 특성에 따라 차별화될 수 있다는 발견은, 한국 대통령제의 작동방식에 대한 이해를 더욱 정교화하는 데 기여할 것이다. 이러한 이론적 함의는 궁극적으로 여타 대통령제 국가들의 정치과정을 이해하는 데에도 유용한 분석틀을 제공할 수 있을 것으로 기대된다.

III. 자료 및 분석 방법

본 연구는 유권자의 정서가 회고적 투표를 복합적으로 만드는 정치적 맥락으로서 중간선거와 국회의원선거를 제시한다. 본 연구는 2024년 한국의 총선 시기의 사후 유권자 인식조사를 활용하고자 한다. 2024년 4월 10일에 실시된 총선은 윤석열 대통령의 임기 2년 차에 치러진 중간선거로서, 대통령의 국정운영평가가 유권자의 투표 결정에 큰 영향을 미치는 전형적인 정치적 맥락을 제공한다. 그러나 선거 과정에서 여당의 지지율이 대통령과는 별도로 상승하거나 선거운동 막바지에 유권자들이 대통령이 아니라 여당에 대한 지지를 중심으로 결집하였다는 평가가 있었다. 그리고 정당별 후보 득표율을 전국적으로 합산하였을 때 더불어민주당 후보의 전체 득표율이 50.5%, 국민의힘 후보의 전체 득표율이 45.1%로 실제 득표율 차이는 4.4%p에 그쳐, 대통령 국정수행에 대한 낮은 지지율에 따른 비관적인 예측에도 불구하고 여당 후보에게 투표한 유권자들이 상당한 것으로 드러났다. 이러한 맥락을 가진 2024년 총선 시기의 설문조사는 본 연구가 탐구하고자 하는 바를 분석하기에 적절할 것으로 생각된다. 2024년 총선 사후 유권자 인식조사는 동아시아연구원(EAI)의 의뢰로 실시한 조사로서 온라인 설문조사이며, 총 표본의 크기는 1,528명이다.[4]

본 연구의 종속변수는 두 개이다. 첫 번째는 제22대 총선에서 지역구 후보에 대한 투표 결정 변수이고, 두 번째는 비례정당에 대한 투표 결정 변수이다. 지역구 후보에 대한 투표 결정 변수의 경우, 여당인 국민의힘 후보자에 대한 투표를 1, 제1야당인 더불어민주당 후보자에 대한 투표를 0으로 조작화한 이항변수를 활용하였다. 비례정당에 대한 투표 결정 변수의 경우 2024년 총선에서 투표수의 10% 이상을 득표한 더불어민주연합을 0, 조국혁신당을 1, 국민의미래를 2로 코딩하였다. 그에 따라 분석방법은 이항로지스틱회귀분석과 다항로지스틱회귀분석을 사용하였다.

---

4 2024년의 인식조사는 지역, 성별, 연령, 학력을 기준으로 비례할당 추출 방식으로 표집하였다.

주요 독립 변수는 윤석열 대통령의 국정운영에 대한 평가, 대통령에 대한 호감도와 여당인 국민의힘에 대한 호감도 격차이다. 이번 조사에서는 설문 참여자들에게 "윤석열 대통령은 국정운영을 얼마나 잘하고 있다고 생각하십니까?"라는 질문에 대해 "매우 못한다"라고 생각할 경우 0점, "보통"이라고 생각할 경우 5점, "매우 잘한다"라고 생각할 경우 10점을 주도록 하였다. 대통령과 국민의힘에 대한 호감도 격차는 0~100점의 척도를 가진 각각의 호감도에서, 국민의힘에 대한 호감도에서 대통령에 대한 호감도를 뺀 값으로 계산하였다. 대통령과 국민의힘 호감도가 같을 경우 격차는 0이 될 것이며, 양(+)의 숫자가 커질수록 국민의힘 호감도가 상대적으로 큰 경우이고, 음(-)의 숫자의 절댓값이 커질수록 대통령 호감도가 상대적으로 큰 경우이다. 본 연구는 이러한 대통령과 여당에 대한 호감도 차이와 대통령 국정운영평가의 상호작용항을 분석모형에 포함하였다.

통제변수는 응답자의 정당일체감, 주관적 이념 성향, 거주지역, 연령, 성

<표 1> 주요 변수의 기술통계

	변수	n	평균 (혹은 비율)	표준 편차	최솟값	최댓값
종속 변수 1	지역구 투표선택	1,142	–	–	–	–
	더불어민주당	615	(53.85)	–	–	–
	국민의힘	527	(46.15)	–	–	–
종속 변수 2	비례대표 투표선택	1,075	–	–	–	–
	더불어민주연합	309	(28.74)	–	–	–
	조국혁신당	318	(29.58)	–	–	–
	국민의미래	448	(41.67)	–	–	–
독립 변수	국정운영평가	1,528	3.18	0.07	0	10
	대통령-여당 호감도 차이 (국민의힘 호감도 – 윤석열 대통령 호감도)	1,528	8.12	17.88	–80	100

별, 소득, 교육 수준을 포함하였다. 정당일체감은 더불어민주당, 국민의힘, 조국혁신당을 지지한다고 응답한 유권자들을 범주화하였으며, 주관적 이념성향은 0(진보)~10(보수)의 척도를 사용한 변수를 포함하였다. 거주지역은 서울, 경기, 호남, 충청, PK, TK의 여섯 지역의 범주형 변수로 조작화하였으며 연령은 연령 별로 투표행태가 구별되어 나타나는 경향을 반영하여 19~29세, 30대, 40대, 50대, 60대 이상으로 범주형 변수를 사용하였다. 성별은 여성을 1, 남성을 0으로 코딩하였고, 소득은 가구소득의 연속형 변수를 사용하였으며, 교육수준은 고등학교 졸업 이하, 전문대학(2·3년제), 대학교 이상(4년제, 대학원 석사 이상)으로 코딩하여 포함하였다.

IV. 경험적 분석: 상충적 태도에 따른 국정운영평가의 영향력 변화

1. 예비 분석

본 연구의 분석은 세 단계로 진행되었다. 먼저 예비 분석을 통해 상충적 태도를 가진 유권자들의 실제 존재와 그들의 특징적인 행태를 확인했다. 이어서 기본모형을 통해 중간선거에서 나타나는 전통적인 회고적 투표의 경향을 검증했으며, 마지막으로 상호작용모형을 통해 이러한 회고적 투표의 영향력이 상충적 태도에 따라 어떻게 달라지는지 분석했다.

본격적인 분석에 앞서, 본 연구에서 주목하는 상충적 태도를 가진 유권자, 즉 대통령과 여당에 대한 호감도에서 차이를 보이는 유권자가 실제로 심리적 갈등을 느끼는지를 알아보기 위해 예비 분석을 시행하였다. 〈표 2〉

는 윤석열 대통령과 여당(국민의힘)에 대한 호감도 격차에 따른 응답자의 정치적 태도를 투표 결정 시기와 기권율을 기준으로 살펴본 것이다. 호감도 격차는 국민의힘에 대한 호감도가 대통령 호감도보다 큰 경우와 그 반대의 경우로 나누고, 각각 격차가 20을 초과하는지 여부에 따라 구분하였다. 기존 연구에 따르면, 상충적 유권자는 일관적인 유권자보다 심리적 갈등 또는 혼란으로 인해 투표 결정에 시간이 지연되거나 결정 내리기를 포기하는 경우가 많았다.

분석 결과는 상충적 유권자와 일관적 유권자 간의 뚜렷한 차이를 보여 준다. 첫째, 비례 대표 선거에서의 투표 결정 시기를 살펴보면, 대통령-여당 간 호감도가 일치하거나 격차가 작은 일관적 유권자들(격차 0인 경우 2.47, 격차가 20 이하인 경우 2.44)은 평균적으로 '투표 4주일 전'에 가깝게 결정한 반면, 격차가 20을 초과하는 상충적 유권자들의 경우 결정 시기가 '투표 1주일 전'에 더 가깝게 늦춰졌다(국민의힘 선호 시 2.82, 대통령 선호 시 2.94). 즉, 일관적 유권자들이 선거 한 달가량 전에 투표 결정을 마무리한 데 비해, 상충적 유권자들은 선거일에 더 근접한 시점까지 결정을 미루는 경향을 보였다. 이러한 집단 간 차이는 통계적으로도 유의미했다(F=2.50, p<0.05).

둘째, 기권율에서도 일관적 유권자와 상충적 유권자 간의 차이가 분명하게 나타났다. 호감도 격차가 없거나 작은 일관적 유권자들의 경우 10~12% 수준의 낮은 기권율을 보인 반면, 격차가 20을 초과하는 상충적 유권자들은 훨씬 높은 기권율(국민의힘 선호시 15.76%, 대통령 선호시 21.74%)을 기록했다. 이러한 차이는 호감도 격차를 세 집단으로 재분류했을 때 더욱 분명해졌다(chi2(2)=6.46, p<0.05).

주목할 만한 점은 대통령보다 여당에 대한 호감도가 훨씬 높은 집단의 규모(n=203)가 그 반대의 경우(n=23)보다 상당히 크다는 것이다. 이는 이번 선

<표 2> 대통령-국민의힘 호감도 격차에 따른 응답자의 정치적 태도

호감도 격차	투표결정 시기 (비례)	기권율		투표결정 시기 (비례)	기권율
국민의힘>대통령 호감도 (격차가 20을 초과하는 경우) (n=203)	2.82	15.76	국민의힘>대통령 호감도 (격차가 20을 초과하는 경우) (n=203)	2.82	15.76
국민의힘>대통령 호감도 (격차가 20 이하인 경우) (n=468)	2.60	10.90	|대통령-여당 호감도 격차|≤20 (n=1,302)	2.51	10.83
호감도 격차 0인 경우 (n=725)	2.47	10.48			
국민의힘<대통령 호감도 (격차가 20 이하인 경우) (n=109)	2.44	12.84			
국민의힘<대통령 호감도 (격차가 20을 초과하는 경우) (n=23)	2.94	21.74	국민의힘<대통령 호감도 (격차가 20을 초과하는 경우) (n=23)	2.94	21.74
N=1,528	$F=2.50$ $p<0.05$	$chi2(4)$ $=6.98$ $p=0.137$	N=1,528	$F=3.94$ $p<0.05$	$chi2(2)$ $=6.46$ $p<0.05$

투표결정시기
1: 투표 1개월 이상 전, 2: 투표 2~4주일 전, 3: 투표 1주일 전, 4: 투표 1~3일 전, 5: 투표 당일

거에서 여당이 대통령과의 차별화를 통해 독자적 지지기반을 확보할 수 있는 여지가 있었음을 보여 주며, 이러한 유권자들의 심리적 갈등과 그에 따른 의사결정 과정의 변화가 선거 결과에 중요한 영향을 미쳤을 가능성을 시사한다.

2. 회귀분석: 대통령 국정운영평가와 대통령-여당 호감도 격차의 상호작용 분석

본 연구는 중간선거이자 국회의원 선거였던 이번 총선에서 대통령의 국정운영평가가 투표선택에 미치는 영향력이 대통령과 여당에 대한 호감도 격차에 의해 어떻게 변화하는지를 주요하게 분석하고자 하였다. 즉, 대통령과 여당에 대한 평가가 일관적인 유권자와 상충적인 유권자의 회고적 투표 행태가 어떻게 다른지 보았으며, 이를 통해 대통령과 여당을 독립적으로 평가하는 유권자의 정치적 행동이 선거 결과에 어떻게 반영될 수 있는지 규명하고자 하였다.

〈표 3〉은 지역구 선거에서의 유권자 선택을 분석한 결과이다. 모형 (1)에서는 윤석열 대통령의 국정운영에 대한 평가가 여당인 국민의힘 지지에 미치는 기본적인 영향을 분석하였고 모형 (2)에서는 가설 1과 2를 검증하기 위해 대통령-여당 간 호감도 격차와 대통령 국정운영평가의 상호작용 효과를 추가하여 분석하였다. 분석 결과, 모형 (1)의 결과는 이번 총선에서도 대통령의 정책 성과나 국정운영 스타일 전반에 대한 평가가 정당일체감이나 이념 성향과 그 외 변수를 통제하더라도 여당에 대한 지지로 이어진다는 일반적인 정치적 추론을 확인하여 중간선거에서의 회고적 투표 경향을 전형적으로 보여 주고 있다. 그러나 모형 (2)에서는 대통령의 국정운영에 대한 평가가 국민의힘 후보에 대한 지지에 미치는 영향력이 $p<0.05$ 수준에서 대통령-국민의힘 호감도 격차에 의해 유의미하게 감소하는 것으로 나타나, 이러한 회고적 투표의 양상이 대통령-국민의힘 호감도 차이의 변화에 따라 달라질 가능성을 보여 주었다. 호감도 격차의 값이 (+)로 커질수록 국민의힘에 대한 호감도가 대통령에 대한 호감도보다 커지는 것을 고려

<표 3> 이항로지스틱 회귀분석: 지역구 투표선택

종속변수: 지역구 투표선택 (1=국민의힘 투표)	모형 (1)		모형 (2)	
	회귀계수	표준오차	회귀계수	표준오차
대통령 국정운영평가	0.329 ***	(0.063)	0.418 ***	(0.073)
대통령-국민의힘 호감도 격차			0.047 **	(0.014)
대통령 국정운영평가 × 대통령-국민의힘 호감도 격차			-0.007 *	(0.003)
더불어민주당 지지	-2.919 ***	(0.385)	-3.001 ***	(0.398)
국민의힘 지지	2.664 ***	(0.396)	2.407 ***	(0.408)
조국혁신당 지지	-3.011 ***	(0.783)	-2.893 ***	(0.793)
이념성향	0.115	(0.099)	0.106	(0.105)
성별 (여성=1)	-0.249	(0.307)	-0.270	(0.314)
소득	0.030	(0.059)	0.021	(0.059)
18~29세	0.844 †	(0.505)	1.136 *	(0.521)
40대	0.141	(0.508)	0.348	(0.524)
50대	0.493	(0.503)	0.721	(0.522)
60대 이상	1.225 *	(0.478)	1.506 **	(0.505)
전문대학(2·3년제)	0.395	(0.501)	0.330	(0.511)
대학교(4년제 이상)	0.290	(0.396)	0.339	(0.401)
_상수	-2.582 **	(0.828)	-2.101 *	(0.874)
N	1,018		1,018	
LR chi2	1070.76		1081.86	
Prob >chi2	0.000		0.000	
Pseudo R2	0.7627		0.7706	

*** p<0.001, ** p<0.01, * p<0.05, † p<0.1
기준범주: 무당파, 30대, 고등학교 졸업 이하
거주지역(범주형) 변수를 통제변수로서 모델에 포함하였으나 보고를 생략하였다.
대통령 국정운영평가 범위: 0~10(클수록 긍정적 평가)
대통령-국민의힘 호감도 격차 범위: -100~100(음수인 경우 대통령 호감도가 더 강하고, 양수인 경우 국민의힘 호감도가 더 강함)

한다면, 여당에 대한 태도가 상대적으로 더 긍정적일수록 대통령 국정운영 평가가 투표선택에 미치는 영향력이 유의미하게 감소할 것임을 확인할 수 있었다.

〈표 4〉는 비례대표선거의 투표선택 분석이다.[5] 제22대 총선에서는 직전 선거와 같이 준연동형 비례대표제가 선거제도로 채택되면서 주요 정당의 '위성정당'이 비례대표 선거에 참여하였다. 더불어민주당의 위성정당인 더불어민주연합에 대한 투표 선택을 기준범주로 두고 국민의미래와 조국혁신당에 투표할 확률에 대해 다항로지스틱회귀분석(multinomial logistic regression)을 실시한 결과, 모형 (1)에서 국민의힘의 위성정당인 국민의미래에 대한 투표선택에 국정운영평가가 미치는 영향이 통계적으로 유의미했다. 〈표 4〉의 모형 (2)에서는 유권자의 대통령-여당에 대한 호감도 격차와 대통령 국정운영평가의 상호작용의 국민의미래 투표확률을 유의미하게 변화시키고 있음을 확인할 수 있었다.

지역구 선거와 비례대표 선거 분석 결과를 비교해 보면, 두 선거 모두에서 대통령-여당 간 호감도 격차에 따른 국정운영평가의 영향력 변화가 유사한 패턴으로 관찰되었다. 즉, 선거 유형과 관계없이 대통령과 여당에 대한 상충적 태도가 회고적 평가의 영향력을 조절하는 것으로 나타났다. 주목할 만한 것은 지역구 투표와 비례대표 투표 모두에서, 강력한 통제변수인 정당일체감의 효과를 고려하더라도 대통령-여당 간 호감도 격차의 영향력이 유의미하게 나타난다는 점이다. 이는 유권자들의 정당일체감과는 별개로, 대통령과 여당에 대한 차별적 평가가 독립적으로 존재할 수 있음

---

5 비례대표선거의 투표선택 분석 모형의 경우 정당지지 변수에서 조국혁신당을 지지한다고 응답한 측정값은 제외하였다. 이는 조국혁신당을 지지한다고 답한 응답자의 경우, 국민의미래에 투표한 응답자가 0명이어서 회귀계수와 표준오차값이 비정상적으로 크게 계산되어 모형의 결과를 불안정하게 만들고 있다고 판단했기 때문이다. 그리하여 비례대표선거의 투표선택 분석 모형에서 정당지지 변수는 0=무당파, 1=더불어민주당지지, 2=국민의힘 지지의 범주로 구성하여 포함시켰다. 정당지지 변수를 조정한 경우와 그렇지 않은 경우의 분석 결과는 전반적으로 같았다.

을 시사한다.

〈표 4〉 다항로지스틱 회귀분석: 비례대표 투표선택

종속변수: 비례대표 투표선택 (기준범주: 더불어민주연합 투표)	국민의미래 투표		조국혁신당 투표	
	모형 (1)	모형 (2)	모형 (1)	모형 (2)
	회귀계수	회귀계수	회귀계수	회귀계수
대통령 국정운영평가	0.327 ** (0.072)	0.434 *** (0.084)	−0.104 ** (0.057)	−0.093 (0.059)
대통령−국민의힘 호감도 격차		0.048 ** (0.015)		0.013 (0.012)
대통령 국정운영평가 × 대통령−국민의힘 호감도 격차		−0.009 ** (0.003)		−0.004 (0.004)
더불어민주당 지지	−3.275 *** (0.478)	−3.363 *** (0.494)	−0.888 * (0.382)	−0.908 * (0.386)
국민의힘 지지	2.372 *** (0.507)	2.197 *** (0.519)	−0.494 (0.643)	−0.442 (0.652)
이념성향	0.166 (0.110)	0.178 (0.115)	−0.072 (0.062)	−0.075 (0.063)
성별(여성=1)	0.936 * (0.363)	−0.928 * (0.367)	−0.678 ** (0.690)	−0.678 ** (0.213)
소득	−0.010 (0.070)	−0.028 (0.071)	0.085 * (0.043)	0.083 † (0.043)
18~29세	−0.317 (0.579)	−0.686 (0.598)	−1.546 ** (0.486)	−1.584 ** (0.488)
40대	0.014 (0.630)	−0.103 (0.630)	0.805 * (0.341)	0.780 * (0.343)
50대	0.905 (0.604)	0.727 (0.610)	0.788 * (0.343)	0.754 * (0.345)
60대 이상	1.603 ** (0.574)	1.552 ** (0.581)	1.206 ** (0.360)	1.245 ** (0.361)
전문대학(2·3년제)	−0.067 (0.599)	−0.029 (0.607)	−0.096 (−0.150)	−0.162 (0.345)
대학교(4년제 이상)	0.636 (0.473)	0.780 (0.482)	−0.593 (−1.230)	0.061 (0.263)

_상수	−1.241 (0.944)	−1.689 † (0.983)	−0.083 (−0.080)	0.231 (0.648)
N	876	876	876	876
LR chi2	1041.95	1052.44	1041.95	1052.44
Prob 〉chi2	0.0000	0.0000	0.0000	0.0000
Pseudo R2	0.5633	0.5720	0.5633	0.5720

*** p<0.001, ** p<0.01, * p<0.05, †p<0.1
기준범주: 무당파, 30대, 고등학교 졸업 이하
거주지역(범주형) 변수를 통제변수로서 모델에 포함하였으나 보고를 생략하였다.
대통령 국정운영평가 범위: 0~10(클수록 긍정적 평가)
대통령-국민의힘 호감도 격차 범위: −100~100(음수인 경우 대통령 호감도가 더 강하고, 양수인
　　경우 국민의힘 호감도가 더 강함)

　〈그림 1〉과 〈그림 2〉는 〈표 3〉과 〈표 4〉 분석에서의 상호작용 효과를 그림으로 표현한 것이다. 두 그림은 각각 지역구 선거에서와 비례대표 선거에서 대통령-국민의힘 호감도 격차에 따라 국정운영평가의 변화에 따라 국민의힘(또는 국민의미래)을 지지할 확률이 어떻게 변하는지를 나타낸 한계효과 그래프이다.[6] 〈그림 1〉에 따르면, 대통령의 국정운영에 대한 평가가 한 단위 변할 때 국민의힘에 투표할 확률을 변화시키는 한계효과는 대통령-여당 호감도 격차가 −50인 경우, 즉 대통령에 대한 호감이 국민의힘에 대한 호감보다 상대적으로 50점이 클 경우에 3% 였으나, +50인 경우, 즉 국민의힘에 대한 호감이 대통령에 대한 호감보다 상대적으로 50점이 클 경우 0%가 아니라고 말하기 어려운 것으로 나타났다. 한계효과의 분석에 따르면 국민의힘에 대한 호감이 상대적으로 33점 이상 높아지게 되면 국정운영평가가 투표 선택을 변화시키는 확률이 0과 다르지 않게 되었다.

6　그래프에서 호감도 격차 −50, 0, 50의 기준점은 다음과 같은 근거로 선정되었다. 먼저 0은 대통령과 여당에 대한 호감도가 일치하는 지점으로, 상충성이 없는 기준점이 된다. ±50은 100점 척도에서 중간 정도의 격차를 나타내는 지점으로, 예비분석에서 나타난 호감도 격차의 분포를 고려할 때 의미 있는 차이를 보이면서도 충분한 사례수를 확보할 수 있는 값으로 판단되었다.

〈표 5〉는 대통령의 국정운영에 대한 평가가 각각 0, 5, 10점일 때 대통령-여당 호감도 격차가 −50, 0, 50인 경우 응답자가 국민의힘에 투표할 예측확률이 어떻게 달라지는지를 나타낸 표이다. 가설 1에 따르면, 대통령에 대한 호감도가 여당에 대한 호감도보다 높을 경우, 대통령에 대한 긍정적 기대로 인해 습관적 반응 시스템이 활성화되어 유권자는 중간선거의 전통적 판단 기준인 국정운영평가에 더욱 의존할 것으로 예상되었다. 분석 결과, 호감도 격차가 −50인 경우(대통령>국민의힘) 국정운영평가의 영향력이 가장 크게 나타났다. 국정운영평가가 0점에서 10점으로 변화할 때 국민의힘 지지 확률이 12.79%에서 81.26%로 크게 증가하여, 무려 68.47%p의 최대 격차를 보였다. 이는 대통령을 더 긍정적으로 평가하는 유권자들이 예상대로 국정운영평가를 핵심적인 판단 기준으로 삼고 있음을 명확히 보여준다.

가설 2에 따르면, 여당에 대한 호감도가 대통령에 대한 호감도보다 높을

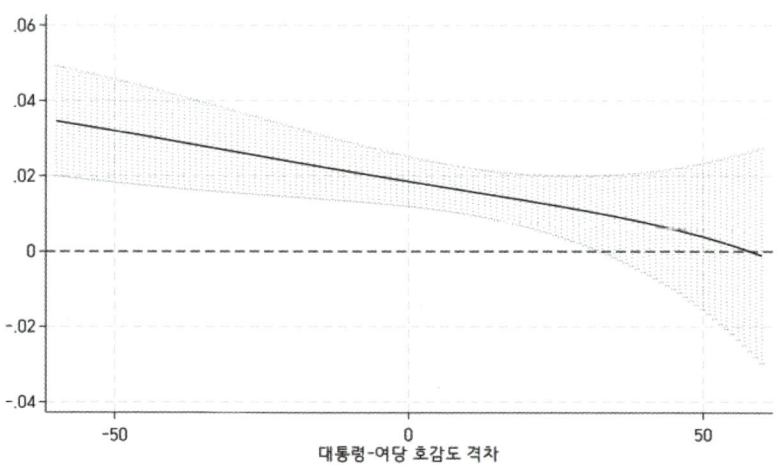

〈그림 1〉 대통령-국민의힘 호감도 격차에 따른 국정운영평가의 한계효과
(지역구 선거-국민의힘 선택)

경우, 대통령에 대한 불안감으로 인해 감시 시스템이 활성화되어 유권자는 국정운영평가 외의 다른 판단 기준들을 적극적으로 탐색할 것으로 예상되었다. 실제로 호감도 격차가 50인 경우(국민의힘〉대통령), 국정운영평가의 영향력은 현저히 약화되었다. 국정운영평가가 0점에서 10점으로 변화할 때 국민의힘 지지 확률이 50.57%에서 54.82%로 단지 4.25%p만 증가했다. 이는 여당에 대한 호감도가 더 큰 유권자들이 예상대로 대통령의 국정운영 성과보다는 다른 요인들을 고려하여 투표 설정을 내린다는 것을 보여 주는 결과였다.

가설 3은 대통령과 여당에 대한 호감도가 비슷한 수준인 일관적 유권자들의 경우, 특별한 감정적 반응이 없어 국정운영평가의 영향력이 중간 수준에 머물 것으로 예측했다. 분석 결과, 호감도 격차가 0인 일관적 유권자들에서 국정운영평가가 0점에서 10점으로 변화할 때 국민의힘 지지 확률이 34.37%에서 66.90%로 증가하여 32.53%p의 변화를 보였다. 이는 대통

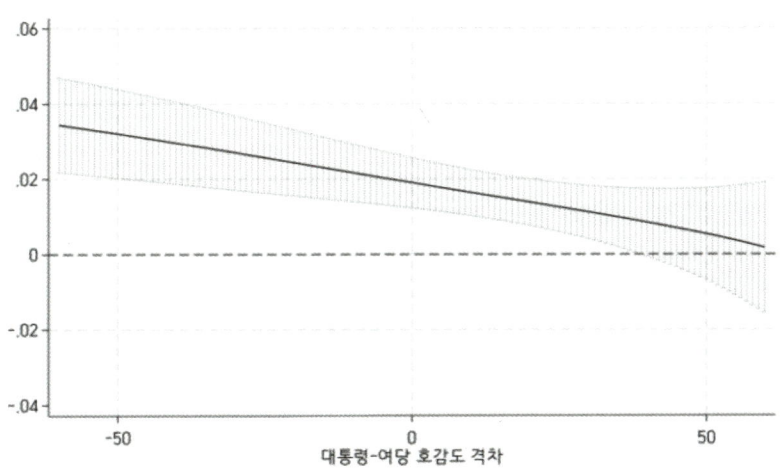

〈그림 2〉 대통령-국민의힘 호감도 격차에 따른 국정운영평가의 한계효과
(비례대표 선거-국민의미래 선택)

령을 더 선호하는 유권자들의 68.47%p보다는 작지만 여당을 더 선호하는 유권자들의 4.25%p보다는 훨씬 큰 중간 수준의 영향력으로, 가설 3을 지지하는 결과이다.

결론적으로, 분석 결과는 세 가설 모두를 지지하며, 상충적 유권자 이론과 감정지능이론이 예측한 대로 대통령-여당 간 호감도 차이에 따른 감정적 반응이 회고적 평가의 영향력을 체계적으로 조절함을 보여 준다. 대통령과 국민의힘에 대한 호감도가 동일한 응답자들과 비교해 보았을 때 이렇게 호감도 격차가 유의미한 영향을 미치고 있다는 점은 상충적 태도의 중요한 영향력을 보여 주고 있다. 나아가, 대통령과 여당 중 누구를 더 선호하느냐에 따라 국정운영평가의 영향력이 상반된 크기로 나타나는 지점은 상충적 태도가 유발하는 서로 다른 감정적 반응이 인지 처리 과정을 차별화하여 회고적 평가의 영향력을 조절한다는 본 연구의 이론적 예측을 강하게 지지한다.

예비 분석에서 확인된 바와 같이, 상충적 태도를 가진 유권자들은 투표 결정을 더 늦게 내리고 기권 확률도 더 높았다. 그러나 본 분석 결과는 이들이 단순히 결정을 회피하는 것이 아니라, 대통령과 여당에 대한 차별적 평

〈표 5〉 대통령-국민의힘 호감도 격차와 대통령 국정운영평가에 따른 국민의힘 투표선택 예측확률(지역구 선거, %, %p)

대통령 국정운영평가	호감도 격차 -50 (대통령>국민의힘 호감도)	호감도 격차 0 (대통령=국민의힘 호감도)	호감도 격차 50 (대통령<국민의힘 호감도)
0	12.79	34.37	50.57
5	45.56	48.96	52.62
10	81.26	66.90	54.82
최대 격차	68.47%p	32.53%p	4.25%p

가를 투표 결정에 반영하고 있음을 보여 준다. 특히 여당에 대한 선호가 강한 유권자들이 대통령의 국정운영평가에 덜 의존한다는 점은, 중간선거가 반드시 대통령에 대한 심판으로만 귀결되지 않을 수 있음을 시사한다.

V. 결론: 대통령-여당에 대한 인식 분화의 정치적 함의

본 연구는 국회의원선거가 대통령의 국정운영에 대한 평가와 집권당에 대한 평가를 동시에 포함하는 복합적 성격을 가진다는 점에 주목했다. 특히 2024년 총선은 선거운동 초기에 여당의 지지율이 상승하고 일시적으로나마 여당 승리 전망이 우세했던 독특한 국면이 존재했다. 이러한 현상은 중간선거로서의 국회의원선거가 전통적인 중간선거 이론이 상정하는 것처럼 2차 선거로서 대통령에 대한 심판만이 이뤄지는 장이 아닐 수 있음을 시사했다. 이에 본 연구는 대통령-여당에 대한 상충적 태도가 회고적 투표의 작동방식을 어떻게 변화시키는지 분석했다.

분석 결과는 중간선거에서의 회고적 투표가 대통령의 국정운영평가에 따라 기계적으로 이루어지지 않음을 보여 주었다. 특히 감정지능이론의 예측대로, 대통령과 여당 중 어느 쪽을 더 선호하느냐에 따라 뚜렷한 차이가 나타났다. 대통령에 대한 선호가 강한 유권자들은 국정운영평가를 핵심적인 투표 기준으로 삼은 반면, 여당에 대한 선호가 강한 유권자들은 대통령 국정운영에 대한 평가가 아닌 다른 판단 기준들을 적극적으로 탐색할 가능성을 보여 주었다. 본 연구는 이를 상충적 태도가 유발하는 서로 다른 감정적 반응이 유권자의 인지 처리 과정을 차별화함으로써, 회고적 평가의 영향력을 체계적으로 조절하는 것으로 해석하였다.

이러한 발견은 다음의 정치적 함의를 제공한다. 첫째, 한국 대통령제에서 여당이 독자적으로 평가받을 수 있는 정치적 공간이 존재한다는 점이다. 특히 대통령의 지지도가 낮은 상황에서도, 여당이 대통령과 차별화된 정체성과 역할을 제시한다면 독립적으로 유권자의 지지를 획득할 수 있음을 보여 주었다. 이는 중간선거가 단순히 대통령에 대한 중간평가로 귀결되지 않을 수 있다는 결과를 넘어, 여당의 승리 가능성을 고려했을 때, '대통령+여당 vs. 야당'이라는 단순한 구도를 넘어 보다 복잡한 정치 역학이 가능함을 보여 준다. 이는 한국의 정당정치가 대통령으로부터 상대적 자율성을 확보하고 때로 대통령에 대한 견제 기능을 수행할 가능성을 시사한다.

둘째, 비록 본 연구에서는 그 태도가 대통령과 여당이라는 집권 세력에 대한 태도에 한정되기는 하였으나, 상충적 유권자의 존재는 한국 정치의 역동성과 불확실성을 설명하는 중요한 열쇠일 수 있다. 이들의 복잡한 심리적 메커니즘은 전통적인 투표행태 모델의 예측을 어렵게 만들지만, 동시에 정치과정에 새로운 가능성을 제공한다. 특히 선거 캠페인 과정에서 이들이 보이는 높은 반응성은, 선거 결과의 가변성을 높이는 동시에 정당들이 더 적극적인 선거 전략을 모색하게 만드는 요인이 될 수 있다.

셋째, 본 연구의 발견은 대통령제 국가들의 중간선거 이론을 확장하는 데 기여한다. 기존 연구들이 중간선거를 단순히 대통령에 대한 회고적 평가의 장으로만 이해했다면, 본 연구는 상충적 태도와 감정적 반응이라는 심리적 메커니즘을 통해 대통령과 여당을 차별적으로 인식하는 유권자들 사이에서 회고적 투표의 작동 방식이 달라질 수 있음을 보여 준다. 이러한 분석은 여타 대통령제 국가에서 대통령과 여당 또는 국회의 분립 구조가 유권자의 투표행태에 부여하는 구조적 제약을 이해하는 데에도 유용한 통찰을 제공할 수 있을 것이다.

한편, 본 연구의 발견을 통해 한국 민주주의의 책임정치를 평가하자면, 그 결과는 양면적이다. 대통령제에서 입법부와 행정부의 견제와 균형은 선거에서의 회고적 평가와 함께 정치적 책임성의 양 축을 이루고 있다. 그러나, 입법부와 행정부 양측에 연결된 여당의 지위는 이러한 책임성의 실현을 복잡하게 만든다. 대통령과 여당 간의 차별적 평가가 유권자들 사이에서 보편화될 경우, 여당은 대통령으로부터 상대적 자율성을 확보하게 되어 행정부에 대한 견제 역할을 강화할 수 있다. 이는 대통령제의 권력분립 원칙에 부합하며, 여당이 독립적 정치 주체로서 기능하는 기반이 될 수 있다. 그러나, 현실적으로 대통령과 여당이 정치적 연합체로 기능하는 구도가 유지되는 상황에서는, 이 같은 분리가 오히려 선거를 통한 책임성 부여 과정을 약화시킬 위험도 존재한다. 특히, 대통령과 여당이 전략적으로 책임을 분산하거나 상호 책임 회피 전략을 활용할 경우, 유권자들은 국정 실패의 책임 소재를 명확히 규정하기 어렵게 된다. 이는 선거를 통한 민주적 심판 기능을 약화시키고, 결과적으로 민주적 책임정치의 후퇴로 이어질 가능성이 있다.

이러한 상반된 경향 중 어느 쪽이 더 강화될지는 정당정치의 성숙과 제도적 견제 장치의 실질적 작동 여부에 달려있다. 유권자들이 여당의 독립적인 정책과 역할을 평가하고, 여당이 정책 과정에서 자율적 정치 주체로 기능한다면, 책임정치는 강화될 것이다. 반면, 책임 회피 전략의 제도화와 여당의 대통령 종속성이 반복된다면, 이는 결국 민주적 책임성의 약화로 귀결될 것이다.

본 연구는 몇 가지 방법론적 보완이 필요하다. 첫째, 상충적 태도를 단순히 호감도 격차로만 측정했다는 점이다. 향후 연구에서는 대통령과 여당에 대한 상충적 태도를 정책 선호, 이념적 거리, 업무 수행 평가 등 다차원적 지표를 통해 더욱 정교하게 측정할 필요가 있다. 둘째, 감정적 반응과 인지 시스템의 작동을 직접적으로 측정하지 못했다는 한계가 있다. 후속 연구에서는 실험설계나 심층면접 등 다양한 방법론을 통해 상충적 유권자들의 심리적 과정을 더욱 면밀히 분석할 필요가 있다. 마지막으로, 상충적 유권자들이 정치적 정보를 처리하고 판단을 내리는 구체적인 과정에 대한 심층적 연구도 요구되며, 기존의 익숙한 투표 준거가 아닌 어떠한 준거를 활용하는지 살펴볼 필요가 있다. 이러한 한계점들을 보완한 후속 연구를 통해, 한국 대통령제에서 나타나는 복잡한 정치 역학과 유권자 행태에 대한 이해를 더욱 깊이 할 수 있을 것이다.

참고문헌

강원택. 2012. "왜 회고적 평가가 이뤄지지 않았을까: 2012년 국회의원 선거 분석."『한국 정치학회보』46-4, 129-147.

길정아. 2019. "정부 신뢰, 회고적 투표, 그리고 당파적 편향: 2014년과 2018년 지방선거를 중심으로."『한국정당학회보』18-3, 31-69.

길정아·강원택. 2020. "제21대 국회의원선거에서의 회고적 투표"『한국정당학회보』19-4, 101-140.

김민석. 2024. ""총선 참패 책임, 윤 대통령" 62.0%···"한동훈" 12.5% [데일리안 여론조사]" 데일리안. 2024.05.23. https://www.dailian.co.kr/news/view/1363970?sc= Daum

김연숙. 2014. "상충적 유권자의 감정합리성과 투표선택: 2007년~2012년 대통령 선거결과 비교 분석."『의정연구』43, 222-253.

박찬표. 2001. "의회-행정부 관계의 유형과 변화: 약한 정책적 통제와 강한 정치적 통제의 부조화."『의정연구』7(2), 71-97.

송현주. 2008. "정서와 정치 커뮤니케이션 연구."『커뮤니케이션 이론』4(1), 32-76.

신민정. 2024. "총선백서도 충돌···친한 "용산 책임 뜻" 친윤 "한동훈 전략 부재"" 한겨레. 2024.10.29. https://www.hani.co.kr/arti/politics/politics_general/1164737.

html

오현주·송진미·길정아·강원택. 2014. "정당 호감도와 회고적 평가: 2014년 지방선거를 중심으로."『한국정당학회보』13-3, 69-97.

유성진. 2007. "상충적 태도의 유권자(Ambivalent Voters): 미국 대통령 선거에서 제3후 보에 대한 지지를 중심으로."『한국정치학회보』41-4, 215-242.

이민영. 2024. "'160석 낙관론'에 불 붙인 與지지율… 현장선 "킬러문항 TK 남아"[이민영 기자의 정치 인사이트]" 서울신문. 2024.02.27. https://www.seoul.co.kr/news/plan/political-insight/2024/02/27/20240227004006

장승진. 2020. "유권자들은 총선에서 누구를 언제 심판하는가?. 제21대 총선에서 나타난 회고적 투표."『한국정치학회보』57-4, 83-105.

정민석·이현우. 2022. "유권자의 정당에 대한 상충적 감정이 분할투표에 미치는 영향: 제 20대 국회의원 총선거 사례 분석."『한국정치연구』31-2, 151-181.

조문희. 2024. "대통령 지지율 떨어지고 '한동훈 여당' 오르고…당정 디커플링." 경향신문. 2024.01.25. https://www.khan.co.kr/politics/politics-general/article/2024012 52123005

최서인. 2024. "尹-韓 갈등 이후, 국힘 33% 민주 30%…대통령 지지율은 31%" 중앙일보. 2024.01.25.

최항순. 2008. "집권체제 내에서의 협력관계: 대통령과 여당 간: 한국 역대정권에서의 영 향요인 분석을 중심으로."『한국공공관리학보』22-4, 183-204.

한기호. 2024. "갈등설이 호재? 한동훈 지지율, 윤석열·이재명 크게 앞서…與 총선지지도 견인." 디지털타임스. 2024.01.25. https://n.news.naver.com/mnews/article/029 /0002851713?sid=100

Achen, Christopher H. and Larry M. Bartels. 2016. *Democracy for Realists: Why Elections Do Not Produce Responsive Government.* Princeton: Princeton University Press.

Alvarez, Michael, and John Brehm. 2002. *Hard Choices, Easy Answers: Values, Information, and American Public Opinion.* Princeton: Princeton University Press.

Bassinger SJ, Lavine H. 2005. "Ambivalence, Information, and Electoral Choice." *American Political Science Review* 99(2): 169-184.

Çakır, S. 2022. Does party ambivalence decrease voter turnout? A global analysis. *Party Politics* 28(4): 713-726.

Campbell, A. 1960. "Surge and Decline: A Study of Electoral Change." *Public Opinion Quarterly* 24(3): 397-418.

Campbell, J. E. 1986. "Presidential coattails and midterm losses in state legislative elections." *American Political Science Review* 80(1): 45-63.

Erikson, R. S. 1988. The Puzzle of Midterm Loss. *The Journal of Politics* 50(4): 1011-1029.

Healy, Andrew and Neil Malhotra. 2009. "Myopic Voters and Natural Disaster Policy." *American Political Science Review* 103(3): 387-406.

Healy, Andrew, Alexander G. Kuo, and Neil Malhotra. 2014. "Partisan Bias in Blame Attribution: When Does It Occur?" *Journal of Experimental Political Science* 1(2): 144-158.

Hochschild JL. 1981. *What's Fair? American Beliefs About Distributive Justice.* Cambridge, MA: Harvard University Press.

Keele L, Wolak J. 2006. "Value Conflict and Volatility in Party Identification." *British Journal of Political Science* 36(4): 671-690.

Lavine HG. 2001. "The Electoral Consequences of Ambivalence toward Presidential Candidates." *American Journal of Political Science* 45(4): 915-929.

Lazarus RS, Folkman S. 1984. *Stress, Appraisal, and Coping.* New York, NY: Springer.

Luce MF. 1998. "Choosing to Avoid: Coping with Negatively Emotion-laden Consumer Decisions." *Journal of Consumer Research* 24(4): 409-433.

Maio GR, Bell DW, Esses VM .1996. "Ambivalence and Persuasion: the Processing of Messages about Immigrant Groups." *Journal of Experimental Social Psychology* 32: 513-536.

Marcus, George E., W. Russell Neuman, and Michael MacKuen. 2000. *Affective Intelligence and Political Judgment.* University of Chicago Press.

Marra, Robin F., Charles W. Ostrom Jr, and Dennis M. Simon. 1990. "Foreign Policy and Presidential Popularity: Creating Windows of Opportunity in the Perpetual Election." *Journal of Conflict Resolution* 34(4): 588-623.

Passarelli, Gianluca. 2020. "The Presidential Party: A Theoretical Framework for Comparative Analysis." *Political Studies Review* 18 (1), 87-107.

Rudolph, Thomas J. 2005. "Group attachment and the reduction of value-driven ambivalence." *Political Psychology* 26(6): 905-928.

Mutz DC. 2002. "The consequences of cross-cutting networks for political participation." *American Journal of Political Science* 46: 838-855.

Schmitt-Beck R, Partheymüller J .2012. "Why voters decide late: a simultaneous test of old and new hypotheses at the 2005 and 2009 German federal elections." *German*

Politics 21(3): 299-316.

Shugart, Matthew Soberg, and John M. Carey. 1992. *Presidents and Assemblies: Constitutional Design and Electoral Dynamics.* New York: Cambridge University Press.

Van Harreveld F, Van derPlight J, de Liver YN. 2009. "The agony of ambivalence and ways to resolve it: introducing the MAID model." *Personality and Social Psychology Review* 13(1): 45-61.

Vasilopoulos, Pavlos. 2019. "Affective Intelligence and Emotional Dynamics in Voters' Decision-making Processes." Oxford Research Encyclopedia of Politics. https://oxfordre.com/politics/view/10.1093/acrefore/9780190228637.001.0001/acrefore-9780190228637-e-767.

Verney, Douglas V. 1959. *The Analysis of Political Systems.* Routledge & Kegan Paul Limited.

Zaller, John, and Stanley Feldman. 1992. "A simple theory of the survey response: Answering questions versus revealing preferences." *American journal of political science:* 579-616.

제10장

결론: 한국의 정치 양극화와 정치제도 개혁

조원빈(성균관대학교)

2025년 2월 말 성균관대학교 좋은민주주의연구센터가 공동으로 참여한 여론조사에서 우리 사회가 마주한 다섯 가지 갈등 정도에 대하여 1,643명의 응답자에게 의견을 물었다. 조사에 포함된 갈등은 정치갈등과 이념갈등, 지역갈등, 세대갈등, 계층갈등 등이었다. 놀랍게도 응답자 중 91%가 '여당과 야당 간의 정치갈등'이 '매우 심하다'거나 '대체로 심하다'고 대답했다. 그 다음은 '보수진영과 진보진영 간의 이념갈등'으로 응답자의 90.2%가 심하다고 대답했다. 또한, 최근 한국보건사회연구원이 발간한 '사회갈등에 대한 한국인의 인식 변화와 시사점' 보고서에 따르면, 정치갈등은 다른 사람과의 교제 의향에도 부정적인 영향을 미치는 것으로 나타났다. 응답자의 58.2%가 정치성향이 다른 사람과는 연애나 결혼할 의향이 없다고 대답한 것이다. 이처럼 우리 국민이 심각한 수준이라고 평가하는 정치갈등의 원인은 무엇일까?

우리 사회 내 정치갈등의 원인 중 하나를 정치제도에서 찾아본다. 현재 정치제도는 승자독식의 성격이 강해 소수에게 권력이 집중될 수 있도록 구성되어 있기 때문에 권력 경쟁을 치열하게 만들고 경쟁에서 패한 세력이 쉽게 승복하기 어렵게 만든다. 1948년 제헌헌법 이래 우리 헌법은 9차례 개정이 이루어져왔다. 개헌 내용을 살펴보면 집권연장이나 권력구조개편에 관한 내용이 대부분이었으며 국민의 자유와 권리를 신장시키기 위한 목적으로 개헌이 이루어진 적은 찾기 어렵다. 1987년 6월항쟁 결과 국민의 민주화 열망을 담아 개정된 현행 헌법은 역대 어느 헌법보다도 오랜기간 동안 유지되어 오고 있다. 현행헌법이 국민의 기본권 보장을 강화하고, 기존 권위주의적 정치체제를 타파한 결과의 산물이긴 하지만 거의 40년이 되어 가고 있다. 1987년 개헌 이후 국내 정치와 경제 그리고 사회, 문화적 환경에 많은 변화가 있었다. 이러한 변화와 새로 등장하는 다양한 문제를 해결하기 위한 방안으로서 개별 법률 개정이나 제도 보완만으로는 더 이상 충분하지 않다는 데 다수가 동의하기에 이르렀다. 국가 시스템 전반에 걸친 헌법적 차원에서의 재검토 필요성이 제기되고 있다.

1987년 체제가 정치과정의 갈등을 초래하고 국민들의 목소리를 제대로 반영하지 못한다는 비판에 직면한 이유가 단지 정부형태에 있다고 보기는 어렵다. 대통령제라는 정부형태보다 과도한 중앙집권체제와 상대적으로 강력한 행정부에 대하여 효과적인 견제가 작동하지 못하고 있기 때문이다. 현행 권력구조의 운용과정에서 나타난 제왕적 대통령의 출현, 민주화가 진행됨에 따라 통합형 대통령에서 소수파 대통령으로 전환, 여소야대의 분점정부가 지속적으로 출현함에 따라 갈등 완화가 아니라 갈등 심화로 이어지고 있다.

또한, 1987년 개헌과정이 국민의 권위주의 체제에 대한 저항을 바탕으로 급하게 이루어지다 보니 대통령에게 권력이 과도하게 집중되었던 문제에 대한 심도 깊은 논의가 이루어지지 못했던 것도 사실이다. 현행 대통령제가 대통령에게 막강하고 광범위한 권한을 부여하고 있을 뿐만 아니라 대통령에 대한 견제역할을 하는 국회가 정책결정 과정에서 상대적으로 열악하여 탄핵 이외에는 대통령에 대한 통제장치가 사실상 존재하지 않고 있어 견제와 균형의 원리가 제대로 작동하지 않고 있다. 이처럼, 승자가 모든 것을 갖게 되는 5년 단임 대통령제는 선거와 국회를 '사생결단의 대치현장'으로 만들었다. 대통령의 수족역할을 하는 여당과 정권교체에 목을 맨 야당이 차기 대선 승리를 위해 사생결단식 대결과 정쟁을 벌이는 것이 정치 일상이 되었다. 거의 대부분의 대통령이 임기초에는 국민들의 높은 기대와 지지를 받으며 출범하지만, 5년 임기를 마칠 때가 되면 국민들의 지지로부터 멀어져 초라한 종말을 맞아야하는 것이 우리의 반복되는 현실이다.

국민들이 현재의 제왕적 대통령제에 불만을 갖고 있다는 것은 분명하지만, 그들이 의원내각제나 이원집정부제로의 이행을 원하고 있는가에 대하여 충분한 사회적 합의나 국민적 공감대가 존재한 것은 아니다. 적어도 국민들이 원하는 바람직한 권력구조는 분권과 협치이다. 분권의 목적은 권력기관 상호간의 견제와 균형을 유지하는 것이며, 협치는 국가작용의 효율성을 확보하는 것이다. 제왕적 대통령제의 폐해를 반복하지 않기 위해 대통령에게 집중된 권력의 분산이 필요하며, 현재와 같은 여야의 극한 대립과 충돌을 회피할 수 있는 협치 방안이 필요하다.

우리 사회의 정치 양극화를 심화시키는 것은 여야 정치권이 보여 주는 극렬한 대립이다. 여당과 야당은 정기적으로 치러지는 선거를 통해 유권자의 지지를 획득하기 위해 경쟁한다. 뿐만 아니라, 선거와 선거 사이에는 국회라는 입법기관을 구성하는 핵심 조직으로 자신을 지지하는 세력의 이해관계를 대변하는 정책을 입안하려 경쟁한다. 국회의 가장 기본적인 기능은 입법기능이다. 우리 국회의 입법기능 수행은 시대의 변화에 따라 다양한 변화를 보여왔다. 한때는 군사독재하에서 국회가 입법부로서의 제 기능을 수행하지 못했고, 그 결과 입법부가 아니라 '통법부'라는 비판을 받기도 했다. 그러나 민주화 이후 국회의 위상이 점진적으로 회복되면서 국회의 입법기능 또한 질적으로나 양적으로나 강화되는 모습을 보이고 있다. 특히, 최근 시민단체에 의한 국회의원의 의정활동 평가가 본격화되고, 주요 정당에서 공천과정에 국회의원의 의정활동 평가 항목을 도입함으로써 국회의 입법기능이 매우 활성화되었다. 즉, 의원들이 법률안의 제출과 같은 의정활동에 과거에 비할 수 없는 적극성을 보이고 있다.

우리 헌법은 정부에게도 법률안제출권을 부여하고 있다. 정부의 법률안제출권은 1948년 헌법제정 당시 의원내각제를 전제로 함으로써 정부의 권한으로 도입된 것이었는데, 정부형태가 대통령제로 바뀐 이후에도 현재까지 계속 존치되고 있다. 정부로서는 법률안제출권이 매우 유용하다고 할 수 있다. 왜냐하면, 의원들의 도움 없이도 직접 정부에서 법률안을 작성하여 제출하거나 여당 의원들의 협조를 얻어서 법률안을 통과시키게 되면 정부가 사실상 입법을 주도하는 것이 가능해지기 때문이다.

과거 오랜 기간 법률안의 작성을 담당해 온 법제처의 노하우가 활용된 결과 임기 4년의 국회의원들이 발의한 법률안보다 정부가 제출한 법률안이 훨씬 완성도가 높다는 평가도 존재한다. 그러나, 정부의 법률안제출권은 국회의 입법권을 약화시킬 우려가 있다. 예를 들이, 소관부처의 의견이 반영된 법률안의 경우, 중요한 사항을 시행령에 위임하는 것으로 하여 법률이 국회를 통과할 경우에는 사실상 소관부처의 주도하에 만들어지는 시행령에서 핵심적인 내용들을 대부분 결정하게 될 수 있다는 우려가 제기되기도 한다. 따라서, 국회가 입법에 대한 책임과 권한을 가지고 있음을 분명히

밝힐 필요가 있다.

정치권의 대립을 적나라하게 보여 주는 것 중 하나가 잦은 대통령의 재의요구권(거부권) 행사다. 윤석열 정부와 여당인 국민의힘은 국회 다수의석을 점유한 야당을 상대로 국정을 운영해야 했다. 정부여당과 야당은 민감한 법안에 대해서 합의를 이끌어 내지 못했다. 그 결과, 윤석열 대통령은 총 25건의 거부권을 행사했다. 민주화 이후 역대 대통령 법률안 거부권은 그리 흔하게 행사된 것은 아니었다. 노태우 대통령 7회, 노무현 대통령 6회, 이명박 대통령 2회, 박근혜 대통령 1회 등이었다. 물론, 이승만 대통령은 재임기간 12년 동안 모두 45차례 대통령 거부권을 행사했다. 국회의 재의결에는 재적의원 과반수 출석과 출석의원 3분의 2 이상의 찬성이 필요하다. 국회의 재의결로 법안이 통과될 가능성은 거의 없었다.

여야 정치권이 보여 주는 또 하나의 극렬한 대립은 국회의 과반의석을 점유한 야당 주도의 빈번한 탄핵시도이다. 윤석열 정부 동안 다수 야당인 더불어민주당이 시도한 탄핵은 총 30건이다. 탄핵소추안이 국회에서 가결된 건 13건이며 이 중 9건이 제22대 국회에서 이뤄졌다. 이 중 헌법재판소 결정이 이뤄진 것은 10건으로 중 윤석열 전 대통령 사건만 인용하고 9건은 모두 기각했다. 여야의 정치 갈등은 정치의 사법화로 이어져, 여야가 협상을 통해 합의를 이루는 대신 고소장을 제출하거나 헌법재판소의 판결을 구하는 행태가 점점 더 빈번해지고 있다.

현행 헌법은 대통령제 정부형태를 취하고 있으므로, 국회의 국정 견제는 매우 중요한 의미를 갖는다. 대통령제하에서 국회와 정부(대통령)는 각기 별개의 선거에 의해 구성되기 때문에 그 활동에 있어서도 원칙적으로 독립성을 갖는다. 이에, 정부의 정책 집행이 국회의 의사와 무관하게 수행될 수 있는 가능성이 상대적으로 더 크기 때문에 국회에서 이를 견제할 필요성도 그만큼 더 커지는 것이다. 더욱이, 행정부의 인적, 물적 조직과 전문성이 입법부와 사법부를 압도하는 현상이 심화됨에 따라 이에 대한 효율적 대응을 위해 국회의 대정부 견제기능의 강화가 필요하다.

현행 헌법에 포함된 주요 국가권력 가운데 사법권은 수동적 권력이라는 한계가 있다. 사법권은 원칙적으로 법적 분쟁이 발생하고 그 분쟁이나 분쟁의 해결에 직접 혹은 간접으로 관여하는 자들이 소송이나 심판을 제기한 경우에 소극적으로 발동되기 때문이다. 그러나 사법권은 헌법을 정점으로 하는 법체계를 해석하고 법적 분쟁에 적용하여 법질서를 수호하는 중요한 국가권력으로서 입법권과 행정권을 최종적으로 통제하는 기능을 가진다는 점에서 매우 중요한 권력이다. 특히, 위헌법률심판이나 헌법소원 등에 기초한 헌법재판권에 의하여 입법의 효력이 제한되거나 무효가 될 수도 있다는 점에서 사법에 의한 입법의 통제는 자유민주주의의 핵심적인 요소가 된다. 행정권도 법률에 합치되는 행정이 이루어졌는지에 대하여 사법권력에 의한 심사를 받아 위헌·위법의 행위는 물론 부당한 행위까지도 무효가 되거나 취소될 수 있다. 이에, 사법부의 기능 활성화는 입법권과 행정권에 대한 중요한 견제기제로 작동할 수 있다. 최근 국가의 중요한 정책결정이 정치과정이 아니라 사법과정으로 해소되는 현상으로서의 정치 사법화가 헌정 운영의 주요한 이슈로 부상하고 있다. 이러한 상황에서 사법에 의한 국가권력통제기능의 발전은 입헌민주주의 심화에 중요한 기반이 될 수 있다.

사법부에 대한 우리 헌정사를 살펴보면, 우리 사법부가 권위주의 시대를 거치면서 독재권력에 대한 사법전문가의 종속 혹은 협력관계를 강화하여 자유민주주의를 강화하기는커녕 오히려 압박하는 체제로 수립된 측면이 강한 것도 사실이다. 예를 들어, 합의제 정신을 살리지 못하도록 과도하게 대법원장에게 집중된 권한들, 다른 헌법기관의 구성에 대법원이라는 기관의 대표성이 아니라 대법원장의 지위에서 관여하도록 된 규정들, 전문성의 원리에 과도하게 집중하여 사법정책의 최고결정기구이자 집행기관으로서의 대법원의 폐쇄성을 초래할 수 있는 헌법의 법문들, 민주적 정당성을 확보하기에는 미흡한 구성방법, 국민의 참여에 대한 배려가 부족한 사법제도, 사법권력의 독립을 본질적으로 저해할 수 있는 사법의 관료화와 중앙집권화를 촉진하는 제도들이 그러하다. 대법관을 대법원장의 제청으로 임명하게 하는 것은 합의제기관인 대법원에 대법원장의 우월적 지위를 구조화하는 결과로 이어져 사법권의 독립을 저해할 가능성이 높다. 최고사법기관인 대법원이 합의제여야 하는 이유는 사법권력 구성원리로서의 민주적 정당성의 원칙을 존중하고 사회적 다원성을 반영하는 합리적인 사법작용을 통해 사법부의 독립성을 보호해야 하기 때문이다.

현행 헌법에 따라 헌법재판소 재판관은 대통령, 국회 및 대법원장이 각각 3인씩 임명한다. 이러한 임명 과정이 형식적으로는 권력분립의 원칙에 충실한 것으로 보일 수 있으나 실질적으로는 민주적 정당성의 원리나 사회적 다원성을 충족시키지 못하는 방향으로 헌법재판소를 구성하게 된다는 비판이 제기되어 왔다. 구조적으로 대통령과 여당에게 부가적인 우월성을 부여할 수 있기 때문이다. 더욱이, 대법원장도 대통령과 국회다수파의 결합에 의해 임명되는 상황에서 특정 정파에 선출권이 더 집중될 가능성이 열려 있다. 대법원장이 3인의 지명권을 가지는 것에 대해서도 비판이 제기될 수 있다. 정치적 중립성과 전문성의 원리를 강화한 헌재의 구성을 위하여 사법부의 관여가 필요하지만, 그 결정권을 사법부의 합의적 결정이 아닌 대법원장 1인의 결정권으로 규정한 것은 그 취지에 부합하지 않는다.

정당은 민주주의 체제를 구성하는 핵심적인 조직 중 하나이다. 정당은 국가와 시민사회를 연결하는 조직으로 우리 사회의 다양한 이해관계를 대변하여 국가 수준의 정책 결정 과정에 참여할 수 있는 공식적인 조직이기 때문이다. 이러한 중요성에도 불구하고 한국의 주요 정당들은 당내 소수에 권력집중과 유력계파들에 의한 패권적 지배구조를 기반으로 한 동원정치와 하향식 의사결정 과정 등의 비판에 직면하고 있다. 예를 들어, 당내 의사결정이 주로 중진 현역의원 위주의 중앙당 운영을 중심으로 이루어지며, 시·도당은 중앙당 결정에 따라 운영되는 구조를 갖추고 있다. 이러한 의사결정 구조는 당내 중진의원들의 지배적 영향력 아래 공천과정을 불투명하게 만들뿐 아니라, 일반 당원이나 유권자와의 긴밀한 소통을 어렵게 한다. 정당 운영이 중앙당 중심이 아닌 시·도당의 강화를 통한 정당의 분권화가 필요하다.

우리 정당들은 계파 간 이익 담합의 공간으로 비판 받고 있기도 하다. 당원과 유권자가 참여할 수 있는 다양한 형식의 소통 공간으로 정당이 거듭나야 할 것이다. 이를 위해 과거 '지구당'과 같은 지역뿌리 조직의 부활을 통해 지역 당원들이 자율적으로 조직하고 운영할 수 있도록 해야 한다. 이를 통해 정당이 지역사회 공동의 문제를 해결하고 지역 내 민의를 수렴하는 조직으로 기능할 수 있어야 한다. 이처럼 정당의 지역 조직이 공통의 의견을 보유한 유권자들을 다층적으로 연결하는 매개 기능을 수행하고 이를 중앙당에 전달하는 등 핵심적인 풀뿌리 조직으로 기능할 때 정당 민주화에 기여하는 역할을 담당할 수 있다.

정당법을 비롯한 각종 정치제도가 정당에 가하는 제도적 규제를 풀어 정당에게 정치 활동의 자유를 확대해야 한다. 현행 정당법은 정당의 조직부터 각종 운영까지 세세히 규정하고 있기 때문에, 그 범주 내에서 정당은 운영되어야만 한다. 이러한 제도적 제약은 정치적 비전과 방향을 가지고 정치 활동을 하여야 할 정당이 유권자로부터 멀어지게 만들고 내부 구성원,

특히 현역의원들의 영향력을 강하게 함으로써 정당개혁을 위한 노력에 역행하는 결과를 가져올 수 있다.

정당정치가 활발한 서구 사회처럼 우리 정당도 시민정치교육을 담당할 필요가 있다. 시민정치교육이란 현대 대의민주주의에서 시민들이 정치에 참여할 수 있도록 정치 지식, 기술 등을 가르치거나 시민, 그리고 공동체를 지향하는 시민으로 육성하기 위한 교육으로 정의된다. 시민정치교육은 일반적인 교육과정이나 정당 혹은 시민단체가 제공하는 프로그램을 통해 이루어지기도 한다. 정당이 시민정치교육을 수행함으로써, 정당 내적으로 정책정당으로의 발전을 꾀할 수 있다. 정당은 시민정치교육 프로그램을 개발하면서 그 교육과정에서 논의되는 내용을 토대로 정책 대안들을 개발할 수 있는 기회를 갖는다. 또한, 정당은 시민정치교육을 통해 시민들의 정치 참여를 확대하는 역할을 수행할 수도 있다. 이처럼 정당의 시민정치교육은 정당 밖에서 관찰자에 머무는 시민들을 정당으로 흡수하는 계기가 될 뿐 아니라 장기적으로 정치 참여 확대와 정당에 대한 지지 강화에도 기여할 수 있다.

한국은 청년 대표성이 매우 낮은 국가로 제22대 총선에서는 2030 청년의원 14명(4.7%)이 당선되었다. 2024년 총선 당시 40세 미만 유권자가 전체 유권자의 31%라는 점에 비추어볼 때 청년층 유권자수 대비 청년의원 비율은 매우 낮은 편이다. 제21대 총선에서도 당선된 2030 청년의원은 13명(4.3%)이었으며 당시 40세 미만 유권자가 전체 유권자수의 33.8%였다. 국제의원연맹 자료에 따르면, 한국은 2024년 기준 40세 이하 청년의원 비율이 5%에도 미치지 못해 전체 180개국 가운데 126위를 차지하고 있다. 비례대표제를 채택하고 있는 북유럽 국가들은 청년의원 비율이 전체 의원의 30%에 달하며, 프랑스(23.2%), 영국(21.7%), 독일(11.6%), 미국(11.5%), 일본

(8.4%) 등 주요국과 비교하더라도 한국의 청년 대표성은 매우 낮다.

청년의 정치참여를 활성화하기 위해 정당의 역할을 강화할 필요가 있다. 우리는 이미 2022년 1월 정당법을 개정하여 정당 가입 가능 연령이 만 18세 이상에서 만 16세 이상으로 바뀌었다. 정당을 통한 정치경험이 확대될 수 있는 법적 여건은 이미 마련되어 있다. 우리 청년들이 고등학생 때부터 본인이 원하면 정당에 가입해 정당 활동을 통한 정치 참여를 경험할 수 있다. 정당정치기 발달한 영국이나 독일, 프랑스 등에서는 정당 가입 연령을 정당이 자율적으로 결정하고 있으며, 14~16세의 청소년기부터 정당 활동을 통해 정치에 대한 관심과 참여를 높이고 있다. 다만, 현행 선거법은 선거운동 연령 기준을 만 18세로 제한하고 있어, 16~17세 청년들은 정당가입은 가능함에도 불구하고 선거운동에는 참여할 수 없다. 이러한 불일치를 해소하기 위해 선거운도 연령 하향을 고려할 필요가 있다.

또한, 청년에게 불리한 선거제도 환경을 개선함으로써 국회와 지방의회에서 청년 정치대표성을 높일 수 있다. 우선, 청년 할당제를 도입함으로써 국회와 지방의회에서 청년의 대표성을 높일 수 있다. 총선과 지방선거에서 지역구선거는 후보자의 10%를 청년으로 추천하도록 의무화하고 비례대표 선거에서 20% 청년할당을 의무화하는 방안도 고려할 필요가 있다. 또한, 경제 기반이 취약한 청년층의 선거참여를 독려하기 위해 청년 후보의 선거 기탁금 기준을 낮추고 청년후보를 추천하는 정당에게 지원하는 보조금이 실질적으로 작동할 수 있도록 하는 방안이 논의되어야 한다.

현재 여야가 보여 주는 정치는 사회 갈등과 대립을 조정하고 통합하기 보다 화나고 억울한 사람의 감정을 상대편에게 투사하도록 해 반사이익을 노리는 데 집중하고 있다. 여당과 야당 모두 상대를 경쟁자가 아니라 적으로 대한다. 정당이 자신의 비전과 능력을 보여 주기보다 상대당의 추악함을 부각해 유권자들을 화나게 하고 지지자를 동원하는 데 집중한다. 정치 성향이 다른 사회 구성원 간의 대립과 갈등을 풀어내기 위해서는 생각이나 입장이 다른 사람들이 서로 어울려 이야기를 나눌 수 있는 다양한 소통 채 널을 조성하고 활성화할 필요가 있다. 바람직한 소통은 상대방을 이해시키려 경쟁하는 구도가 아니라 서로 경청하고 배려하는 자세로 이루어져야 한다. 이를 달성하기 위해 좀더 포용적이고 협상을 강조하는 방향으로 정치 제도 개혁이 이루어져야 한다.